Jörg Hafkemeyer MEXIKO

Jörg Hafkemeyer

MEXIKO

Zwischen Maya und Moderne

westermann

CIP-Titelaufnahme der Deutschen Bibliothek

Hafkemeyer, Jörg:
Mexiko: zwischen Maya u. Moderne / Jörg Hafkemeyer.
– 1. Aufl. – Braunschweig: Westermann, 1988
ISBN 3-07-508897-8

1. Auflage 1988
Schutzumschlag: Gerd Gücker, Braunschweig
Bildnachweis Schutzumschlag:
Horst Munzig / Agentur Anne Hamann
Satz: Hagedorn GmbH, Braunschweig
Reproduktionen: büscher repro bielefeld gmbh
Druck und Bindung: westermann druck GmbH, Braunschweig

ISBN 3-07-**508897**-8

Meine Eltern und Claudia
Mexiko-City/Chissay en Touraine,
im Herbst 1987

Inhaltsverzeichnis

Die Sprache

Angestrahlt vom Widerschein seines eigenen Herzens, richtete der Erste Vater der Guaraní-Indianer sich im Dunkeln auf und erschuf die Flammen und den zarten Nebel. Er schuf die Liebe, hatte aber niemanden, dem er sie hätte geben können. Er schuf die Sprache, hatte aber niemanden, der ihm zuhörte.

Da trug er den Gottheiten auf, sie sollten die Welt erbauen und für Feuer, dichten Nebel, Regen und Wind sorgen. Dazu gab er ihnen eine Melodie und den Text der heiligen Hymne, damit sie Frauen und Männer zum Leben erwecken konnten. So wurde die Liebe zum Bund, gewann die Sprache Leben und wurde der Erste Vater aus seiner Einsamkeit erlöst. Noch heute begleitet er die Männer und Frauen, die wandern und singen:

Wir setzen den Fuß auf diese Erde,
wir setzen den Fuß auf diese schimmernde Erde.

Eduardo Galeano: Geburten. Erinnerung an das Feuer

»Schuf die Stadt diese Abgründe oder waren sie das Werk ihrer Menschen?«

„Erklären kannst du dieses Land überhaupt nicht. Nicht einmal wir selbst verstehen es“, meinte mein mexikanischer Freund Luis, der einen Doktortitel in Soziologie von der Universität Rom und einen in Anthropologie von der Universität Mexiko-City hat, als wir darüber sprachen, wie ein Buch, von einem Ausländer über Mexiko geschrieben, aussehen könnte. „Beschreib', was du siehst, was du hörst, schau dir das Land an, betrachte die Menschen. Du wirst sehen, sie teilen dir mehr über dieses Gebilde der krassesten Gegensätze mit, als du aus irgendeinem Vortrag oder schlauen Buch erfahren kannst. Und verlaß' dich auf dich selber“, riet Luis und versicherte mir: „Es gibt in Mexiko sowieso kein Buch über Mexiko, das von einem Mexikaner geschrieben worden ist.“

Mexiko, hier haben die spanischen Eroberer zum ersten Mal den Fuß in der Nähe der späteren Hafenstadt Veracruz auf das amerikanische Festland gesetzt. Erst in der zweiten Hälfte des vergangenen Jahrhunderts haben sich die Mexikaner endgültig von ihren damaligen Invasoren, den Franzosen, befreit. Es ist das Land der ersten Revolution in diesem Jahrhundert, die mit der sieben Jahre späteren russischen so wenig gemeinsam hat. Es ist das Land der Olmeken und Tolteken, der Mayas und der Azteken, auf deren Kulturen die spanische Conquista traf und mit denen sie so wenig anzufangen wußte: Es ist das Exilland, das bis zum heutigen Tag Exilanten aus aller Welt, gleich, welcher Weltanschauung sie sind, die Türen offenhält. Es ist das Land, das unter der Nähe und dem Druck der USA leidet und zugleich, und nicht nur am Nationalfeiertag, dem 16. September, seine nationale Unabhängigkeit pompös herausstellt. Es ist das Land, von dem viele glauben, es habe eine demokratische Staatsform. Mexikaner, die so etwas hören, schütteln in ihrer großen Mehrheit nur fassungslos die Köpfe.

„Wir haben uns institutionalisiert, aber nicht demokratisiert“, ist nach rund 60jähriger Herrschaft einer einzigen Partei, dem Partido Revolucionario Institucional, dem PRI, immer wieder zu hören. Kein Staat in Lateinamerika hat in den zurückliegenden sechs Jahrzehnten eine solche politische und soziale Stabilität aufzuweisen wie Mexiko. Aber der Preis, der dafür bezahlt worden ist, ist hoch und steigt: Die politische Pyramide, der PRI, hat Risse bekommen; sie erschüttern noch nicht die Grundfesten, sind aber doch schon deutlich sichtbar. Zu sehr hat sich die Welt der Machtelite von der der mexikanischen Land-, aber auch der Stadtbevölkerung entfernt. Vieles von dem, was mit den Menschen geschieht, wird in den Regierungspalästen nicht gesehen oder verdrängt. Beispiele gibt es genügend: Die Unterernährung großer Bevölkerungsteile, die Mißachtung und Verfolgung von Indianern, das qualitativ nachlassende Bildungssystem.

Mexiko ist nicht nur der Staat mit einer der höchsten Auslandsverschuldungen der Welt, es ist auch eines der reichsten Länder, das auf viele Besucher einen industriell recht fortschrittlichen, vielleicht sogar modernen Eindruck macht; tatsächlich ist es aber ein Land der Dritten Welt und keineswegs auf dem Sprung ins Industriezeitalter. Denn trotz seines Ölreichtums, der von vielen als ein Fluch betrachtet wird, ist es in den vergangenen knapp 20 Jahren nicht zu jenen wirtschaftlichen Umstrukturierungen gekommen, die nötig gewesen wären, um auch gesellschaftliche Veränderungen herbeizuführen. Am Ende eines solchen Prozesses, da sind sich auch die meisten Kritiker des jetzigen Systems einig, könne nicht etwa eine Staats- und Gesellschaftsform à la Europa oder Nordamerika stehen. Das will niemand. Danach ist die mexikanische Geschichte und auch die Situation in der zweiten Hälfte des 20. Jahrhunderts nicht. Denn eigentlich besteht Mexiko aus drei Ländern, dem Norden, dem Süden und der Hauptstadt.

Als Alexander von Humboldt Mexiko-City 1803 besuchte, meinte er, eine der schönsten Städte der Welt zu sehen. Ziemlich genau 170 Jahre später meint ein mexikanischer Hochschullehrer: „Wenn die Abfälle der Menschen leuchten könnten, bräuchte Mexiko keine öffentliche Beleuchtung mehr." In diesem 20-Millionen-Einwohner-Moloch leben drei Millionen Menschen ohne Kanalisation, Klärgruben oder Latrinen. Knapp zwei Drittel der Stadtbewohner haben überhaupt keinen Wasser- oder Stromanschluß. Was ist aus dieser so reizvollen, ruhigen, eleganten Stadt des vergangenen Jahrhunderts geworden? „Ein Monstrum", behauptet die Schauspielerin Andrea Christiansen, eine Argentinierin, die seit 1977 in Mexiko-City lebt. Viele Mexikaner klagen, aus der Stadt sei eine versinkende Kloake geworden und Homéro Aridjis, Schriftsteller und Umweltschützer, meint gar, man lebe wie auf einer Müllhalde. Carlos Fuentes, einer der großen zeitgenössischen mexikanischen Autoren, hat in seinem Buch „Landschaft in klarem Licht" die Frage so gestellt: „Schuf diese Stadt die Abgründe oder waren sie das Werk ihrer Menschen?"

Eindeutig zu beantworten ist diese Frage wohl nicht, und es ist auch kaum zu erklären, wie es dazu kam, daß heute im Tal von Anahuac, mehr als 2200 Meter hoch gelegen, sich dieses 20-Millionen-Einwohner-Monstrum ausbreitet, dessen Grenzen an den seltenen klaren Tagen auch vom höchsten Punkt des Tals aus nicht auszumachen sind. Die mehr als drei Millionen Autos haben nicht nur keinen Platz, sie verpesten auch zusammen mit mehr als 8000 Diesel-Lastwagen täglich die Luft in einem unbeschreiblichen Ausmaß. 75 Prozent der Luftverschmutzung entsteht durch den Verkehr. Den Rest verursachen die rund 120 000 im Hochtal gelegenen Industriebetriebe. Pro Tag regnen 12 000 Tonnen Metalle, chemische Substanzen, Staub, Bakterien aller Art auf die Menschen nieder; jährlich sinkt die Stadt wegen des immensen Grundwasserverbrauchs um mindestens 25 Zentimeter ab, jährlich sterben wenigstens 30 000 Kinder an den Folgeerkrankungen der Luftverschmutzung. Die bewaldeten Flächen im Stadtgebiet haben zwischen 1950 und 1970 um 20 Prozent abgenommen. Es fehlen eine Million Wohnungen ...

Mexiko-City ist 1940 explodiert: Der erste Ölboom war unter der in jenem Jahr abgetretenen Regierung des Präsidenten Lázaro Cárdenas ausgebrochen. Verkehr und Industrie breiteten sich aus, die Stadt veränderte sich täglich. Doch gehörte sie auch noch Ende der vierziger Jahre zu den saubersten Städten der Welt, hoch, in zwar dünner, aber reiner Luft gelegen. Mit großen, bepflanzten Plätzen, eleganten Vororten und den wunderschönen Patios, den Innenhöfen.

Auch heute noch gibt es diese Viertel, Colonias, wie die Mexikaner sagen, in denen es so ausschaut wie vielleicht im Jahre 1910, als in der Hauptstadt der Mexikaner 560 000 Menschen lebten. Die Metropole war eine idyllische Stadtanlage, mit beeindruckenden Kirchenbauten im kolonialen Stil, imposanten Palästen, weitläufigen Parks und Alleen. Die in der Umgebung liegenden Indianersiedlungen prägten das Bild entscheidend mit. Die Revolution zu Beginn des zweiten Jahrzehnts dieses Jahrhunderts brachte die Großgrundbesitzer, vor allem aber die Bauern unter der Führung von Pancho Villa aus dem Norden und Emiliano Zapata aus dem zentralen Hochland in die Stadt. Abgesehen von allen unmittelbaren politischen Implikationen veränderte sich dadurch bis 1940 das Bild Mexiko-Citys einschneidend. Doch können die Einwohner noch immer die wunderschöne Avenida de Cinco de Mayo, die Straße des Fünften Mai, herunterflanieren, am „Café Opera" halt machen und vielleicht auf den siegreichen Revolutionär Pancho Villa warten, der mit gezogener Pistole eintritt.

Noch heute wird im 100 Jahre alten „Opera" am späten Nachmittag zu Mittag gegessen, am späten Abend noch einmal groß aufgefahren, und wenn gegen ein Uhr weder Bier noch Wein noch Tequila mehr ausgeschenkt wird, die alten Violinen- und Baßgeigenspieler zusammen mit den Sängern das Café längst verlassen haben, brechen auch die letzten Nachtschwärmer auf, aber nicht etwa, um nach Hause zu gehen; vielmehr geht es die Cinco de Mayo hinauf zum Zócalo, dem zentralen Platz mit Bürgermeisterei, Kathedrale, Präsidentensitz und Pfandleihe. Denn gleich um die Ecke, schräg gegenüber vom alten Hotel Majestic, liegt in der Calle Brasil die „Bar Léon". Dort wird bis in den frühen Morgen zu Rum und Coca und natürlich Live-Musik Salsa und Rumba, Tango und freier Stil getanzt. Tanzen ist neben Reden die sicher beliebteste Ausdrucksform der Mexikaner. Geredet wird überall, getanzt auch. Die Indianer in der südlichen Stadt San Christobal de las Casas tanzen, und die mexikanischen Touristen auf der Plaza de las Armas in der Karibikhafenstadt Veracruz tanzen sich abends die Hakken ab. Im „Antillanos", einem riesigen Tanzpalast im Zentrum der Hauptstadt, ist Freitag und Samstag abends kein Platz zu kriegen. 2000 Begeisterte, gleich welcher Berufe, tanzen auf einer riesigen Fläche, die dennoch proppenvoll ist. Also wird auf den Tischen getanzt.

Mein Freund Luis, der Soziologe, meint, daß die Mexikaner gleichsam in zwei Welten leben: in der offiziellen, das heißt Beruf und Wettbewerb, und in ihrer eigenen Welt, der Familie, den Compadres und Freunden. Denn in den Städten haben sich offenbar auch unter erheblich veränderten Lebensbedingungen die traditionellen Lebensformen erhalten. Die Familien sind in der Zeit seit der mexikanischen Revolution nicht kleiner geworden. Angesichts der schlimmen wirtschaftlichen Lage ist dieser Umstand von großer Bedeutung, da so höchstwahrscheinlich immer irgendjemand im Familienverband über eine Einnahmequelle verfügt, auch wenn der Vater oder die Brüder arbeitslos sind. Denn auf die staatliche Unterstützung für Arbeitslose ist kein Verlaß. Erstens weil es viel zu viele davon gibt, zweitens weil der Staat eigentlich pleite ist und drittens weil auf dem langen und verschlungenen bürokratischen Weg soviel verschwindet. Wieviel Geld, wieviel Projekte, wieviel Genehmigungen oder Anfragen pro Jahr im mexikanischen Bermudadreieck aus Regierung, Partei und Bürokratie verschwinden, ist nicht festzustellen. Devisen und Vorhaben versickern oder versacken und irgendjemand, man ahnt nur wer, profitiert davon. Das ist aber nur selten der, dem es eigentlich hätte zugute kommen sollen.

Mexiko ist ein faszinierendes Land, und es ist ein schönes Land. Und so, wie Europa für die Mexikaner „un otro mundo", eine andere Welt ist, so ist Mexiko für Europäer etwas sehr Fremdes und in vielem sicherlich nicht zu Verstehendes. Die spanische Conquista ist ein grausames Beispiel dafür, die Auffassungen und Haltungen der Vereinigten

Staaten von Amerika ein zweites. Luis sagt, Mexiko sei eine Katastrophe und eine unglaubliche Schönheit. Er meint damit nicht etwa die Hauptstadt allein, die wirklich entsetzlich und wunderbar sein kann. Er meint damit auch das Land und seine Menschen, die mit der Hauptstadt so herzlich wenig zu tun haben und sich doch nach ihr richten müssen, weil der mexikanische Zentralismus nichts anderes zuläßt. „Und habe keine Angst, dich zu irren", ermuntert mich Luis schließlich noch: „In Mexiko gibt es zu einem Thema immer mehrere Versionen. Sie sind meistens sehr widersprüchlich und stimmen doch alle."

Die Überraschung ist perfekt, wenn morgens das Wasser fließt

Die Tageszeitung „Uno mas Uno“ hat vor einigen Jahren einmal geschrieben: „Die Stadt Mexiko - Eine Müllkippe.“ Und das wöchentlich erscheinende Nachrichtenmagazin „Proceso“ berichtete: „Die Luftverschmutzung in Mexiko hat die Welthöchstwerte überschritten.“ - Wer in dieser Metropole ankommt, begegnet zunächst einmal zwei Phänomenen. Dem unglaublichen Verkehr und der entsetzlichen Luftverschmutzung: „Hier sehen Sie die Luft, die Sie atmen“, meinte einmal ein Bekannter und so unrecht hatte er mit seiner zunächst als übertrieben erscheinenden Behauptung nicht. Denn auf die meisten der 365 Tage im Jahr trifft genau diese Beschreibung für nahezu alle Stadtteile zu. Die täglich knapp vier Millionen Autos auf den völlig überlasteten Straßen und die rund 160 000 Industriebetriebe im Hochtal des Staates Mexiko sorgen dafür, daß pro Jahr mindestens eine Million Tonnen Gifte - Kohlenmonoxyd, Stickstoffoxyd, Schwefeldioxyd und Kohlenwasserstoff - auf die Stadt herabregnen. Selbst eingefleischte Nichtraucher werden hier unfreiwillig zu Rauchern gemacht. Denn ohne daß sie auch nur einen Lungenzug tun, atmen sie pro Tag so viele Gifte ein, als würden sie 40 Zigaretten rauchen.

Vor allem die großen Industriebetriebe im Norden der Stadt, Eisengießereien, Raffinerien und Zementwerke, produzieren jenen ungefilterten Dreck, der von den Winden nach Süden getrieben und von den das Hochplateau umgebenden Bergen davon abgehalten wird, weiter abzuziehen und so das Stadtgebiet zu entlasten. Die Abgase, der gelblich-braune Dreck, hängen über der Stadt, verteilen sich gleichmäßig auf Pflanzen, Autos, Menschen und Gebäude.

Ist die Begegnung mit der Luftverschmutzung für den Neuankömmling das erste Problem, so folgt die mit dem täglichen Verkehrschaos gleich darauf. Eines gleich vorweg: Die unübliche Form des Straßenverkehrs ist die, daß man vorankommt. Die übliche ist die des Staus; alles steht, und das dauert dann in der Regel auch eine ganze Weile. Die Autofahrer wenden sich ihren Beifahrern oder irgendwelchen Beschäftigungen zu. Das geschieht wöchentlich, täglich, stündlich, minütlich, eigentlich immer. Ein Statistiker hat einmal ausgerechnet, daß man sich auf den Straßen der Hauptstadt mit einer Durchschnittsgeschwindigkeit von 20 Kilometern in der Stunde fortbewegt.

Mittlerweile allerdings ist nach den Berechnungen der Verkehrsexperten dieser Wert noch einmal deutlich gesunken. Um die Jahreswende 1987/1988 waren es nur noch neun bis elf Stundenkilometer. Wer in Kenntnis dieser Zahlen den Schluß ziehen sollte, in dieser Stadt werde nicht gerast, schließt zu früh, vor allem aber falsch. Kaum ist die Straße nämlich einigermaßen frei, wird hemmungslos und unter gründlicher und absichtsvoller Mißachtung jeder Verkehrsregel aufs Gaspedal getreten und gerast. Unter ohrenbetäubender Zuhilfenahme der Hupe wird davongeprescht, daß jedem Fußgänger und Radfahrer dringendst zu empfehlen ist, zwar nicht unbedingt das Weite, aber schleunigst den hoffentlich nahegelegenen Bürgersteig aufzusuchen. Denn, das sei noch hinzugefügt: Radfahrer und Fußgänger sind nicht nur hochgradig gefährdet, sie sind Verkehrsteilnehmer dritter Klasse. Die beiden ersten Klassen werden von den Auto- und den Busfahrern gebildet. Und die nutzen ihre starke Position ebenso scham- wie rücksichtslos aus.

Hat man diese beiden Begegnungen hinter sich, sie ein wenig verdaut und sich auf sie eingestellt, dann ist diese Stadt sicher eine der reizvollsten, interessantesten, widersprüchlichsten, kurzum faszinierendsten, die es auf der Welt gibt. Nachts riecht sie übrigens am besten. Dann sind die Straßen frei, dann ist die Luft am klarsten. Morgens erwacht dieser 20-Millionen-Einwohner-Moloch wie eine fette, unausgeschlafene Krake, beginnt, weil die Sonne die Luft wärmt, ganz entsetzlich zu stinken und legt im Laufe des Tages ein Kleid an, das in den Abendstunden an Schönheit, Eleganz und Intensität gewinnt und seinen umwerfendsten Glanz erreicht, kurz bevor es abgelegt wird und die Nachtruhe beginnt oder etwas ganz anderes ...

Die Stadt sei eine andere Welt, auch für die Einheimischen, sagen die Mexikaner und meinen damit, daß es natürlich noch ein zweites Mexiko gibt, das Land nämlich, und da sei alles ganz anders. Für den Europäer oder Nordamerikaner reicht schon völlig, daß die Hauptstadt dieses Riesenlandes ganz anders ist. Das macht ihm genug zu schaffen. In mancherlei Hinsicht. Nicht nur, daß jedermann wühlt und drängelt in den Straßen, in den Bussen, in den U-Bahnen, man schiebt sich über Märkte oder ins Flugzeug, am Samstagabend in den Tanzpalast und ins Fußballstadion. Der allgemeine und totale Zusammenbruch scheint unmittelbar bevorzustehen, dabei ist er gerade vorüber. Ein Beispiel: Im höchst chaotischen Geflecht der Rabatte und Sonderrabatte, der regulären Preissenkungen und der betrügerischen, der tatsächlichen und vermeintlichen Gelegenheiten finden sich Ausländer meistens ohnehin nicht zurecht. Gelänge es ihnen aber doch und wüßten sie, wohin und an wen sie sich zu wenden hätten, benötigten sie, um dorthin zu gelangen, das Auto. Aha, das Auto, womit das Problem beginnt, denn es stellt sich als nächstes und zwar schon auf der Fahrt zu der günstigen Gelegenheit bereits die dringende Frage, wo man parken werde. Einen Parkplatz, davon kann grundsätzlich ausgegangen werden, gibt es nicht. Doch während die einheimischen Verkehrsteilnehmer auch dort ihre Fahrzeuge abstellen, wo es eigentlich völlig ausgeschlossen ist, steht dem Nichtmexikaner seine nordamerikanische oder mitteleuropäische Verkehrserziehung mehr als gründlich im Wege. Also parkt er nicht, sondern kritisiert den Mangel an Parkplätzen, ohne Aussicht darauf, daß sich an diesem Zustand etwas ändern könnte, also kritisiert er das wieder einmal ganz unglaubliche Verhalten der mexikanischen Autofahrer: „Diese Eseltreiber!". Das ganze mit dem von allen anderen gänzlich unbemerkten Resultat, daß nur er sich über die nichtvorhandenen Parkplätze ärgert, darüber, daß er aus einem Stau nicht herauskommt, darüber, daß er nicht in den so sehr gewünschten Genuß des Sonderangebotes gekommen ist, und darüber, daß er nicht gleich, wie ursprünglich ja auch beabsichtigt, zum bekannten Supermarkt gefahren ist, in dem zwar alles ein bißchen teurer ist, wo es aber Parkplätze gibt. Die man bezahlen muß ...

Dennoch bleibt die Faszination des täglichen Chaos bestehen. Ähnliche Verhältnisse auf mitteleuropäische Hauptstädte übertragen, würden den sofortigen Zusammenbruch jeder Versorgung nach sich ziehen. In Mexiko aber nicht. Sicher, während der Gewitter, die in der Regenzeit von Juni bis Oktober vom Herabstürzen nicht enden wollender Wassermassen begleitet werden, fällt schon mal in einigen Stadtteilen der Strom aus, manches Mal übrigens auch in den vornehmeren. Sicher, es gibt auf den Straßen viele Löcher, häufig recht tiefe, die selbstverständlich nicht aufgefüllt, sondern umfahren werden, was ebenso selbstverständlich häufig einen längeren Verkehrsstau auslöst. Was allerdings wiederum niemandem so richtig auffällt, weil der ohnehin - siehe oben - zur ständigen Einrichtung des mexikanischen Straßenverkehrs gehört. Doch immer noch liegen morgens zwischen sechs und sieben Uhr die abonnierten Zeitungen vor der Tür, und die Überraschung ist perfekt, wenn aus den Hähnen noch immer das Wasser fließt, was beim täglichen städtischen Verbrauch von 600 Millionen m^3 keine Selbstverständlichkeit ist.

Wenn dann an irgendeinem Tag, bevorzugterweise einem Sonntag, die tägliche Hetzerei, der Ärger über untätige Polizisten, die Freude über den Schreiner, der den seit Wochen erwarteten Tisch nun doch noch, mit einem entschuldigenden Lächeln, versteht sich, gebracht hat, in eine ruhigere Stunde umgeschlagen ist, sitzt der ausländische

Bewohner Mexiko-Citys vielleicht im Laufe des späteren Vormittags hoch über der Plaza de la Constitución, dem Zócalo, auf der Terrasse des alten Hotel Majestic, blickt auf den riesigen Nationalpalast und die leicht schiefe Kathedrale und schwärmt seinem Besucher aus der Heimat vor, wie unbeschreiblich anders und auch schön hier vieles ist. Trotz alledem ...

Zócalo, wie gesagt der Name dieses noch in den dreißiger Jahren mit Bäumen bestandenen Platzes, bedeutet Basis oder Sockel. Eigentlich hatte hier ein Monument zur Erinnerung an den mexikanischen Kampf für die Unabhängigkeit errichtet werden sollen. Es kam jedoch nie über den Zócalo, den Sockel, hinaus. Von jener Dachterrasse des Hotels Majestic blickt man über die riesige Plaza, die kaum kleiner als der Rote Platz in Moskau ist, direkt auf den Nationalpalast mit seiner mehr als 230 Meter langen Fassade. Insgesamt 235 Jahre ist an ihm herumgebaut worden. Der Aztekenkönig Moctezuma hatte sich an dieser Stelle in prähispanischer Zeit einen Palast errichten lassen.

An einem klaren Sonntagnachmittag, vielleicht überflutet das Licht der hochstehenden Sonne den Zócalo, strömen die Besucher in den Nationalpalast, bewundern die Architektur und die Wandmalereien von Diego Rivera. Wer den Regierungssitz des mexikanischen Präsidenten, der allerdings nur selten in diesem prächtigen Gebäude, sondern viel eher im unweit entfernten häßlichen Regierungssitz Los Pinos anzutreffen ist, verläßt und nach rechts schaut, erblickt die riesige, alte Kathedrale, die den Platz nach Norden hin begrenzt. Ein gewaltiges Hauptschiff, über und über mit Marmor, Gold und Edelhölzern ausgelegt, ist von zwei Seitenschiffen eingefaßt, die an Prächtigkeit ihresgleichen suchen. Dazu gehören außerdem sieben Kapellen, die sich an Pracht und Reichtum in der Ausstattung gegenseitig überbieten. Die Deckenmalereien verschlagen dem Besucher die Sprache. 1573 begannen die Spanier mit dem Bau der Kirche. 1791 erst vermochten sie ihn zu vollenden. Und 1967 wäre er fast wegen eines Kurzschlusses im Leitungssystem abgebrannt. Doch konnten größere Schäden verhindert werden. Jahrelang waren die Restauratoren und Arbeiter – besonders am Hauptaltar – mit der Wiederherstellung befaßt, was die Mexikaner nicht davon abhielt, das Gotteshaus zu betreten, zu beten, zu singen, zu heiraten, zu betteln.

Der Platz der Verfassung, die Plaza de la Constitución, ist ein Ort, der wie kaum ein anderer die Geschichte Mexikos sichtbar macht. Hier wird Vergangenes, Mexiko vor den Spaniern nämlich, durch Ausgrabung und Konservierung gegenwärtig; aber man weiß auch, was nicht mehr da ist. So steht in unmittelbarer Nähe der Kathedrale die im

18. Jahrhundert erbaute Pfandleihe, die Monte de Piedad. An dieser Stelle erhob sich einst jener Palast Moctezumas, in dem der Aztekenherrscher 1519 die Spanier empfing und in dem er auch starb ...

Wer von der Dachterrasse des Hotels Majestic an einem dieser Tage die Fassade der Kathedrale entlangschaut, mag vielleicht in einer ihrer Nischen eine Menschengruppe entdecken. Hier demonstrieren nämlich häufig Indianer aus der an der Grenze zu Guatemala gelegenen Provinz Chiapas für ihre Angelegenheiten. So auch am 8. August 1985, dem Geburtstag des allseits verehrten mexikanischen Revolutionshelden aus dem zentralen Hochland, Emiliano Zapata. Er hat für eine Landverteilung und Gerechtigkeit für die Bauern gekämpft und gesagt: „Das Land ist für die da, die es bearbeiten." Die Indianer, und deshalb hatten sie im August 1985 einen Hungerstreik unternommen, sind die von der Revolution Vergessenen. Mehrmals jedes Jahr erinnern sie den mexikanischen Präsidenten an die Worte Zapatas und fordern, neben dem Eingang der Kathedrale hockend, stolz, traurig und still „Respekt vor dem Leben der Bauern und ihrer Führer", fordern Respekt vor dem Land und seinen Bodenschätzen und warnen vor der Ausbeutung des Bodens. Und die Indianer sagen den stehenbleibenden Passanten: „Wir sind keine Fremden auf der Durchreise ..."

Das sind sie für viele Mexikaner in der Hauptstadt aber doch, deren Köpfe vergiftet sind von der schlechten Luft, wie die Indianer sagen, und deshalb fühlen sie sich in der Stadt auch nicht wohl. Das gilt auch für den Schriftsteller Homéro Aridjis, der vor einigen Jahren mit anderen Künstlern die „Grupo de los cien", die Gruppe der Hundert, gegründet hat. Ihr Thema ist die Umweltverschmutzung: Sie haben eine Bestandsaufnahme gemacht und schließlich ein Programm entworfen, das aus acht Punkten besteht und nach wie vor auf seine Verwirklichung wartet. Denn noch jede mexikanische Regierung hat seit dem Beginn der siebziger Jahre besonders zwei Problembereiche nahezu völlig ausgeklammert: die immer schlimmer werdende Lage der Indianer und die zunehmenden Menschenrechtsverletzungen sowie die unvorstellbare Umweltverschmutzung in der Hauptstadt.

Homéro Aridjis fragt: „Wie ist die Verschmutzung in Mexiko zu kennzeichnen?" Aridjis und seinen Freunden zufolge handelt es sich dabei nicht um ein Problem der Zukunft, vielmehr um ein sehr dringendes der Gegenwart: „Weil die Menschen in der Stadt bereits seit gestern an den Giften sterben." Aridjis ist stolz darauf, daß in der seit 1985 existierenden Gruppe unter anderem die Schriftsteller Carlos Fuentes, Octavio Paz und Gabriel García Márquez sowie der Maler Rufino Tamayo zusammenarbeiten.

„Niemand kümmert sich um den Dreck, der immer mehr wird", wirft Aridjis Regierung und Industrie vor. Jeden Tag quellen die Gifte und Gase, die Abfälle und der Schmutz aus den Zement- und Papierfabriken, den Gießereien und thermoelektrischen Anlagen, aus den mitten in der Stadt liegenden Raffinerien und Plastik herstellenden Fabriken. Allein die im Stadtteil Azcapotztalco gelegene staatseigene PEMEX-Raffinerie sei für die Anwohner zu einer regelrechten Zeitbombe geworden. Aridjis hält die Umweltverschmutzung für ein vom Staat sanktioniertes Verbrechen gegen die Menschen, das von den täglich durch die Straßen rollenden vier Millionen Autos noch verschlimmert wird, die erhebliche Mengen von Blei und Schwefel an die ohnehin schon überlastete Luft abgeben. Die Regierung stellt sich nach den Worten des Schriftstellers, dessen Angaben auch von Fachleuten nicht bestritten werden, taub. Geschehen sei bisher nichts, hin und wieder würden Kommissionen eingesetzt. „Wir leben hier wie in einer Gaskammer", klagt Homéro Aridjis: „Das Land wird, ökologisch gesehen, zerstört." Doch es gehe ja nicht nur darum, diese Zerstörung zu verhindern, fügt Señor Aridjis hinzu, sondern auch darum, der Welt zu zeigen, daß es möglich sei, mit selbstgeschaffenen Problemen wie der Umweltverschmutzung fertigzuwerden: „Was nutzt eine noch so akzeptable Politik nach außen, wenn man sich von innen zerstört?"

Mexiko-City, da zeigten sich japanische Fachleute im ersten Halbjahr 1986 recht optimistisch, werde es leichter haben, von seinem Dreck und dessen Ursachen loszukommen als Tokio. Die gigantische mexikanische Hauptstadt, meinten die von den Mexikanern zu Hilfe gerufenen japanischen Experten, sei zu diesem Zeitpunkt nicht schlechter dran gewesen als Tokio 1968. Die Japaner, ebenso fachkundige wie höfliche Gäste in der von einer unglaublichen Verschmutzung heimgesuchten Stadt, konnten aber einige Dinge nicht wissen: Seit dem Ölboom zu Beginn der siebziger Jahre ist von Regierungsseite kaum etwas gegen die ständig zunehmende Vergiftung der Bevölkerung unternommen worden. Die meisten Produktionsbetriebe gehören dem Staat. Der Verkehr wächst unkontrolliert und schließlich: Selbst bei noch so guten Gesetzen, und davon gibt es auch in Mexiko einige, ist fast keine Reform an der Stelle durchzusetzen, wo es dringend nötig wäre: an den Ursachen. Dem steht unter anderem die allgegenwärtige Korruption im Wege.

Beispiele der mexikanischen Korruption gibt es genügend, eines, das vielleicht bekannteste, sei herausgegriffen: Alles liefe anscheinend ziemlich wunderbar für den ehemaligen Polizeichef von Mexiko-City, Arturo Durazo Morena, schrieb im Sommer 1986 die Wochenzeitschrift „Proceso“ über den Prozeß gegen den ehemals höchsten Polizeioffizier der Hauptstadt, der in den Jahren 1978 und 1982 unter dem damaligen Präsidenten López Portillo dieses Amt innehatte und anscheinend seine Macht und seinen Einfluß weidlich zu seinen persönlichen Vorteilen ausnutzte. Durazo steht schon lange vor Gericht. Das heißt, eigentlich sitzt er im Gefängnis, und hin und wieder mal steht er vor Gericht. 1986 im Sommer jedenfalls mußte er wieder einmal seine komfortable Zelle verlassen, um vor dem Richter zu erscheinen. Die USA hatten ihn Anfang 1986 an Mexiko ausgeliefert, nachdem er am Ende der Amtszeit von López Portillo geflüchtet war. Die Anklage, die viele tausend Seiten umfaßt und von Staatsanwalt Juan Marinda Collado vertreten wird, wirft dem Ex-Polizeichef Amtsmißbrauch, Veruntreuung öffentlicher Gelder, Erpressung und neben weiteren Punkten versuchte Gewaltanwendung vor.

Nach den nur bruchstückweise bekannt gewordenen Ermittlungen soll Durazo gemeinsam mit dem früheren Leiter der Führerscheinbehörde, Lukini Mercado, nicht nur öffentlich Gelder veruntreut, sondern auch Polizisten sowie Beamte der Führerscheinbehörde dazu veranlaßt haben, wöchentliche Quoten zwischen 4000 und 150 000 Pesos, je nach Dienstgrad, abzuliefern. Beamte, die sich gegen dieses Ansinnen gewehrt hatten, sollen mit Entlassungen und Rückstufungen bedroht worden sein. Als Durazo, der Schulfreund des Ex-Präsidenten López Portillo, Mexiko-City verließ, hatte er sich zwei Luxusvillen gebaut. Das Gehalt des Polizeichefs der Hauptstadt betrug seinerzeit monatlich 300 US-Dollar. Während er vor Gericht steht und ein Zeuge der Anklagebehörde nach dem anderen umfällt, hält sich der Ex-Chef der Führerscheinbehörde, Lukini Mercado, noch immer im Ausland auf. Die zuständigen Stellen in Mexiko-City vermuten ihn in Südafrika.

Und ausgerechnet jener Lukini Mercado, der nach Auffassung der Anklagebehörde ebenfalls vor Gericht gehörte, schrieb unter dem Datum des 16. April 1986 einen Brief an die drei Anwälte des „verehrten Angeklagten“, in dem er behauptete, er habe niemals Beamte bedroht, niemals von Durazo ausgesprochene Entlassungsdrohungen weitergegeben und sei auch niemals von Durazo angewiesen worden, gegen Beamte illegal vorzugehen. Auch habe er niemals Geld oder Gold von Durazo oder anderen erhalten, geschweige denn an sie weitergeleitet. Und im übrigen, heißt es dann weiter, seien die Anschuldigungen gegen den Ex-Polizeichef völlig falsch. Als dann noch ein als Zeuge der Anklage befragter Polizeikommissar aussagte, niemals seien in jenen vier Jahren Polizeibeamte gezwungen worden, Geld an Vorgesetzte abzuliefern, vielmehr hätten sie es zum Mutter-, Kinder- oder Polizeitag freiwillig getan, standen manchem Prozeßbeobachter nur noch Mund und Ohren offen und die Haare zu Berge. Señor Durazo, erklärte der Polizeikommandeur ohne einen Anflug von Zweifel, habe niemals etwas Illegales von ihnen gefordert.

Man kann nicht sagen, daß die mexikanische Öffentlichkeit vom Verlauf dieses zunächst mit einigem Interesse verfolgten Prozesses überrascht war oder ist. Erstens geht sozusagen jeder davon aus, daß die Polizei illegal Gelder eintreibt und in einem Quotensystem bis hin zur obersten Spitze abliefert. Zweitens glaubt niemand, daß die sich noch in Amt und Würden befindenden Polizeikommandeure gegen ihren ehemaligen Chef aussagen werden, und drittens ist noch immer der Einfluß des Ex-Präsidenten López Portillo so groß, daß niemand im Ernst eine Aufdeckung des tatsächlichen Umfangs der Korruption erwartet, geschweige denn eine Verurteilung des Angeklagten, weil doch alle unter einer Decke steckten. So zieht sich das Verfahren hin, während die Familie Durazo den einmal erworbenen Reichtum weiter genießen kann. Das gilt übrigens auch für den eingesperrten Ex-Polizeichef Arturo Durazo Morena, der ja schließlich kein gewöhnlicher Häftling ist und daher eine außergewöhnliche Behandlung erfährt.

Wo Coyoten immer Hunger haben und Sergio Semilla angeschlagen seinen Kaffee trinkt

Seine schwarzen Haare sind kurz geschnitten. „Mecki“ hätte man bei uns vor einigen Jahren dazu gesagt. Das durchlöcherte, verdreckte gelbe Polohemd hängt aus der kurzen Hose, wenn man sie überhaupt so nennen will. Sie ist zerfetzt und wird vorne von einem Knopf zusammengehalten. Der Schlitz ist offen, weil der Reißverschluß fehlt. Schuhe hat Juan Perez keine an: „Weil ich doch keine habe.“ Warum auch? Laufen könne er auch so. „Oder?“ fragt der Kleine, der von seiner Mutter morgens losgeschickt wird. Sie bringt ihn gar nicht erst auf die Straße, denn auf der lebt er ja den ganzen Tag über. Denn Juan bettelt um Pesos. Sein Leben, wenn man das so bezeichnen kann, verbringt der Achtjährige mit seinen drei kleinen Schwestern im Alter zwischen ein und vier Jahren, seinem Kaugummi verkaufenden Vater und seiner Mutter, die die kleinen, bunten Puppen näht, in Coyoacán. Das ist ein südlicher Bezirk von Mexiko-City, der besonders durch seine Pracht und Schönheit, die aus der spanischen Kolonialzeit stammen, auffällt. „Coyoacán“ ist für die Mexikaner der Ort der Coyoten und der Besitzer der Coyoten. Und das Wappentier dieses zwischen dem 10. und 12. Jahrhundert gegründeten Ortes ist ein Coyote, der ein Loch im Bauch hat. Die besonders schlagfertigen Bewohner dieses Stadtteils wissen auch, warum: „Coyoten haben immer Hunger.“

Die spanischen Eroberer unter Hernán Cortés schlugen hier ihr Feldlager auf, und Coyoacán wurde die erste Hauptstadt der damals Nueva España, Neu-Spanien, genannten Provinz. Coyoacán ist heute sicher der eindrucksvollste Teil der Hauptstadt, in den am Wochenende die Touristen aus allen Landesteilen strömen, in dem sie die Restaurants und Straßencafés bevölkern, mit den Händlern feilschen. Und Coyoacán ist das Revier von Juan Perez, dem achtjährigen Bettler.

An welcher Straßenecke sein Vater gerade die berühmten „Chickles“, die Kaugummis, verkaufe, wisse er nicht. Seine Mutter säße gar nicht weit, „dahinten, an der Plaza Hidalgo“, und nähe die Puppen. Die älteste Schwester, vier Jahre alt, bettele ebenfalls. Fünf Pesos, zehn, manchmal von Leuten, die viel Mitleid haben, fünfzig Pesos bekomme er und stecke sie in seine leere Marlboroschachtel, die er den Gästen hinhält, wenn er im beliebten Café „El Parnasso“, gleich neben dem großen, gleichnamigen Buchladen an der Ecke, von Tisch zu Tisch ziehe.

So wie an diesem Samstagvormittag, als er am Nachbartisch jemanden fragt: „Kann ich Ihren letzten Schluck Cola haben?“ Kaum, daß der Angesprochene genickt hat, ist die Flasche bereits leer. Regelmäßige Mahlzeiten kennt der Achtjährige nicht. Fleisch hat er lange nicht mehr gegessen, Milch und Obst sind selten; Weißbrot, Tortillas, eine Art Mais- oder Weizenfladen, eine mexikanische Spezialität, und Wasser sind die Hauptnahrungsmittel. Wo er denn wohne? „Da hinten.“ Wo das sei? „Nicht weit von der Plaza Hidalgo entfernt.“ Und wo genau? „Unter einem Baum.“ Unter einem Baum? „Si, ja, unter einem Baum.“ Der sei ganz groß, und wenn es nicht zu sehr regne, sei man ganz gut geschützt. Und wenn es sehr regne? „Dann gehen wir gegenüber in einen Hauseingang, bis es aufgehört hat.“

Mit drei Jahren hat Juan bei einem Autounfall schwere Verbrennungen am Hals und an der rechten Schulter erlitten. Die Familie lebte damals auf dem Mittelstreifen der großen Straße in Coyoacán, der Miguel Angel de Quevedo. Die Wunde ist schlecht vernarbt, die Haut verwelkt, wie die eines Siebzigjährigen. Nein, sie schmerze nicht, und erinnern könne er sich an den Unfall auch nicht mehr. Ein neues Hemd hätte er schon gerne. Die Hose wolle er lieber behalten, wegen der tiefen Taschen, in denen er soviel unterbringen könne. Wenn man ihm ein neues Hemd kaufen würde ... „Und ein Paar Tennisschuhe auch, welche mit einem blauen Streifen!“

Juan Perez ist in der fast zwanzig Millionen Menschen zählenden Metropole kein Einzelfall. Mehr als 800 000 Kinder unter 14 Jahren leben auf den Straßen, verkaufen Kaugummis, Luftballons, Landkarten und wieder Kaugummis und betteln. Ihre Eltern hocken auf Plätzen, in Hauseingängen, in Parks, auf den Mittelstreifen der Straßen, bieten Puppen und Besen an, Hamster und Schwämme, spielen Ziehharmonika.

Das Wort Schule kann Juan, dem oben zwei Zähne fehlen, kaum aussprechen. Lesen und Schreiben kann er auch nicht: „Ich geh’ da nicht hin, ich muß arbeiten.“ Er wasche sich manchmal, wenn’s warm genug ist, da drüben, am Brunnen, an der Plaza Hidalgo. Da, wo die beiden Hunde ...? „Das sind doch keine Hunde, das sind Coyoten,“ unterbricht er ... also, da, wo die beiden Coyoten aus Bronze mitten im Wasser stehen und glänzen. Und nachdem er das mit wichtiger Miene erklärt und nachdrücklich hinzugefügt hat, von den Coyoten habe Coyoacán seinen Namen, streunt er wieder herum – über den Platz und in den Nebenstraßen – und bettelt, wie jeden Tag.

Coyoacán am frühen Samstagvormittag. Noch wenige Autos haben in der Calle Francisco Sosa, einer der schönsten Straßen der Hauptstadt, geparkt. Da, wo diese schmale, mit Bäumen bestandene Straße an der Avenida Universidad beginnt, steht die kleine Kapelle San Antonio aus dem 18. Jahrhundert, die, wie alle alten Gebäude in Mexiko-City, immer wieder restauriert werden muß, um sie vor dem überwiegend durch die starke Luftverschmutzung ausgelösten Verfall einmal mehr zu retten. In der morgendlichen Sonne strahlen die Farben der niedrig gehaltenen Häuser besonders kräftig: Weiß, eine seltene Mischung aus einem hellen Braun und einem leuchtenden Rot sowie jenes berühmte Coyoacán-Blau, das es in dieser Mischung nur an den Fassaden der mexikanischen Kolonialbauten gibt, tauchen die Calle Francisco Sosa zusammen mit dem Grün der Bäume in ein warmes Licht.

Nahe der großen Plaza Hidalgo öffnen allmählich die Straßencafés und Restaurants, unter ihnen das „Los Geranios“: Auf der Straße steht ein alter Pferdewagen, in dem Geranien blühen. Das „Los Geranios“ ist morgens, mittags und abends ein Treffpunkt für viele Coyotes, obwohl das Essen nicht besonders großartig ist und die Stühle zu den unbequemsten gehören, die man sich vorstellen kann. Don Juan Maria Alponte, einer der Kommentatoren der Tageszeitung „La Jornada“, sitzt schon mal am Samstagnachmittag fein gekleidet mit seiner schlanken, blonden deutschen Frau an einem der wackligen Tische und speist mit Bekannten, und am Nebentisch erzählt der Schauspieler Gustavo von einem Projekt, das der spanische Regisseur Carlos Saura in Costa Rica durchführen will und bei dem er, Gustavo, mitmachen soll. Das „Los Geranios“ ist in der Woche ein Treffpunkt von Autoren, Schauspielern, Journalisten, selten von Touristen. Und nach dem abendlichen Essen, der Cena, vielleicht gab es die berühmten Champignons mit ungemein viel Knoblauch und anschließend ein Stück Filet mit verschiedenen Gemüsen, geht das Gespräch weiter bei Tequila und Sangrita und Bier.

Ab Samstagmittag ist kaum ein Platz im nicht allzugroßen „Los Geranios“ zu bekommen. Dann wird es von mexikanischen Touristen bevölkert, die nach Coyoacán strömen, um die historischen Sehenswürdigkeiten zu besichtigen und sich in der Fiesta-Atmosphäre treiben zu lassen. Die beginnt so gegen Mittag, wenn die ersten Straßenmusikanten und die Straßenhändler auf der großen Plaza eintreffen. Dann sind die immer vollen Eisläden geöffnet und vor dem Stand, an dem die heißen Maiskolben, die Elotes, mit viel Mayonnaise, geriebenem Käse und einem äußerst scharfen Chili-Pulver verkauft werden, hat sich bereits eine lange Schlange gebildet. Auf dem Stuhl des alten Schuhputzers lösen einander die ersten Kunden ab, denn viel wichtiger als die Krawatte ist in Mexiko für den Herrn der geputzte Schuh, weshalb es viele Schuhputzer mit gar nicht mal so schlechten Einnahmen gibt.

Im „El Parnasso“, schräg gegenüber der die Plaza Hidalgo beherrschenden Klosterkirche San Juan Bautista aus dem frühen 16. Jahrhundert, haben sich die ersten Stammkunden zum Café Americano, zum Espresso oder zum Capuccino versammelt. Das „El Parnasso“ ist ein Straßencafé mit etwa 20 kleinen, runden Tischen und ebenso unbequemen Stühlen wie im „Los Geranios“. Unmittelbar nebenan sind die beiden größten Buchläden in Coyoacán, aus denen die Kunden aller Altersklassen zwischendurch hinüber ins „Parnasso“ auf einen Kaffee gehen. Bepackt mit Büchern und Zeitschriften und vielleicht dem neuesten „Tiempo Libre“, der Programmzeitschrift, in der einfach alles steht, was in der unübersehbaren Hauptstadt der Mexikaner passiert.

Seinen ziemlich zerzausten Strohhut tief über die vollen schwarzen Haare ins Gesicht gezogen, die schiefe Sonnenbrille auf der Nase, sitzt Sergio Semilla auf einem dieser den Rücken unsäglich malträtierenden Stühle und schlürft seinen Morgenkaffee, ein knappes Kilogramm Zeitung in den Händen: den „Excelsior“ in seiner überschweren Wochenendfassung. Todmüde sei er, denn er habe bis gegen sechs Uhr morgens gefeiert. Bei Freunden zu Hause, auf einer Fiesta mit ganz tollen „Chabas“, was sich in etwa mit „großartigen Frauen“ übersetzen läßt. Sergio ist 42 Jahre alt und macht eigentlich – abgesehen von seinen ständigen Besuchen im „El Parnasso“ und in einigen anderen, weniger berühmten Treffpunkten – nichts. Seine Mutter hat ganz in der Nähe, denkbar günstig gelegen, ein kleines Haus in einer schmalen Straße. Da hat Semilla, wie er von seinen Bekannten genannt wird, ein Zimmer. Seine einzige Verpflichtung besteht darin, daß er jeden Nachmittag pünktlich zum Essen zu erscheinen hat. Sonst gibt's Krach. Und den will er nicht, weil's doch so bequem ist. Eigentlich ist Sergio Maler, und sollte es wirklich irgendwann einmal zu einer Ausstellung seiner überaus großen und abstrakten Gemälde kommen, wäre das sicher ein Ereignis, an das er selbst längst nicht mehr geglaubt, über das er jedoch ständig gesprochen hat. Sergio ist ein geborener Coyote, wie er im mexikanischen Geschichtsbuch steht: Er treibt sich überall herum, ist clever, versucht möglichst wenig zu arbeiten und viel zu leben, hat einen großen Bekannten- und einen kleinen Freundeskreis, will sich auf keinen Fall binden. Er hat daher mal hier und mal da eine Freundin und doch den heimlichen Traum, irgendwann einmal zu heiraten. Bis dahin tut er am liebsten nichts, zeigt sich informiert und läuft jeden Freitagabend so gegen halb neun Uhr in die „Guada“, weshalb er am späten Samstagvormittag auch in reichlich angeschlagenem Zustand im „El Parnasso" anzutreffen ist.

„Die Guada" – eigentlich heißt sie „Cantina Guadalupana" – ist außer montags die ganze Woche geöffnet, doch der unbestrittene Höhepunkt ist jede Woche wieder der Freitagabend, der „Viernes Social", wie er in Mexiko heißt. Der „soziale Freitag" beginnt für die meisten Mexikaner in der Hauptstadt schon am Mittag. Dann verläßt nämlich das Millionenheer der unteren und mittleren Büroangestellten seine Büros und strömt nicht etwa nach Hause: Die Bürokraten wollen unter sich sein und den während der Woche angesammelten Frust über die natürlich überhaupt nicht qualifizierten Bürovorsteher und die viel zu niedrige Bezahlung hinunterspülen. Das geschieht jeden Freitag ab mittags und bis 1982 unter Ausschluß des weiblichen Geschlechts. Dem nämlich war bis dahin der Zutritt zu den Cantinas gesetzlich verboten. Eine an sich überflüssige Regelung, wie Sergio Semilla befindet, denn es drängte sowieso kaum eine der vielen Ehefrauen in die Cantinas, um zu erleben, wie der jeweilige Gatte total „boracho", betrunken, jeden Freitag aufs neue, doch ohne jegliche Auswirkung, seine Behörde oder sein Amt umorganisierte. Und das fast zwölf Stunden lang: Denn pünktlich um Mitternacht müssen alle Gäste den großen, langen Raum mit den vielen einfachen Holztischen durch jene schmale und niedrige Tür wieder verlassen haben, durch die sie sich vor Stunden gebückt hineingezwängt haben.

Mittlerweile ist die Cantina in Coyoacán, wenige Schritte von der Plaza Hidalgo entfernt, nicht mehr nur ein Beamten- und Angestelltentreffpunkt; viele Coyotes, gleich welchen Alters und Berufs, kommen Freitag abends hierher, manche – wenn sie jünger sind – mit ihren Freundinnen oder Frauen. Wenn nach reichlich Rum-Coca oder mehreren Tequila mit Bier eine halbe Stunde vor Mitternacht das Licht dreimal aus und an geht, erheben sich auch die Betrunkensten und machen sich auf den Weg. Zunächst zu jener bereits erwähnten schmalen Tür, dann, wenn vorhanden, zum eigenen klapprigen Auto, Freunde steigen zu, und auf geht's: entweder in einen der großen Tanzpaläste oder auf eine der vielen Feten. Und so kommt es, daß der Lebenskünstler Sergio Semilla seit vielen Jahren samstags am späten Vormittag im „El Parnasso" reichlich angeschlagen seinen Kaffee schlürft und von der vorangegangenen Nacht, noch mehr von den Frauen und seinen angeblich so zahlreichen Abenteuern schwärmt ...

Die Cantinas in Mexiko, von denen die „Guada" zu den bekanntesten, wenngleich nicht zu den schönsten gehört, haben aber noch eine andere Funktion: Sie sind eine Informationsbörse. Wer verkauft was zu welchem Preis und wann? Wo gibt es eine möglichst billige Wohnung? An welchem Tag wird im Regierungssitz des Präsidenten der Republik, der „Casa Blanca“, das Hintergrundgespräch über den bevorstehenden Staatsbesuch stattfinden?

„Wo bist du denn solange gewesen, dich hab' ich ja ewig nicht gesehen, Cabron“, tönt es einem plötzlich im dichten Gedränge entgegen. Das Schlüsselwort ist gefallen: „Cabron“. „Cabron“ ist alles. Der Typ ist Cabron. Die ganze Lage ist überhaupt Cabron und „Hast du gelesen, wie der den Unfall gebaut hat? Cabron!“ Dumm, bescheuert, blöd, idiotisch ... „Cabron“ ist alles, und „Cabron“ ist das meistgebrauchte Wort in der Cantina, hinter deren langen, hohen Tresen die mindestens sechs Barkeeper hin und her flitzen, im Gebrüll der Bestellungen dennoch den Überblick behalten, die Kellner und die an der Bar Stehenden zufriedenstellen und zwischendurch, wie es sich für einen Mexikaner gehört, deftige Macho-Witze reißen. Die Anwesenheit der ohnehin wenigen Frauen stört niemanden.

Übrigens – zu essen gibt's freitags abends nichts. Das muß jeder vorher erledigt haben, nebenan, in der zur engen Straße hin offenen Halle, in der die Besitzer der einzelnen Stände lautstark um die Gunst der Kunden wetteifern. Tacos gibt's und Fruchtsäfte und Coca Cola und mexikanisches Bier, das nicht allzu stark ist. Tacos werden mit Zwiebeln und Chilipfeffer oder -sauce, mit Rind-, Schweine- oder Hühnerfleisch, mit Käse und Schinken, mit allen Gemüsen, nur nicht mit Fisch gegessen. Das passe doch nicht zusammen, meint Sergio Semilla. Warum, könne er auch nicht sagen, es schmecke einfach nicht.

Am späten Morgen oder am frühen Vormittag kommt dann Sergio Semilla schwankend heim, ins Haus seiner Mutter, fünfzig Meter von der „Guada“ und der Taco-Halle entfernt, weil in Coyoacán, wie er erklärt, alles ziemlich dicht beieinander sei: „Wir haben hier alles, und deshalb macht es auch soviel Spaß, hier zu leben.“ Den meisten Coyotes scheint es so zu gehen, und deshalb waren sie auch, bis auf ganz wenige Ausnahmen, selten länger anderswo, weder in Mexiko noch im amerikanischen Ausland. Und Europa ist nicht nur 14 Flugstunden entfernt, es ist für die meisten auch „un otro mundo“, eine ganz andere Welt, der sie zwar mit großer Neugierde begegnen, die sie jedoch im wesentlichen aus zwei Gründen selten aufsuchen. Erstens haben die meisten die rund 700 US-Dollar für das Flugticket nicht, und zweitens ist die Neugierde nun auch wieder nicht so groß, daß sie ihr geliebtes Mexiko, ihr geliebtes Coyoacán in diesem Falle, verlassen würden. Schon gar nicht für längere Zeit. Ausnahmen gibt es. Der Schauspieler Sergio Calderon ist eine.

Eigentlich würde er lieber auf dem Lande leben, meint Sergio Calderon, und seitdem sein Vater tot ist, am liebsten auf dessen Hacienda. „Doch was ist dann mit der Schauspielerei?" fragt er. Sergio Calderon hat ein Problem. Er hat keine Arbeit, und das nun schon seit zwei Jahren. Damals hatte er innerhalb kurzer Zeit eine kleinere Rolle im John-Huston-Film „Unter dem Vulkan" und einen größeren Part in einem Pilotfilm für die amerikanische Fernsehserie „A-Team" bekommen. Seitdem möchte er eigentlich am liebsten nur noch mit „Gringos" zusammenarbeiten, wie er sagt: „Die verstehen ihr Geschäft." Nur kriegt er keine Angebote. Selbst von einem mehrwöchigen Aufenthalt in Los Angeles kehrte er ohne eine einzige Rolle zurück. Sergio Calderon, ein kleiner, dicker und temperamentvoller Mann, grämt sich, geht immer weniger in Bars oder ins „El Parnasso." Er ist zu Hause in seiner Wohnung über der Plaza Hidalgo, bei seiner norwegischen Frau Karin und den beiden kleinen Kindern. Wenn der mexikanische Film nicht so grausam schlecht wäre, würde er ja auch in Mexiko arbeiten. Doch bei dem Zustand der heimischen Filmproduktion ... „Um Himmels willen." Der mexikanische Film leidet an drei Krankheiten: der Korruption, der Spekulation und am Fernsehgiganten Televisa, der nicht nur der größte auf dem amerikanischen Kontinent ist, sondern auch eigene Kinofilme produziert. Televisa, das auch die Fußballmeisterschaft 1986 fest im Griff hatte und in Mexiko die fünfte Macht im Staate genannt wird, ist ein Beispiel für Verfilzung und Korruption. Ein Zustand, von dem viele Mexikaner glauben, daß er der einzige ist, der das Machtsystem aus Geschäft und Politik noch zusammenhält.

Mehr als 50 Filme pro Jahr werden von diesem Kommunikationsmulti herausgebracht. Die Qualität ist wohl kaum zu unterbieten. Kritik, Engagement ist im mexikanischen Film nicht nur unerwünscht, sondern auch kaum noch möglich, weil sich das Machtgeflecht seit etwa 1970 so verästelt und verfeinert hat, daß die meisten guten Regisseure heute entweder in der Werbung oder im Bildungsprogramm des Fernsehens arbeiten. So ist der arbeitslose Schauspieler Sergio Calderon nicht nur kein Einzelfall, er ist ein Beispiel für die Entwicklung und den Niedergang der mexikanischen Filmindustrie seit 1970.

Eigentlich hatte alles sehr schön angefangen, mit der Amtsübernahme des Präsidenten Luis Echeverría am 1. Dezember 1970. Aufbruchstimmung überall. Nichts Ungewöhnliches beim Amtsantritt eines neuen mexikanischen Präsidenten. Doch für das mexikanische Kino war es der Tag, an dem zum ersten Mal in seiner Geschichte ein radikaler Umschwung zum Besseren eingeleitet werden sollte. Mit Hilfe des Staates natürlich. Das versteht sich in Mexiko von selbst. Der frühere Schauspieler und Bruder des neuen ersten Mannes im Staate, Rodolfo Echeverría, nahm mit ungewöhnlicher Machtfülle auf dem Sessel des Chefs der Nationalen Filmbank Platz. Und prompt wurden nicht nur mehr Filme gedreht; wie zu erwarten, wurde gleichzeitig der Einfluß des Staates erheblich verstärkt. Jedoch diese Tendenz war recht positiv: Die Spekulanten verschwanden, junge Regisseure erhielten ihre Chance.

„Über unsere Leinwände flimmern der Kult der Mutterschaft, die Verherrlichung der Männlichkeit, abergläubische und fanatische Religiosität, gemeine Ansichten über sexuelle Beziehungen ...", formulierte in den sechziger Jahren der Regisseur und Filmkritiker Manuel Michel einmal. „Anders ist es heute eigentlich auch nicht", klagt Sergio Calderon mit einem Blick auf die täglichen Kinoprogramme, die vor Sex und Gewalt strotzen und wochenlang in den Kinos der Hauptstadt als Kassenschlager laufen. Die Aufbruchstimmung in der mexikanischen Filmindustrie wurde unter den Nachfolgern Luis Echeverrías, den beiden Präsidenten José López Portillo und Miguel de la Madrid Hurtado von der sich weiter ausbreitenden staatlichen Korruption und der wachsenden Pression erdrückt. Filme wie Paul Leducs „Völkermord - Notizen über das Mezquital" und Luis Buñuels „Los Olvidados", „Die Vergessenen", sind heute nicht mehr möglich, sie sind auch fast vergessen. Und die Zeiten solcher Größen wie Emilio Fernandez und Dolores del Rio, Pedro Armendariz und Maria Felix alle Mal ... „Kommerz ist gefragt, nicht Kunst", kritisiert Sergio Calderon, und wem das nicht klar war, der wird von manch' älteren Schauspielern an die ersten Verhaftungen der zwei Regisseure Carlos Velo und Bosco Arochi 1979 erinnert. Nicht, daß ihnen vorgeworfen worden wäre, sie seien zu kritisch oder gar antimexikanisch gewesen. Nein, Millionenbeträge sollen sie veruntreut haben. Der Hauptverantwortliche, jener Rodolfo Echeverría, als mächtiger Mann der Nationalen Filmbank für die zu verteilenden Gelder verantwortlich, dieser Rodolfo Echeverría ist natürlich als Bruder des Ex-Präsidenten weder befragt noch gar zur Rechenschaft gezogen worden ... So stehen heute die großen verstaatlichten Filmstudios an der „Rio Churrubusco" in Coyoacán überwiegend leer, verlassen da, und es ist angesichts der akuten staatlichen Geldknappheit nicht abzusehen, daß sich dieser Zustand bald ändern wird ...

Bei Leo Trotzki, Frida Kahlo und Diego Rivera in Coyoacán

An seinem Schreibtisch ist er mit einem Eispickel erstochen worden. Die berühmte Brille mit den runden Gläsern fiel auf den Boden. Heute liegt sie in einer Bleistiftablage auf seinem Schreibtisch. Bis zum 20. August 1940 hat Leo Trotzki hier fast täglich gegessen und gearbeitet. Zuletzt an seiner Stellungnahme zum Zweiten Weltkrieg. Das Haus in der Calle Vienna im Stadtteil Coyoacán gleicht mehr einer Festung. Drei Jahre, von 1937 bis 1940, hat Leo Trotzki dort mit seiner Frau Natalia Sedova und seinem Stiefsohn gelebt. Der Besucher glaubt, die Zeit sei stehengeblieben, wenn er Trotzkis Arbeitszimmer durch eine mit Stahlplatten von beiden Seiten verstärkte Tür betritt. Trotzki hatte diese Sicherungen an mehreren Türen anbringen lassen, nachdem der mexikanische Maler David Alfaro Siqueiros mehrfach auf ihn und seine Frau geschossen hatte, ohne sie zu verletzen. Das war am 24. Mai 1940. Während des Überfalls wurde Trotzkis Sekretär, der Amerikaner Robert Sheldon Hart, entführt und einige Tage später etwas außerhalb der Stadt am Straßenrand tot aufgefunden. Von dem fehlgeschlagenen Überfall auf das Ehepaar Trotzki sind noch heute die Einschläge der Kugeln in der Wand zu sehen.

Drei Monate später starb der von Josef Stalin meistgehaßte und verfolgte Revolutionär an seinem Schreibtisch. Die Wachszylinder, die er benutzte, um seine Überlegungen auf einem Diktaphon aufzunehmen, sind noch da. Das Manuskript, an dem er zuletzt arbeitete, liegt auf dem Schreibtisch. Der aufgeschlagene Kalender zeigt das Datum des 20. August 1940. Bücher in englischer, russischer, deutscher und spanischer Sprache stehen in den Regalen, darunter eines, das die braune Gefahr in Deutschland beschreibt. Eine Lupe. In einem Regal Marx, Engels, Lenin und Trotzkis eigene Werke. Sein Kampf gegen die Bürokratie in der Sowjetunion, gegen die Erstarrung der Revolution, seine Auseinandersetzung mit Stalin und seine Niederlage.

Trotzki lebte zu einer Zeit entscheidender politischer Ereignisse in Mexiko: Lázaro Cárdenas, für sechs Jahre, bis 1940, Präsident von Mexiko, leitete zum ersten Mal nach der mexikanischen Revolution eine Agrarreform ein. 1938 wurde, ein noch heute gefeiertes Ereignis, die Erdölindustrie verstaatlicht. Als Trotzki 1937 nach Mexiko kam, steckte das Land, das damals rund 19 Millionen Einwohner hatte, in einer schweren wirtschaftlichen und sozialen Krise. Die Zeitungsüberschriften sind eindeutig: „Es gibt keine Kohle! Morgen gibt es kein Fleisch und heute macht ein Streik das Telefonieren unmöglich!" Tatsächlich bilden sich vor den Geschäften in der Hauptstadt lange Schlangen: Vieles ist knapp, anderes gibt es gar nicht. In den Straßen demonstrieren die Arbeiter, und Lombardo Toledano, der Führer der mexikanischen Arbeitergewerkschaft, kritisiert auf einer Protestveranstaltung den akuten Wohnungsmangel. Doch der wirtschaftlichen Krise und dem schweren Erdbeben in Veracruz zum Trotz rennt halb Mexiko begeistert ins Kino, um Norma Shearer und Frederik March in „Die Liebe stirbt nicht" zu bewundern. Trotzki hat sich in die innenpolitische Situation nicht eingemischt. Spartanisch, zurückgezogen, mit wenigen Kontakten nach außen, lebte er ständig auf der Hut vor dem sowjetischen Geheimdienst NKWD, dem Vorläufer des KGB, in der Calle Vienna, einer Parallelstraße der Calle Berlin. Der Garten und das Haus sind umgeben von einer hohen Mauer, Wachtürme an den Ecken. Unterkünfte für die Sicherheitsbeamten. Seit 1940 hat sich nichts verändert.

Die Bibliothek ist außerordentlich umfangreich. Veronika Volkow, die in Coyoacán lebende Enkelin Trotzkis, hat nicht nur 18 Jahre mit ihren Eltern im Haus der Trotzkis gelebt, sie hat viel in der Bibliothek geschmökert und von dem, was ihr Großvater geschrieben hat, auch das meiste gelesen; ja, sein Werk beeindrucke sie sehr: „Er war ein großer Intellektueller", fügt die junge Frau, selbst Autorin, hinzu. Gerade hat sie ein Buch nach einem zweimonatigen Aufenthalt in Südafrika abgeschlossen. Sie will über ihren berühmten Verwandten nicht viel sprechen. Und das nicht aus falscher Bescheidenheit. Sie möchte einfach, meint sie, als Veronika Volkow und nicht als Enkelin Leo Trotzkis betrachtet werden. Und außerdem habe sie ihre eigenen politischen Ansichten, die sie auch klar zu formulieren weiß, wenn sie in Coyoacán mit Freunden, beispielsweise mit dem Maler Franzisco Icaza zusammensitzt oder an der UNAM, dieser Riesenuniversität der Hauptstadt, mit Kommilitonen diskutiert.

In das Haus Trotzkis kommen nicht sehr viele Besucher. Auch der sowjetische Außenminister Eduard Schewadnardse kam nicht, als er Mexiko Anfang Oktober 1986 besuchte. Nur zehn Autominuten war Schewadnardse seinerzeit vom Künstler- und Literatenviertel Coyoacán entfernt, als er im Büro des mexikanischen Energieministers Platz nahm, doch ... Inzwischen hat sich in der Beziehung der Sowjetunion zum Hause Trotzki wenigstens atmosphärisch einiges geändert. Die Botschaft der UdSSR in Mexiko-City ließ – zwar nicht offiziell, doch unter der Hand – im Laufe des Jahres 1987 mitteilen, daß man an der Erhaltung des Trotzkischen Hauses interessiert sei und es gerne sähe, wenn die Mexikaner es nicht, wie von einigen Regierungsmitgliedern beabsichtigt, schließen würden.

Hin und wieder werden in der Calle Vienna von freiwilligen Helfern die Marx-Engels-Werke vom Staub befreit oder die Jahrbücher für Politik, Wirtschaft und Arbeiterbewegung aus den Jahren um 1925 zurechtgerückt. Der Blick der Besucher fällt auf Jack Londons Werke oder auf Hermann Wandels „Danton". Was hat dieser Trotzki nicht alles gelesen! Sein Politik- und Kulturinteresse war unersättlich. So war es nur natürlich, daß er schon bald sehr eng mit Frida Kahlo und Diego Rivera befreundet war. Frida Kahlo, die eindrucksvollste mexikanische Malerin, war von Trotzki fasziniert. Diego Rivera, der 1927 als Ehrengast an den Feierlichkeiten zum 10. Jahrestag der Oktoberrevolution in Moskau teilgenommen hatte, war ein politisch engagierter Künstler. Das zeigt auch eine Begebenheit im Zusammenhang mit dem 1948 entstandenen Wandbild, einem der bekanntesten Werke Riveras, „Traum eines Sonntagnachmittags im Alameda-Park". Diego Rivera hatte den „Traum" auf eine Wand im Hotel Prado gemalt. Doch hatte sich der Erzbischof der Hauptstadt strikt geweigert, das Hotel und das Kunstwerk zu segnen, denn da stand doch der Satz: „Gott existiert nicht." Eines Tages waren die drei Worte weggekratzt – von Studenten in aller Heimlichkeit. Stunden später erschien der empörte Diego Rivera mit seinen Malerkollegen José Clemente Arozco und David Alfaro Siqueiros. Sie besetzten die Hotelhalle, riefen „Es sterbe der Imperialismus" und malten den Satz wieder auf die Wand. Es muß allerdings hinzugefügt werden, daß die Worte Jahre später wieder verschwanden und Rivera es diesmal hinnahm, mit dem Hinweis, die katholische Bevölkerung habe ihre Gefühle, und die wolle er nicht verletzen.

David Alfaro Siqueiros ist sicher einer der ganz großen mexikanischen Maler und ebenso sicher eine etwas zwielichtige politische Figur. Als Frida Kahlo und Diego Rivera Leo Trotzki und dessen Familie 1937 bei ihrer Ankunft im mexikanischen Karibikhafen Tampico begrüßten, war Siqueiros längst Stalinist und Rivera Trotzkist. Aus Archiven der US-Bundespolizei FBI geht die Beteiligung Siqueiros' am fehlgeschlagenen Attentat auf Trotzki hervor. Doch führten die mexikanischen Untersuchungen zu nichts, weder zu einer Verhaftung, noch zu einer Verurteilung und auch nicht zu einer endgültigen Entzweiung zwischen Siqueiros und Rivera. Beide Männer waren in ihrer Arbeit wie in ihrer politischen Haltung den Behörden der USA suspekt. Über Siqueiros, den das FBI 1945 als einen russischen Spion bezeichnete, gab es eine eigene Akte, aus der hervorging, daß er unter mehr als 200 Namen in der Welt umherreiste: Nach Polen und Rumänien, Japan und Italien, wie die akribischen Überwacher seit 1957 dann regelmäßig festhielten. Über den 1974 gestorbenen, in Mexiko hoch geschätzten Künstler hieß es beim Geheimdienst CIA und beim FBI 1944 unter anderem, er habe seine künstlerische Arbeit an der Universität der Schönen Künste in San Miguel Allende dazu benutzt, seine Schüler zum Kommunismus zu bekehren. Doch immerhin hatte ihm die Rockefeller Foundation für sein in Havanna entstandenes Gemälde „José Marti und Abraham Lincoln" ein Jahr zuvor, 1943, 2500 US-Dollar gezahlt.

Am 27. September 1986 wird im „Palast der Schönen Künste" im Zentrum der mexikanischen Hauptstadt eine Ausstellung anläßlich Diego Riveras 100. Geburtstag eröffnet. Der Präsident der Republik, Miguel de la Madrid Hurtado, und seine Frau Paloma Cordero de la Madrid sind in Begleitung des Erziehungsministers, des Direktors des Institutes der Schönen Künste und des Generaldirektors der Ford-Company-Mexiko in diesem Riesenpalast eingetroffen, der ein wenig an Mussolinis Monumentalarchitektur erinnert. Dies ist die wohl größte Ausstellung von Riveras Werk, die es je gegeben hat. Mehr als 100 Ölgemälde, 120 Aquarelle und Zeichnungen und mindestens ebensoviele Fotografien werden ausgestellt. Das offizielle Mexiko zeigt sich begeistert. Diego Rivera hat einmal während seines frühen Studienaufenthaltes in Paris gesagt: „Es macht mich krank, für die Bourgeoisie zu malen; sie hat keinen Geschmack." Der Umgang des offiziellen Mexiko – eben nicht der Mexikaner – mit diesem sicher bedeutendsten Maler des Landes ist auch ein Hinweis darauf, wer wie mit der nationalen Geschichte umgeht. Die Geschichte ist in einem Staat, dessen nähere Zukunft schwarz ausschaut, von besonderer Bedeutung. Außerdem ist die Geschichte Mexikos nicht unbedingt so, daß die seit rund sechzig Jahren ununterbrochen regierende „Partei der Institutionalisierten Revolution" alles wunderbar finden könnte; das hat die Konsequenz: Geschichte ist etwas Offizielles. Also Sache des PRI, damit Sache der Regierung. Und da die Regierung der PRI und der PRI Mexiko ist, handelt es sich somit um eine mexikanische Angelegenheit. Im Falle Diego Riveras hat das zur Folge, daß der Maler mit der Mitgliedsnummer 992 in der Kommunistischen Partei Mexikos zwar der große Wandmaler des Landes ist, daß aber die politische Figur Rivera durch das überdimensionale Hervorheben seines Werkes in den Hintergrund gedrängt wird. Zum Beispiel bleibt die Tatsache unerwähnt, daß er 1927 enttäuscht aus der Sowjetunion nach Mexiko heimkehrte und wegen seiner Parteinahme für Trotzki aus der Kommunistischen Partei ausgeschlossen wurde. Erst unmittelbar vor seinem Tod 1957 wurde er, nachdem er mehrfach versucht hatte, erneut in die Partei einzutreten, von den Kommunisten wieder aufgenommen.

Riveras Arbeiten sind heute überall in Mexiko zu bewundern. Im Ministerium für Erziehung ist zwischen 1923 und 1928 auf mehr als eintausendsechshundert Quadratmetern ein Bild der Geschichte Mexikos entstanden. Der damals etwa 40jährige hat in seiner wohl kreativsten Phase ein Werk geschaffen, das seinesgleichen sucht: Die Geschichte der Indianer und des für die Mexikaner so wichtigen Gottes Quetzalcoatl, die Dramen, Tragödien und Entwicklungen der mexikanischen Geschichte, die Menschen und das Land, die Trauer und die Freude. Das Wandbild erstreckt sich über drei Stockwerke und ist ein Wunder an farblicher Intensität. Mit unbeschreiblichem Geschick hat Rivera die Architektur und den Lichteinfall genutzt. Das Erdbeben vom September 1985 hat der gemalten Geschichte Mexikos glücklicherweise nur wenig angetan.

Heinrich Vogeler hat eine Begegnung mit Diego Rivera in Worpswede Ende der zwanziger Jahre so beschrieben: „... ein Mann, der in das Zimmer, wo sich die Fresken befanden, eintrat, vor dem einem fast der Schreck in die Glieder fuhr: So mächtig, robust und ungefüge, mit einem gewaltigen Kopf, fleischigen Zügen, breiter Stirn und schwarzem, stumpfen Haar, dunklen schweren Augen. Er war einer jener Menschen, die einfach in ein Zimmer eintreten und es sofort auf unerklärliche Weise ausfüllen." Sich selbst bezeichnete Rivera häufig wegen seiner hervorstehenden Augen als Kröte. Er war zweifellos kein schöner Mann, doch fühlten sich Frauen von ihm ungeheuer angezogen. Seine erste Ehe, mit Guadelupe Martin – wild, schön, ausgelassen und charmant – ist ein Beispiel dafür. Sie endete im totalen Chaos: Krach, Streit, Krieg, Eifersucht und Versöhnung, schließlich, 1920, die Scheidung. Ein Jahr später heiratete Rivera Frida Kahlo.

„La casa azul", das blaue Haus in der Calle Londres in Coyoacán, ganz in der Nähe des Marktes in der Calle Malitzlin, ist heute das Museum Frida Kahlo. Hier hat sie mit Diego Rivera gelebt. Wenn zwischen den beiden alles gut lief, dann saßen sie vormittags lange beim Frühstück, sahen Post und Zeitungen durch und machten Pläne für den Tag oder die Woche. Frida Kahlo war seit einem Unfall am 17. September 1925 zeitweise an den Rollstuhl gefesselt. Welche Bedeutung sie für Diego Rivera hatte, betonte er 1957 unmittelbar vor seinem Tod: „Frida war in meinem Leben die Wichtigste." Sie war drei Jahre vor ihm, 1954, gestorben. Ihr Werk ist ebenso wie das Diego Riveras in vielen Büchern beschrieben worden. Wer die nicht lesen mag, kann sich das Haus des Künstlerehepaares in Coyoacán oder das Studio des Malers im nahegelegenen Stadtteil San Angel anschauen, das seit 1986 zur Besichtigung freigegeben ist. Die beiden Maler haben nicht nur in einem Stadtteil gewohnt, der bis heute seinen kolonialen und vorstädtischen Charakter behalten hat, sie sind auch ein Beispiel für eine Lebenshaltung, wie sie besonders unter den Coyotes üblich ist: Trägheit und wildes Engagement, Wut und Lebensfreude, Zaghaftigkeit und Entschlossenheit liegen dicht beieinander.

Diego Rivera ist in einem Land, das „muy macho" ist, der gefeierte Mann. Frida Kahlo wird beachtet, jedoch längst nicht so hervorgehoben. Ihre erste Einzelausstellung hatte sie 1953, ein Jahr vor ihrem Tod. Dabei ist sie eine eminent politische Frau und eine außergewöhnliche Malerin gewesen. Elf Tage bevor sie starb, war sie gegen die ausdrückliche Anordnung ihrer Ärzte auf der Straße und demonstrierte gegen den vom amerikanischen Geheimdienst CIA initiierten und unterstützten Putsch gegen den guatemaltekischen Präsidenten Arbenz Guzmán. Das letzte Foto von Diego Rivera und Frida Kahlo zeigt die beiden auf jener Demonstration am 2. Juli 1954: Diego Rivera steht hinter der Sitzenden, die ein Plakat mit der Aufschrift „Frieden" festhält und die rechte Faust ballt ...

Ihre Bilder zeigen ihre Liebe zu Diego Rivera, ihre Trauer, ihre Ängste und auch ihren Liebeskummer. Und schließlich ist ihr Leben vor allem schmerzvoll gewesen: Mit vielen Operationen und großen Leiden. Wer heute in der oberen Etage in der Casa azul in der Calle Londres in Coyoacán in ihrem lichtdurchfluteten Atelier steht oder in ihr Zimmer schaut, bekommt noch immer einen nachhaltigen Eindruck, wie diese Frau gelebt, vor allem aber, wie sehr sie gelitten hat.

Bei ihrer Beisetzung gab es Streit. Diego Rivera wollte die Fahne der Sowjetunion über ihren Sarg ausgebreitet sehen als Konzession an die Kommunistische Partei, der er seit einiger Zeit wieder beizutreten versuchte. Der Direktor des Palacio de Bellas Artes, der für die Trauerfeierlichkeiten verantwortlich war, lehnte das zunächst entsetzt ab, stimmte dann aber doch zu. Die Folge war: Frida Kahlo wurde mit sowjetischer Fahne auf dem Sarg beigesetzt, Diego Rivera wurde wieder in die Kommunistische Partei aufgenommen, und der Direktor wurde gefeuert. Übrigens: Riveras „Traum eines Sonntagnachmittags im Alameda-Park" ist von der Wand des beim Erdbeben im September 1985 schwer beschädigten Hotel Prado abgelöst worden. Auf dem Platz der Solidarität, ganz in der Nähe der Alameda, hat die Regierung extra ein neues Haus geschaffen, in dem der „Traum" wieder zu bewundern ist.

Franzisco De Icaza Netzahualcoyotl Asis Gonzales

Er spreche kein Deutsch mehr. Das habe er vergessen. Ein bißchen verstehe er noch, aber sprechen in der deutschen Sprache, das könne er nicht mehr. Franzisco De Icaza Netzahualcoyotl Asis Gonzales ist Ende fünfzig und sicher in mancher Hinsicht einer der ungewöhnlichsten Maler Mexikos. Er lebt mit seiner blonden Freundin Maru in Coyoacán wie die meisten Künstler: „Weil hier das Leben in der Hauptstadt am erträglichsten ist." Immer weniger erträglich jedoch erscheint ihm, wie in Mexiko Politik gemacht wird: „Mit Demokratie hat das doch nichts zu tun. Das ist ein zentralistischer Staat mit stark absolutistischen Ausprägungen. Man könnte es auch eine intelligente Diktatur nennen", empört sich Franzisco Icaza, der von seinen Freunden Paco genannt wird.

Für seine Familie ist er ein Außenseiter, und der 81jährige Vater spricht mit seinem „mißratenen" Sohn überhaupt nur, wenn es sich auf einer Familienfeier nicht umgehen läßt. Da nun aber die Familie Icaza-Gonzales relativ groß ist, sind auch Familienfeiern recht häufig, wie jene im September 1987, als ein Sohn des Malers heiratete. Da waren natürlich alle Freunde und Verwandten eingeladen in das Haus der Mutter des Bräutigams, die eine der beiden Exfrauen von Paco ist. Insgesamt hat er drei Jungen und zwei Mädchen. Der 81jährige Vater war nicht nur an diesem Abend als Ältester der Mittelpunkt, er ist auch im öffentlichen mexikanischen Leben eine angesehene Persönlichkeit, denn Señor Gonzales war als Botschafter der Vereinigten Staaten von Mexiko in fast fünfzig Jahren auf insgesamt sieben Posten. Und da Señor Gonzales 1905 in einer mexikanischen Familie in Berlin geboren wurde, lernte er zunächst Deutsch, dann Spanisch und danach Englisch und Französisch: „Ich spreche übrigens auch Arabisch. Nicht die Hochsprache, aber doch die Umgangssprache", erzählt der alte Mann in fließendem Deutsch mit Berliner Akzent. Botschafter im Deutschen Reich sei er unter der Präsidentschaft von Lázaro Cárdenas in den dreißiger Jahren gewesen. Adolf Hitler habe er gekannt und 1936 die Olympiade in Berlin erlebt, wo er dem „Führer" habe erklären müssen, warum ein mexikanischer Langstreckenläufer so gut abgeschnitten habe. „Da hab' ich schon ein wenig geflunkert, denn die Wahrheit hätte er mir sowieso nicht geglaubt", erinnert sich Señor Gonzales.

1930 in El Salvador geboren, dem zweiten Botschafterposten seines Vaters, verbrachte Paco seine Kinderzeit im Berlin des Dritten Reiches. „Im Haus Nummer eins am Kurfürstendamm - gegenüber der Gedächtniskirche - haben wir gewohnt und ich habe täglich mit meinem Freund Friedrich-Wilhelm gespielt“, erzählt Paco, der noch weiß, daß Friedrich-Wilhelm dann in den Krieg ging: „1948 habe ich noch einmal eine Postkarte von ihm erhalten.“ Dann sei der Kontakt abgerissen. Nachforschungen hätten nichts ergeben. „Paco hat es immer abgelehnt, Spanisch zu sprechen“, berichtet Señor Gonzales über seinen Sohn, „und heute spricht er kein Deutsch mehr“, fügt er mit bedauernder Miene hinzu. Für den alten Herrn ist Paco ein Außenseiter geworden und für die meisten Familienmitglieder auch. Seine Kinder halten zu ihm. „Ich habe nicht das gemacht“, erzählt er, „was die Familie von mir erwartet hat. Meine Brüder sind Botschafter geworden, einer gar bei der Organisation Amerikanischer Staaten in Washington, der andere in Ecuador. Mein Sohn, der jetzt mit 32 Jahren das zweite Mal geheiratet hat, ist einer der vier Direktoren der mexikanischen Presseagentur Notimex.“ Wesentlich sei aber, betont Paco, daß er eine andere Lebenseinstellung, vor allem aber eine völlig andere politische Auffassung habe als sein Vater oder seine Brüder. Man könne ja ruhig jede Meinung haben, wenn man es in diesem Land nur geschickt genug verstehe, sie im entscheidenden Augenblick zu verbergen. Und das tue er eben nicht. Er sei ein politischer Mann, male aber keine politischen Bilder. Denn das sei etwas ganz anderes.

Der mexikanische Kulturkritiker Roberto Vallarino hat in der Zeitschrift „Mexico en el Arte“, Mexiko in der Kunst, im Herbst 1987 über Franzisco Icaza geschrieben, für ihn sei dieser Künstler nicht allein ein Maler, der ein ungewöhnliches Werk geschaffen habe, das sich außerhalb der Moden und des Marktes bewege. Er sei zwar ein Künstler, der sich in der mexikanischen Tradition bewege, er sei auch ein Erzähler, der mit den Farben und dem Licht umzugehen verstehe, er sei jedoch auch eine Person, die ständig gegen die Ungerechtigkeit und Arroganz angehe.

Paco bestreitet das nicht, und er weiß, daß er wegen seiner Einstellungen vom PRI und damit auch von der allmächtigen Kulturbürokratie mit Argwohn betrachtet und behandelt wird. Das störe ihn nicht, denn er wolle ja da nicht hinein und auch nichts werden: „In einem Land, in dem die Intellektuellen nicht unter Vertrag genommen, sondern von den Herrschenden gemietet werden, bin ich zwangsläufig ein Außenseiter, weil ich mich nicht mieten lasse.“ Natürlich schütze ihn sein bekannter Familienname: „Wer weiß, was sonst noch alles geschehen wäre, aber gefördert werde ich hier von niemandem. Sie wissen, was ich von ihnen halte. Und sie zeigen mir durch ihr Verhalten, daß sie meine Haltung kennen."

Paco hat sich nach seinem langjährigen Deutschlandaufenthalt viel in Europa herumgetrieben: in Frankreich, Italien und in Spanien, wo heute einer seiner Söhne ein anerkannter Kameramann ist. Er war in Großbritannien und in den USA und kehrte endgültig erst 1951 nach Mexiko zurück; aber auch danach ist er viel auf Reisen gewesen. „Das hat nicht nur meine Malerei beeinflußt, sondern natürlich auch mein Denken, mein Vorstellungsvermögen, meine Ansichten." 1968, in jenem Jahr, in dem in Mexiko die Olympiade stattfand, gab er zu Hause zum ersten Mal seine politische Einstellung zu erkennen. Es war das Jahr der schweren Studentendemonstrationen und der vielen Toten. Es war das Jahr, in dem das politische System Mexikos seine Brutalität zeigte; rund zwanzig Jahre später beteiligt sich der Maler Franzisco Icaza unter anderem zusammen mit der Publizistin Elena Poniatowska an den Erinnerungsarbeiten.

3. Oktober 1968. Die mexikanischen Morgenzeitungen berichten. „El Universal" hat auf der ersten Seite die Überschrift: „Tlatelolco – Ort der Schlacht". „Über mehrere Stunden lieferten sich Demonstranten und Soldaten harte Kämpfe. 29 Tote und mehr als 80 Verletzte auf beiden Seiten – 1000 Festgenommene." Franzisco Icaza erinnert sich, daß er an diesem Nachmittag des 2. Oktober 1968 zu Hause war. Zwar gehörte er der Studenten- und Hochschullehrerbewegung an, doch hatte man ihn davor gewarnt, an der Demonstration auf der Plaza de las tres Culturas, dem Platz der Drei Kulturen, in Tlatelolco teilzunehmen. Also war er daheim geblieben, hatte sich vor den Fernseher gesetzt und wurde auf diese Weise Zeuge des brutalen Vorgehens der mexikanischen Polizei- und Armee-Einheiten. Mehr als 10 000 Menschen, Studenten, Professoren, Händler, Kinder und Mütter, Anwohner hatten sich gegen 17.30 Uhr nach einem Aufruf des Nationalen Streikkomitees versammelt, nach vielen Streiks, die in den Tagen zuvor abgehalten worden waren.

Dann hörten sie die ersten Schüsse. Woher sie kamen, war zunächst nicht auszumachen. „Lauft nicht weg, bewegt euch nicht", riefen die Anführer der Demonstration den Versammelten zu: „Bleibt ruhig." Die Schüsse kamen näher, und als die Soldaten das Maschinengewehrfeuer eröffneten, verwandelte sich der Platz der Drei Kulturen in ein Inferno. Mindestens 5000 Soldaten, Polizisten und Agenten in Zivil schossen 29 Minuten auf die Demonstranten. Hubschrauber kreisten über dem Platz, tauchten ihn in grelles Licht, Panzerwagen fuhren auf.

Am nächsten Morgen ist alles anders. Ein vielleicht elfjähriger Junge liegt mit zerfetztem Hemd auf den Pflastersteinen. Die Augen sind geschlossen. Der Mund leicht geöffnet. Ein kleiner, dunkler Fleck auf der oberen rechten Brusthälfte. Soldaten haben ihn erschossen. In einem nahegelegenen Krankenhaus liegen in einem gefliesten Gang in aufgereihten Aluminiumwannen halbnackte, erschossene Demonstranten. Die Vorübergehenden versuchen, die Toten zu identifizieren. „Wer hat das angeordnet? Wer konnte so etwas je anordnen? Das ist ein Verbrechen." Elena Poniatowska hat in ihrem Buch „La Noche de Tlatelolco", die Nacht von Tlatelolco, diese Fragen gestellt, wie viele andere auch. Und sie hat Zeugenaussagen gesammelt, die das rücksichtslose Vorgehen von Armee und Polizei wenige Tage vor den Olympischen Spielen dokumentieren. Der mexikanische Studentenprotest 1968 war ausgebrochen, um die Weltöffentlichkeit anläßlich der Olympischen Spiele auf die Probleme des Landes und die schlechten Lebensbedingungen hinzuweisen. Rasch hatten sich in jenen Spätsommertagen auch andere gesellschaftliche Gruppen den Protestaktionen angeschlossen. Der damalige Präsident, Gustavo Díaz Ordaz, sah das mexikanische System bedroht, sicherlich die Olympischen Spiele gefährdet und schickte bewaffnete Einheiten. Noch rund 20 Jahre danach sind die offiziellen mexikanischen Versionen über den damaligen Protest und das gewaltsame Vorgehen des Staates zurückhaltend bis beschönigend. In dem aus Anlaß der 1986 in Mexiko abgehaltenen Fußballweltmeisterschaft verteilten Buch „Alles über Mexiko" ist nachzulesen, wie die Ereignisse aus Regierungssicht geschildert werden: „Im Juli 1968 begannen an verschiedenen höheren Bildungseinrichtungen in Mexiko-City Rebellionen, die am 2. Oktober zu einem Blutvergießen auf dem Platz der Drei Kulturen führten." Der Maler Franzisco Icaza meint, angesichts der mexikanischen Monumental-Denkmäler, die überall herumstehen, sollte man zum 20. Jahrestag des Massakers von Tlatelolco eine schlichte Tafel mit den Namen der Getöteten in der Universität oder am Ort des Geschehens anbringen.

Vor und nach 1968, das beeindrucke ihn am meisten, habe es in Mexiko nie unabhängige, autonome Intellektuelle gegeben, und er kommt auf seinen Satz zurück: „Hier werden die Intellektuellen nicht unter Vertrag genommen, sondern von den Herrschenden gemietet." Ganz unabhängig davon, wo ein Künstler politisch oder weltanschaulich stehe, die Partei versuche ihn zu vereinnahmen, weil sie ja nach ihrem Politik- und Machtverständnis die Partei aller Mexikaner sei. Innerhalb der vom PRI gesteckten Grenzen kann sich jeder frei bewegen. Wer sich aber, einmal abgesehen davon, wie diese Grenzen aussehen und wie sie verlaufen, nicht in diesen Kulturapparat hineinziehen läßt, ist suspekt und wird nicht nur nicht gefördert, er wird geschnitten. Ein typisches Beispiel ist der Fall jenes Historikers, der sich darüber aufgeregt hatte, daß Kollegen die spanische Eroberung Mexikos als eine Begegnung zweier Kulturen bezeichnet hatten. Der Mann war so aufgebracht, daß er an die Öffentlichkeit ging und klarstellte: „Es war eine Conquista, eine Eroberung, und keineswegs eine schlichte Begegnung." Fast die gesamte Kollegenschaft des Empörten ging ihrerseits an die Öffentlichkeit und kritisierte den Kritisierenden, der darauf hin sehr ehrenwerte Konsequenzen zog und den Verkehr mit seinen Kollegen abbrach. Dieser Vorfall zeigt aber zwei Dinge: Die Grenzen sind zwar relativ weit, jedoch eindeutig gesetzt; bis heute haben die Mexikaner die Eroberung durch die Spanier und die daraus entstandenen Probleme nicht verarbeitet.

Octavio Paz, der mexikanische Autor, hat die Mexikaner einmal als Söhne des Nichts bezeichnet, die in sich selbst beginnen. Das Problem läßt sich mit einem Satz beschreiben, ist jedoch nur sehr schwer aufzulösen: Es ist keine Frage, daß die Mexikaner sowohl Indianer wie Spanier sind, nur wollen sie eigentlich weder das eine noch das andere sein und weder vom einen noch vom anderen abstammen.

Der Anthropologe José del Val hat 1986 in einem vielbeachteten Aufsatz über die mexikanische Identität geschrieben, daß zum ersten Mal in der jüngeren Geschichte des Landes – d. h. nach der Revolution von 1910 – die Frage der Identität ein wichtiges Thema in der Öffentlichkeit sei und sogar zu verschiedenen Maßnahmen der Regierung geführt habe. Und es sei eben keineswegs mehr nur ein Thema für Anthropologen.

Franzisco Icaza glaubt, daß ganz sicher eine große Zahl von Mexikanern wegen ihres merkwürdigen Verhältnisses zur Geschichte des Landes Probleme mit ihrer Identität hätten. Man brauche sich nur anzusehen, wie angeknackst das Selbstbewußtsein der Menschen und wie stark die nationalistischen Tendenzen seien. Die Fußballweltmeisterschaft 1986 sei ein Beispiel dafür gewesen, auch dafür, wie leicht erregbar die Mexikaner sind, wenn an ihrem Land, an der Fußballnationalmannschaft oder an ihnen selbst Kritik geübt wird. Gerade dieser Punkt hänge eben sehr eng mit dem Mangel an unabhängigem kritischen Denken zusammen. Denn nach der Conquista habe es in Nueva España, in Neu-Spanien, wie die eroberten Gebiete damals hießen, eben so etwas wie kritisches Denken und ein daraus resultierendes Handeln nicht gegeben. In jener Zeit beherrschte die Mystik und ein spekulatives Denken die Menschen, ganz anders als im Norden des

Kontinents, wo eben genau das vorhanden war, „dessen Fehlen wir heute in Mexiko beklagen“. Und was, diese Frage stellen sich immer mehr Mexikaner, erwächst aus dieser Rückständigkeit? Nichts anderes als der Minderwertigkeitskomplex, der sich vor allem in der Politik Mexikos in aggressiver Weise zeigt, wenn es um die Beziehungen zu den Vereinigten Staaten von Amerika geht. Die sind längst nicht mehr der große Bruder, bestenfalls noch der große Nachbar im Norden, ein immer weniger geschätzter.

Die neben dem Problem der Identitätsfindung wichtigste Frage in Mexiko aber lautet seit 1982 schlicht: Wie kann man die Krise überwinden? Denn die durch die immensen Ölexporte ermöglichte und vom Staat kontrollierte Wirtschaftsentwicklung gibt es nicht mehr. Sie ist genau in jenem Jahr zusammengebrochen, in dem Präsident Miguel de la Madrid das Amt von der völlig abgewirtschafteten Regierung seines Vorgängers López Portillo übernahm. Und natürlich ist es schwierig, sich eine stabile Identität aufzubauen, wenn man völlig verschuldet und abhängig ist.

Franzisco Icaza gibt zu, daß ihn das alles sehr bedrückt. Und wenn er mit seinen Freunden José del Val, dem Anthropologen, und Antonio Deltoro, dem Autor, der manchmal in der Zeitschrift „Vuelta“ Gedichte veröffentlicht, zusammensitzt, sind alle drei nach einer Weile ziemlich hilf- und hoffnungslos, weil sie keinen Weg sehen, der aus dem Dilemma hinausführt. Zu alledem komme noch die Korruption hinzu, die in einer Krisenlage noch mehr ins Gewicht falle als ohnehin schon: „Denn die, die in Partei und Regierung soviel von Mexiko, seiner Größe und seiner Großartigkeit reden, sind doch genau diejenigen, die das Land ans Ausland verkaufen. Cada dia, jeden Tag“, empört er sich.

Der brasilianische Kunst- und Literaturkritiker Horacio Costa hat Franzisco Icaza als ein Genie der Kunst beschrieben; sein 1985 als Buch erschienener Zyklus „Me quiero ir al mar“ - „Ich will ans Meer gehen“ - sei eine andere Form, eine Geschichte zu erzählen. In Bildern, ohne jegliche Erläuterungen, erzählt Icaza seine Geschichte, wie er ans Meer geht. Icazas Arbeiten sind sehr symbolisch. Sie gehören zu jener zeitgenössischen mexikanischen Malerei, die sehr schwer zu beschreiben, schon gar nicht einzuordnen ist, weil sie eben im eigentlichen Sinne keine mexikanische Malerei ist. Franzisco Icaza sagt selbst, er sei stark von seinen vielen Reisen durch Europa, vor allem ans Mittelmeer, beeinflußt worden, und überhaupt habe es nur sehr wenige „mexikanische“ Maler gegeben. Was an seinen recht großflächigen Bildern beeindruckt, sind die Konstruktion, die Intensität der Farben und die vielen Symbole. Und dann sind es Arbeiten, die den Betrachter häufig sehr spät einholen. Meistens dann, wenn er glaubt, das Bild habe ihm wohl gar nichts gesagt.

1987 habe er wenig gemalt. Warum, wisse er auch nicht so genau: „Für Ausstellungen muß ich es nicht tun. Ich halte nichts von diesem Rummel und mag auch keine Galerien." Und dann bedrücke ihn, und damit ist er wieder beim Thema, die politische Situation so sehr. Aber vielleicht fange er nun wieder an. Er habe gerade „Unser Mann in Havanna" und „Die Stunde der Komödianten" von Graham Greene gelesen: „Seine Menschlichkeit und seine Art von Humor haben mich sehr beeindruckt." Er fange in nächster Zeit ganz bestimmt wieder an zu malen, sagt Paco. Und Maru, seine Freundin, meint: „Bei ihm ist das wie mit dem Wetter. Mal ist er trocken und ausgelaugt, dann kommt nichts. Und wenn es regnet, wird er nicht nur naß, es geht ihm wie den Pflanzen. Dann entsteht etwas."

Auf dem Markt und etwas über seine lange Geschichte

Mariachimusik klingt aus der weitläufigen Halle nach draußen auf die Calle Malitzlin. Parkplätze sind in der Umgebung der riesigen Markthalle fast nie zu bekommen; wenn doch, dann wird man von einem armwedelnden Jungen eingewiesen, der einem eine Wagenwäsche aufzwingt: „Die ist doch wirklich dringend nötig, Señor." Für weniger als umgerechnet zwei Mark geschieht, während man drinnen einkauft, draußen das, was soeben als Wagenwäsche bezeichnet wurde. In Wahrheit handelt es sich aber eher um das gleichmäßige Verteilen des auf dem Wagen angesammelten Drecks.

Die Markthalle ist an jedem Vormittag gegen die Mittagszeit voll. Durch die schmalen Gänge zwischen den kleinen Ständen schieben sich Frauen jeden Alters mit ihren Körben und Netzen und Taschen. Die Mariachigruppe lockt noch immer mit ihrer Musik zu einem Sonderangebot. Eier sind es heute. Die Eierhändler verkaufen nicht ohne Erfolg, dafür ist es bei den Schlachtereien, hinten rechts, ziemlich leer. Fleisch ist teuer und manchmal sogar knapp, weil die Zwischenhändler auf der Produktion solange sitzen bleiben, bis die staatliche Preisgenehmigungsstelle den Mindestpreis pro Kilogramm heraufsetzt. So gab es beispielsweise Ende August 1987 von einem Tag auf den anderen in den 800 Schlachtereien der Millionenstadt Guadalajara im Bundesstaat Jalisco nicht ein Stück Fleisch. Coyotes, Ganoven und Zwischenhändler, meinte der örtliche Chef der Landwirtschaftsbehörde, hätten den Versorgungsengpaß provoziert. Wenige Tage zuvor gab es in der Hauptstadt plötzlich keine Rindsköpfe mehr, von denen sonst pro Tag rund 2500 zerlegt verkauft werden. Den Großschlachtereien und Zwischenhändlern war der Kilo-Preis zu gering, sie forderten das Doppelte. Während die staatlichen Stellen noch verhandelten, führten die Händler 30 000 Rindsköpfe aus Guatemala und Costa Rica ein.

Überhaupt die Preise: Sie sind 1987 allein um mehr als 160 Prozent gestiegen, Mexiko erlebt die schwerste Wirtschaftskrise seit etwa 50 Jahren. Dennoch wird auf den Märkten der Stadt, von denen es unzählige gibt, noch immer reichlich gekauft. Doch das Feilschen um die Preise dauert länger, die Frauen, Männer sind kaum zu sehen, drehen die Tomaten zweimal um, ehe sie sie in die durchsichtige Plastiktüte werfen, die ihnen stets ohne Aufgeld vom Händler gereicht wird: „Hier sind noch sehr schöne und frische Zwiebeln und Avocados, auch davon sollten Sie etwas mitnehmen." Ständig wird einem, hat man sich einmal für einen Gemüse- und Obststand entschieden, noch etwas angeboten. Mangos, Ananas, Bananen, der Markt hat alles an Obst und Gemüse, die Nase genießt die verschiedenen Düfte der Kräuter- und Käsesorten. Der Blick verweilt auf den hochgestapelten Apfelsinen und Zitronen, auf den riesigen Melonen und den Mangobergen. Ein Bild für Fotografen.

Hier ist alles zu bekommen: Spielwaren und Hühnerfleisch, die verschiedensten Fischsorten und Pflanzenarten. Junge Hunde und Papageien aus dem Süden des Landes, Vogelkäfige und Plastikeimer, Strohbesen und Handfeger, jede Art von Tand, und zwischendurch verweilt man am unvermeidlichen Tacostand, läßt sich scharfgewürztes Fleisch mit allerlei Gemüse - und natürlich Chilisauce - servieren, ißt meistens im Stehen, um dann zu jenen kleinen Ständen ganz hinten links in der Ecke zu gehen, wo für ein paar Pesos die frischen Fruchtsäfte gepreßt werden: „Wollen Sie, daß ich Ihnen das trage?" kommt von unten links, etwa in Hüfthöhe, die auffordernde Frage von einem Knaben, der kaum höher als die Apfelsinenberge ist. Ja, natürlich, er solle die Sachen 'mal nehmen, denn das ist sein Geschäft, und schwupp, hat er die vielen Einkäufe irgendwie unter dem Arm, auf der Schulter oder in den Händen, stürzt von dannen, man selbst hinterher zum Auto. Das ist ja in der Zwischenzeit, sie beträgt sicher mehr als zwei Stunden, gewaschen worden. Erwartungsvoll steht der jugendliche Reiniger neben seinem Werk. Während der Knabe das Obst und Gemüse, das Fleisch und die Fische im Kofferraum verstaut, bezahlt man den Autowäscher, der hier - wie er mit wichtiger Miene sagt - jeden Tag arbeitet, und anschließend den kleinen Warenträger, der hier auch jeden Tag arbeitet, wie er mit ebenfalls wichtigem Gesichtsausdruck versichert, und das aus einem einfachen Grund: Sie müssen Geld verdienen. Da bleibt keine Zeit zum Lernen.

Wer übrigens keinen Marktstand erwischt oder besser gesagt keine Lizenz dafür beim zuständigen Inspektor der Bürgermeisterei auf der Plaza Hidalgo im Haus Cortés, der macht seinen Stand draußen vor der Halle am Straßenrand auf. Dort zahlt er auch ein paar Pesos weniger. Es gibt nichts, was in Mexiko nicht organisiert, sagen wir lieber, institutionalisiert wäre. Das Marktwesen, die Drehorgelspieler, die Straßenhändler natürlich auch. Blumen und Nähgarn, Zeichenpapier und Eis, Zeitungen und Gürtel, alles mögliche wird draußen angeboten, die Polizei schaut zu. Und wenn man dann partout keinen Parkplatz findet, dann sucht man sich einen, der an sich keiner ist und der andere gründlich behindert. Kommt der Beamte, fragt man ihn rasch, ob er nicht für ein paar hundert Pesos einen Moment aufpassen wolle, man sei gleich wieder zurück. Selbstverständlich achte er auf das Fahrzeug. Bezahlt wird hinterher. Wird nicht bezahlt, wird der Wagen abgeschleppt, ein Strafmandat ist eher unwahrscheinlich. Aus einem simplen Grund: Viele Polizisten können weder lesen noch schreiben, verdienen aber pro Woche so wenig, daß sie sich bei der durchschnittlichen Größe einer mexikanischen Stadtfamilie von wenigstens sechs Personen einfach etwas hinzuverdienen müssen. Anderen geht es da viel schlechter ...

Ihre langen schwarzen Zöpfe hängen über die Schultern auf den gebeugten Rücken. Leicht vorgeneigt sitzt sie in ihrem schmutzigen, weiten, buntbestickten Rock an einer Ecke der Calle Malitzlin im Stadtteil Coyoacán. Tagein, tagaus sitzt sie dort, die Frau, die vor vielen Monaten aus dem südlichen Bundesstaat Chiapas an der Grenze zu Guatemala in die Hauptstadt kam, näht und bestickt Puppen in den Farben, die auch ihr Rock hat. Autos, Lastwagen, Autobusse fahren an ihr vorüber, blasen ihr die Abgase ins Gesicht. Die vier kleinen Kinder, die um sie herumkrauchen, atmen den Dreck in täglichen Schüben ein, wachsen in Höhe der Auspuffgase auf, werden bald, wenn sie erst einmal ein wenig älter als vier, fünf Jahre sind, anfangen zu betteln. Auf der Straßenkreuzung, in Coyoacán, vielleicht im benachbarten Bezirk San Angel, in dem die Menschen wohnen, die noch immer über deutlich mehr Geld verfügen als die meisten der wahrscheinlich 20 Millionen, die in Mexiko D. F., Mexico Distrito Federal, wie es offiziell heißt, leben. Die Frau und ihre vier Kinder, einen Ehemann gibt es offenbar nicht, leben, wenn man das so bezeichnen will, auf dem Mittelstreifen der Miguel Angel de Quevedo, der großen Straße, die von Coyoacán nach San Angel führt. Wenn es stark zu regnen anfängt am Nachmittag, zieht sie sich mit ihren Kindern in Toreinfahrten oder Hauseingänge zurück. Der Zeitungsverkäufer an der Ecke schräg gegenüber berichtet, wenn er morgens käme, säßen sie schon da. Wenn er abends ginge und es regne nicht, noch immer. Die mit recht antiquiert ausschauenden Pistolen bewaffneten beiden Polizisten, die an der Ecke stehen, an der der Zeitungsverkäufer seinen Stand hat, haben die Indianerfamilie überhaupt noch nicht bemerkt. Der Schuhputzer, der jeden Morgen gegen acht Uhr kommt, weiß, daß die Kinder mit ihrer Mutter am Tag einmal essen. Was, könne er allerdings von seiner Kiste aus nicht erkennen, und mehr habe er auch nicht gesehen. „Das Geschäft, wissen Sie ...“ Passanten kämen an der Familie viele vorüber, eilige Fußgänger, die auf die andere Straßenseite hasten, sicher aber keine der kleinen, farbenprächtigen Puppen mit den lustigen Augen kaufen. Niemand kann sagen, auch nicht die im nahegelegenen Restaurant bedienenden Frauen, wovon die fünf leben. Andere haben sie noch gar nicht wahrgenommen. Nur sonntags seien sie woanders, heißt es. Wo, wisse man nicht. Auch nicht, wo sie ihr bißchen Hab und Gut unterstellen. Auch nicht, wo sie sich waschen, und auch nicht, wo sie ihre Kleidung reinigen, ihre langen, festen, schwarzen Haare kämmen, sich ausruhen. Sie sprächen kaum, wird berichtet, und wenn, ein sehr unverständliches Spanisch. Als ich die Mutter eines Tages doch etwas frage, versteht sie mich nicht. Sie kann tatsächlich kein Spanisch. Nur ihre indianische Sprache, und die verstehe ich nicht.

Besonders die Landbevölkerung, darunter viele Indios, leiden unter der wirtschaftlichen Krise des Landes, der schlimmsten seit rund 50 Jahren. Viele Menschen fliehen in die Städte. Verdiente nach Regierungsangaben ein mexikanischer Bauer 1982 im Durchschnitt rund 850 Mark, was schon eine sehr positive Darstellung sein dürfte, so waren es zwei Jahre später nur rund 300 Mark, und Ende 1986/Anfang 1987 dürften es bestenfalls noch 200 Mark gewesen sein.

So sitzen immer mehr Menschen vor den Markthallen und auf den Straßen, verkaufen ihre Kleinigkeiten oder Handarbeiten oder betteln ganz einfach. Und immer mehr geht der Glanz und die Prächtigkeit jener mexikanischen Märkte verloren, von denen Egon Erwin Kisch in seinen „Entdeckungen in Mexiko“ sprach und von denen der spanische Hauptmann Hernán Cortés zu Beginn des 16. Jahrhunderts schwärmte.

Noch immer allerdings kommt es auf eines ganz besonders an, will man auf einem mexikanischen Markt bestehen. Um es gleich vorweg zu sagen: Das Feilschen ist eigentlich weniger eine Kunst als die Kombination von Standfestigkeit und Geduld – „paciencia“ im Spanischen, eines der schönsten Worte. Der Erfolg hängt von so vielem ab, und eigentlich kann man die meisten Spielregeln vergessen, die immer mal wieder in mündlicher oder schriftlicher Form nach Europa überliefert werden. Klar, wer schick gekleidet eine dieser Hallen betritt, zahlt unweigerlich mehr, und wenn er dazu noch Ausländer ist, ohnehin. Doch ist es auch das Verhalten. Selbst beim härtesten Handel bleibt der Mexikaner freundlich. Es entsteht keine feindselige Atmosphäre. Das Lächeln verschwindet nicht von den Lippen, auch wenn es noch so hart zugehen mag. Schließlich: Für den Verkäufer ist halt jener entsetzlich dumm, der nicht handelt. Was gar nicht böse oder gehässig gemeint ist. Das Handeln gehört zum Einkaufsalltag, basta! Wer sich daran hält, daß der Preis eigentlich nichts weiter als die Ausgangsbasis für ein ohnehin gutes Geschäft für beide Seiten ist, der ist gut beraten, erstens, seine Begeisterung über das gewünschte Objekt nicht zu deutlich zu zeigen, und zweitens, nach einiger Zeit schlicht und ergreifend den Verkäufer zu fragen, was denn nun sein „ultimo precio“, sein endgültig letztes Angebot sei. Dieser Preis ist es dann. Meistens sind beide Seiten ziemlich zufrieden ... Gefeilscht wird in Mexiko überall, mit einer Ausnahme: nicht in Kaufhäusern. Dahin muß man aber nicht unbedingt gehen, weil auf den Straßen und Märkten einfach alles angeboten wird: vom Videogerät bis zur jungen Katze, von Gold- und Diamantschmuck bis zu Pornofilmen, von Nylonstrümpfen bis zu rostigen Nägeln. Eigentlich ist überall Markt.

„Voy hacer un mandado“ – nun geht man auf den Markt einkaufen – ist eine Redewendung, die immer wieder zu hören ist. Sie meint den Markt und nicht den Supermarkt, der sich allerdings auch unter Mexikos Hausfrauen immer größerer Beliebtheit erfreut. Dann geht's eben zum „Super“, was nichts anderes als „Supermercado“, Supermarkt, heißt, wo aber weder jene einzigartige Atmosphäre wie auf den Märkten herrscht noch die Möglichkeit des Handelns besteht. Dafür gibt es unmittelbar vorm „Super“ immer Parkplätze, was ein unschätzbarer Vorteil in einer Stadt ist, in der die übliche Form der Fortbewegung darin besteht, daß sich nichts bewegt, und wenn doch einmal, dann sehr schleppend.

Was es im übrigen auf den meisten Märkten nicht gibt, sind Bücher. Bücher sind für die Bevölkerung der Hauptstadt, die die Literaturmetropole Lateinamerikas schlechthin ist, etwas ebenso Selbstverständliches wie Faszinierendes. Allerdings können sich wegen der schlimmen wirtschaftlichen Situation immer weniger Mexikaner Bücher kaufen. Doch das Angebot ist gewaltig; das liegt unter anderem daran, daß viele Verlage wegen der politischen Verhältnisse in Argentinien nach dem Zweiten Weltkrieg und während des spanischen Bürgerkrieges nach Mexiko gingen und dort blieben. Im wahrsten Sinne des Wortes: In Mexiko stolpert der Besucher geradezu über Märkte und über Buchhandlungen, die im allgemeinen hervorragend sortiert sind.

Da wegen der hohen Arbeitslosigkeit, in der Hauptstadt sind es allein 50 Prozent, jeder zweite Mexikaner einen eigenen „anegocio“, einen Handel, betreibt, haben sich die Märkte vergrößert, und der Straßenhandel wurde erheblich ausgeweitet. Chaotisch, muß man sagen, doch jeder findet sich zurecht. So sieht es jedenfalls aus. Doch noch heute gibt es manchen Hinweis auf eine alte Ordnung der Markte. Eine Ordnung, die der spanische Eroberer Cortés zu seinem großen Erstaunen bereits vorfand, als er, wie er es in seinen Aufzeichnungen beschrieb, auf zwei Reiterlanzen breiten Dämmen zwei Stunden benötigte, um das damalige Tenochtitlán, die mit 400 000 Einwohnern seinerzeit größte Stadt der Welt, zu erreichen. Die Aztekenhauptstadt lag in der Mitte einer Salzwasserlagune und war durch vier Zugänge, Steindämme, mit dem Festland verbunden. Im Stadtgebiet, schrieb Cortés in seinen Berichten an den spanischen Hof, gebe es viele Märkte. Auf einem, dem größten, der zweimal so groß gewesen sein soll wie die spanische Stadt Salamanca, versammelten sich täglich 60 000 Menschen und trieben Handel. Und was wurde nicht alles angeboten: Kleinodien aus Gold und Silber, Knochen, Hummerschalen und Muscheln, Bleche, Federn und Steine, behauen und unbehauen, auch reichlich Bauholz. In der Jägerstraße gab es alle Vogelarten: von der Taube bis zum Sperber. In der Gärtnerstraße Heilkräuter und Pflanzen. Es gab Apotheken und, wie Cortés bemerkte, Häuser, in denen man für Geld essen und trinken konnte. Es gab nichts, was nicht von den Händlern angeboten wurde, und da man Gewichtseinheiten nicht kannte, wurde alles nach Zahl und Maß verkauft. Jede Warengattung hatte ihre eigene Straße, wie in manchen Teilen der Stadt auch heute noch.

Über die Märkte liefen Ordner, die darauf achteten, daß alles mit rechten Dingen und ehrlich zuging. Das allerdings ist heute, wenn auch vieles auf mexikanischen Märkten an jene Zeit vor bald 500 Jahren erinnert, anders: Die heutigen Ordner oder Inspektoren befolgen nur ihre eigenen Ordnungsvorstellungen, die sie vielleicht nur dann mit den abweichenden der Händler in Übereinstimmung bringen, wenn die Bezahlung stimmt. Dann läuft alles wie geschmiert. Wenn auch jene Markthändler in mancher Hinsicht an ihre indianischen Vorfahren erinnern, ihre Umgebung hat sich völlig verändert. Auf den aztekischen Märkten hörte man Tiere schreien, quietschen und blöken, Menschen verhandeln. Fünf Jahrhunderte später knattern die Autobusse und Motorräder an den Ständen vorbei, und die unvermeidlichen Trillerpfeifen der Polizeibeamten gellen einem ins Ohr ...

Te pito, te pito, te pito ...

Der 12. Juli 1986 ist ein Samstag, und die zumeist jungen Leute der Cooperativa Tepitoyotl haben alles für die Rumba in Tepito vorbereitet. Um acht Uhr abends soll es losgehen. Im Freien in der Calle Cerrajería, der Schlossereistraße, einer kleinen Sackgasse. Sie liegt zwischen der Straße der Gärten und der Allee der Arbeit im Stadtbezirk Morelos. Das Straßenfest findet zur Unterstützung der Kooperative Tepitoyotl statt und wird vom Kulturzentrum des Stadtteils Tepito mitgetragen. Fünf Bands haben sich angesagt. Der Eintritt pro Person beträgt gut zwei Mark.

Mario Puga und sein Bruder Sergio, die um die Ecke wohnen und die nach ihrem Stadtteil benannte Zeitschrift herausgeben, erwarten um acht Uhr natürlich noch niemanden. Das wäre auch in Mexiko völlig unüblich, daß jemand genau dann kommt, wenn etwas losgeht. Das gilt nicht nur für dieses abendliche Straßenfest. Um zehn ist die Straße brechend voll. An den kleinen Ständen links und rechts an den Hauswänden werden Zigaretten und Rum und Bier und Limonade verkauft. Ein paar scharfe Salate gibt es auch und viel Rumba- und Salsa-Musik. Getanzt wird wie verrückt. Hunderte, Alte und Junge, sind gekommen, freuen sich, schwatzen und klatschen den Gruppen begeistert Beifall. Um ein Uhr ist alles vorbei. Es wird abgeräumt und saubergemacht. Die Organisatoren haben ein wenig mehr als 150 000 Pesos eingenommen. Im Sommer 1986 ist das nicht wenig. Die Preise und die Kosten sind noch deutlich niedriger als ein Jahr später. Und das Geld wird dringend gebraucht. Denn Mario und Sergio Puga geben nicht nur ihre Zeitschrift „Desde Tepito" heraus, sie arbeiten auch im Kulturzentrum, das sie unweit der Calle Cerrajería aufgebaut haben, und sind auch noch in der Organisation der Erdbebenopfer von Tepito tätig. Denn Tepito hat's am 19. und 20. September 1985 bei den beiden Erdbeben böse erwischt. Das Stadtviertel sah aus wie nach einem Luftangriff, und noch immer gibt es ganze Straßenreihen, die nicht wieder aufgebaut worden sind. Da die Tepiteños, wie sie genannt werden, zu den weniger Vermögenden in der Hauptstadt gehören, hat sie nicht nur der Wohnungs- oder Hausverlust hart getroffen: Die wirtschaftliche Lage insgesamt ist bedrückend. Die Regierung hat ihre Versprechen nicht eingelöst, und es fehlt an allem. Die Kanalisation funktioniert nicht, es fehlt an Lebensmitteln, Baumaterial, Lehrern, Ärzten und vor allem an Geld. Die Tepiteños versuchen, sich selbst zu helfen. Sie haben sich organisiert, wie sie das schon so oft in ihrer Geschichte getan haben, immer dann, wenn es gegen die Obrigkeit ging. Ganz gleich wer regiert, die Tepiteños sind bei der Obrigkeit nicht beliebt. Sie sind aufmüpfig und stolz, verschlagen und witzig, zuverlässig und unbeirrbar. Eigenschaften, die in dieser Ansammlung in Mexiko selten vorkommen, und wenn doch, dann geschickt verborgen werden. So hat der PRI in Tepito überhaupt kein gutes Ansehen. Funktionäre kommen selten, Regierungsvertreter fast gar nicht, und ein Hauptstädter verirrt sich kaum hierher, es sei denn, er will zum Markt; denn Tepito ist nicht nur vom Erdbeben heimgesucht worden, vor allem die Marktbesucher fallen – insbesondere an den beiden Wochenendtagen – über den Stadtteil her, der auf keinem Plan der Hauptstadt verzeichnet ist.

Und wo ist eigentlich Tepito? Wenn man vom Nationalpalast aus über den großen Platz mit dem Namen Zócalo an der Kathedrale vorbei die Avenida Argentina entlanggeht, kommt man nach Tepito. Hinter der berühmten Plaza Garibaldi beginnt das Viertel.

Heberto, neun Jahre alt, lebt in diesem Teil der mexikanischen Hauptstadt. Dort, wo die staatliche Hilfe manchmal, meistens aber gar nicht ankommt. Die Tepiteños helfen sich gegenseitig. Das sehen die PRI-Funktionäre und die Polizei mit großer Sorge. Tepiteños waren und sind Rebellen und Schmuggler, Händler und glänzende Organisatoren, Schlitzohren und Lebenskünstler – schon in jungen Jahren. Heberto ist ein Beispiel. Er läuft in den Straßen herum und auf den Märkten. Steckt ihm einer etwas zu, nimmt er es selbstverständlich. Bittet ihn ein Händler darum, ihm beim Tragen zu helfen, macht er es und läßt sich bezahlen. Soll er die Kundenware irgendwo hinbringen, läßt er es sich zweimal bezahlen. Einmal vom Händler, weil man doch nicht wisse, ob der Kunde bezahlen werde, und noch einmal vom Abnehmer, weil, „das kennt man ja", die Händler einen nie bezahlen: „Besonders zu Kindern sind sie sehr schlecht", fügt er mit rührseliger Stimme hinzu. Heberto ist den ganzen Tag unterwegs. Zumeist in den staubigen Straßen Tepitos, zwischen eingestürzten Häusern und stinkenden Lastwagen, dröhnenden Autobussen und brennenden Müllhaufen, die einen bestialischen Gestank verbreiten. Bisher ist Heberto im wilden Verkehr auf den drei relativ neuen Durchgangsstraßen nichts passiert. Aus dem Kinderhospital der Hauptstadt war Ende 1986 zu hören, daß es sich bei 15 Prozent aller bekannt gewordenen Unfälle um auf der Straße arbeitende und dort verunglückte Kinder handelt. Heberto geht ganz selbstverständlich, wie viele seiner Altersgenossen, nicht zur

Schule. Zwölf Stunden im Schnitt ist er täglich auf der Straße. Der Neunjährige ist Analphabet. Ihm wird es mit einiger Sicherheit so ergehen, wie es mehr als 75 Prozent der Erwachsenen ergangen ist, die wegen des akuten Arbeitsplatzmangels in den hier so bezeichneten Grauzonen ihr Überleben erbettelt oder erarbeitet haben: Sie sind Analphabeten und haben ihre Zukunft längst hinter sich. Von 1982 bis Anfang 1988 verloren pro Tag 1000 Mexikaner ihren Arbeitsplatz. Heberto ist seit drei Jahren auf der Straße. Spielzeug hat er keines, Freunde und eine Schulbildung auch nicht und auch keine Kindheit.

Seinen Vater sieht Heberto nicht besonders häufig. Denn der hat einen eigenen Parkplatz. Eigentlich ist es mehr eine Straßenseite in der Avenida Chile. Aber nicht die ganze Seite, nur ein Stück davon. Denn auch das Parkplatzwesen ist erstens organisiert und zweitens institutionalisiert, etwa so: Eine zwingende berufliche Voraussetzung für Hebertos Vater ist Verkehr. Davon nun gibt es in Mexiko-City ausgesprochen reichlich. Woraus sich ergibt, daß Parkplätze rar sind. „Was ist da zu tun?" hat sich nicht nur der Vater des Neunjährigen gefragt und auch eine Lösung gefunden. Er erfand einen Parkplatz, und zwar an einer naheliegenden Stelle: In einer Straße … In diesem Falle ist es die Avenida Chile, im Zentrum der Metropole gelegen. Das Revier von Hebertos Vater ist auf der rechten Seite, stadtauswärts gesehen, auf einer Strecke von vielleicht 500 Metern. Schon früh morgens ist er da, in seiner alten, speckigen Hose. Das karierte Hemd hängt über dem Gürtel, eine Art Wachtmeistermütze sitzt schräg auf den vollen schwarzen Haaren, darunter die Gesichtszüge eines Fünfzigjährigen. Alter: 38 Jahre. Geboren in Tepito. Aufgewachsen in Tepito. Verheiratet in Tepito. Arbeitsplatz: Tepito.

Sein wichtigstes Arbeitsinstrument ist die Trillerpfeife. Ob ein Wagen kommt oder wegfährt, ob er einparkt oder in der zweiten Reihe wartend steht, Hebertos Vater pfeift. Ist das Fahrzeug in die Parklücke hinein- oder herausdirigiert worden, streckt der 38jährige die Hand aus: 100, manchmal 200 Pesos bekommt er. Damit aber ist es nicht getan. In seinem Revier flitzen die zehn- und elfjährigen Jungen herum, die alle Wagen waschen wollen. Dafür, daß sie auf den 500 Metern ihrer Arbeit nachgehen dürfen, zahlen sie Hebertos Vater eine Gebühr. Der wiederum zahlt dem Polizisten in der Straße eine. Denn eigentlich ist hier Parken verboten und dafür, daß es nicht verboten ist, muß bezahlt werden. Der Polizist führt von seiner an sich nicht legalen Nebeneinnahme einen gewissen Prozentsatz an seinen nächsten Vorgesetzten ab, und dieser wiederum führt davon einen bestimmten Anteil an seinen nächsten Vorgesetzten ab und so weiter. Jedenfalls ist das Auskommen aller Beteiligten einigermaßen gesichert, und die meisten Autofahrer in der Avenida Chile finden einen Parkplatz, ohne Angst haben zu müssen, abgeschleppt zu werden. Denn das hätte nun mehrere ganz entscheidende Nachteile, wiederum für alle Beteiligten. Der Wagen wäre weg, mindestens vorübergehend, und das hätte viel Rennerei und Bearbeitungsgebühren zur Folge. Die jugendlichen Wagenwäscher hätten nichts zu waschen und Hebertos Vater keinen Arbeitsplatz. Alle würden leer ausgehen. Übrigens auch die Polizeibeamten. Da das aber niemand will und, wie gesagt, da der Parkplatzbedarf hoch ist...

Hinter dem Nationalpalast besteht Tepito aus heruntergekommenen Gebäuden aus der Kolonialzeit, deren architektonische Schönheit noch zu erkennen ist. Nachts patrouillieren schwerbewaffnete Militärstreifen in den breiten, scheinbar endlosen Straßen mit den hohen Fassaden. Der Nationalpalast ist nicht weit. In Tepito wird fast jede Nacht geschossen. Wer gegen wen und aus welchem Grund, wird kaum bekannt. Polizeiberichte über die Ereignisse gibt es selten. Tagsüber ist Tepito ein Bezirk der Straßenhändler, der ungezählten kleinen Autowerkstätten; und samstags sind die lebhaften Straßenmärkte in den zentrumsnahen Teilen Anziehungspunkte für Touristen. Im übrigen sei allen Tepito-Besuchern empfohlen: Man sollte mindestens zu zweit und in der Dunkelheit am besten überhaupt nicht nach Tepito gehen.

Das Schlüsselwort für Tepito heißt im Mexikanischen „Fayuca" – Schmuggelware. Von den Konsumwaren, die täglich im Wert von mehreren Millionen Dollar über die amerikanisch-mexikanische Grenze geschmuggelt werden, landet von Süßigkeiten bis zu Jeans, von Kassettenrecordern bis zu Fernsehern, vom Parfüm bis zur berühmten Haarnadel der größte Teil in Tepito. Die Hersteller und Händler in den USA wissen das, der mexikanische Zoll weiß das und die Kunden wissen das natürlich auch. Deswegen gehen sie ja hin. Denn einerseits ist der Verkauf der Schmuggelware eine der lebensnotwendigen Einnahmequellen der Tepiteños, und andererseits ist er ein wesentlicher Bestandteil des mexikanischen Konsums. Die ohnehin nur halbherzigen Versuche der mexikanischen Zollbehörden, dem illegalen Handel ein Ende zu bereiten, sind immer wieder gescheitert.

Ein Beispiel aus dem September 1985: Wieder einmal wollte der Zoll die Schmuggelware von den Märkten vertreiben. Als das nicht so richtig voranging, eigentlich schon gescheitert war, schloß der Zoll mit den Markthändlern auf Druck der Behörden ein Abkommen: Danach durfte die vorhandene Schmuggelware noch verkauft, neue aber nicht mehr ausgelegt und angeboten werden. Jeder der Beteiligten, auch der

Zoll und die Kunden wußten, daß die Tepiteños schon einen Weg finden würden, diese Vereinbarung einzuhalten und sie gleichzeitig zu umgehen. Und so geschah es auch ...

Tatsächlich wurde wenige Tage nach der Übereinkunft keine geschmuggelte Ware mehr angeboten, dennoch aber konnte sie weiter von jedermann gekauft werden. Aus dem Katalog nämlich, der ab sofort anstelle der Produkte auslag. Diese waren an einem anderen, der Polizei unbekannten Ort eingelagert und wurden nun von dort aus zum Kunden geliefert. Der Einfallsreichtum der Tepiteños brachte den damaligen Direktor des Zolls, Victor García Lizama, derart auf, daß er die Operation „Tianguis" startete. Das Wort bedeutet im Mexikanischen „Märkte für Schmuggelwaren". Der Erfolg dieser behördlichen Aktion bestand zunächst einmal darin, daß kurze Zeit später von 1500 Händlern, die Schmuggelware verkauften, nur noch 150 ihrem Geschäft nachgingen. Und angeblich, wenn man dem Zoll glaubt, verkaufen seitdem weniger als ein Prozent der Stände in Tepito Fayuca. Ein Besuch auf den Märkten, beispielsweise dem von Lagunilla überzeugt vom Gegenteil. Jeder bietet jedem Schmuggelware an, und der Zoll schaut zu. Eingegriffen wird nur selten. Der Grund dafür liegt weniger auf als in der Hand: Er heißt „Mordida". Roberto Contreras, seinerzeit Pressesprecher des mexikanischen Finanzministeriums, erklärt den Sachverhalt unumwunden so: „Das Problem ist, es gibt immer noch die Mordida. Das Bestechungsgeld, mit dem die Zollbestimmungen, die die mexikanischen Produktion schützen sollen, umgangen werden." Und die Mordida sei in Mexiko einfach nicht auszurotten. So ist es, kann nur hinzugefügt werden. Vor allem aber, so wird es auch in Zukunft sein. Und so wird es also in Tepito, in den großen und kleinen Straßen, in den Gassen und auf den Plätzen weiterhin Märkte geben, auf denen Schmuggelware verkauft wird.

Ebenso wie zum Zoll haben die meisten Tepiteños auch zur Polizei kein gutes Verhältnis, wie folgende illustrierte Geschichte aus einem Stadtteilblatt zeigt: Der Polizist, in der rechten Hand eine Pistole haltend, würgt mit der linken Hand einen schmächtigen jungen Mann und droht ihm: „Gib es zu! Du bist ein Krimineller, einer der Schmuggelware verkauft, ein Drogenhändler, der Banken ausraubt. Du bist eine Ratte, oder bist du vielleicht ein Student? Gib deine Verbrechen zu!" Der so Bedrohte erwidert ängstlich nur: „Nein, nein, das stimmt alles nicht, ich bin nur ein Damnificado, ein Opfer des Erdbebens."

Die Tepiteños sagen ganz unumwunden, daß sie von den Übergriffen der Polizei genug haben, dagegen aber nichts tun können. Wenn wirklich ein Verbrechen im Stadtgebiet begangen werde, seien die Beamten nie zu sehen. Komme es zu einem Streich, dann griffen sie hart durch, setzten sich in Szene und spielten Recht und Ordnung. „Wenn die Polizei kommt ...“ ist ein ständiges Thema in Tepito. „Te pito, te pito, te pito“, heißt nichts anderes als: „Ich pfeife, ich pfeife, ich pfeife dich herbei“. Das kann als Warnung vor der Polizei gemeint sein. Das kann aber genauso den Beamten gelten, die nachts ihren nicht ungefährlichen Streifendienst leisten und schon mal - in der überwiegenden Zahl der Fälle - einzeln bedroht werden. Dann heißt es eben auch: „Te pito, te pito, te pito.“

Ohne es ganz genau zu wissen, sind viele Tepiteños der Ansicht, ihr Stadtviertel habe daher seinen Namen. Doch es gibt noch mindestens eine andere, ebenso wahrscheinliche Version. Danach hieß Tepito in der Sprache der Azteken „Markt“. Ein Elends- oder Slumviertel im eigentlichen Sinn ist Tepito nicht, und es ist auch nicht das Drogen-, Prostituierten- und Gaunerviertel der mexikanischen Hauptstadt, als das es so oft beschrieben wird. Sicher, es gibt von allem etwas, nur haben sich die Tepiteños, die sich für die wahren Mexikaner halten, in diesem am dichtesten besiedelten Bezirk der Stadt eine Lebensart erhalten, die es sonst kaum noch in der Metropole zu finden gibt. Ihre Überlebenskunst bewährt sich nicht nur in Katastrophenfällen wie dem Erdbeben; sie besteht auch gegen die Obrigkeit, die den Menschen, die hinter dem Nationalpalast leben, schon manchen bösen Streich gespielt hat. Der Bau der drei Durchgangsstraßen, „Ejes“ genannt, ist ein Beispiel für die Mißachtung der Bürgerinteressen, ist aber auch ein Beispiel für das Verhältnis zwischen Regierenden und Tepiteños.

50 000 Familien sollten nach den Vorstellungen des Bürgermeisters Hank Gonzales möglichst rasch ihre Wohnungen verlassen, damit die Häuser abgerissen und zur Freude des Staatspräsidenten und der Autofahrer die Schnellstraßen gebaut werden konnten. Die Tepiteños wehrten sich mit Straßenfesten, Solidaritätsveranstaltungen, Prozessen und politischen Angriffen. Es half alles nichts. Schließlich mußten sie ausziehen. Doch der PRI sowie der Staatspräsident jubelten längst nicht mehr. Zu groß war der Widerstand der Bürger und der Krach gewesen, als daß man noch von einem Erfolg hätte sprechen können. Nach der Übergabe der drei Ejes freuten sich immerhin die Autofahrer und - wenn auch sehr zurückhaltend - Bürgermeister Gonzales: Der hatte nämlich mittels einer Beteiligung an den Baufirmen auch noch reichlich an dem Projekt verdient. Ach ja, und noch ein Berufszweig freute sich sehr: die Makler. Die waren nämlich schon lange hinter einigen Objekten in Tepito hergewesen. Die stets „kooperative“ Stadtverwaltung ließ daher mehr Häuser, als für den Bau der Schnellstraßen nö-

tig gewesen wären, abreißen, mit dem Ergebnis, daß einige neue Bürogebäude errichtet werden konnten.

Hank Gonzales gehört noch immer als ehemaliger Bürgermeister der Hauptstadt zu den einflußreichen Politikern, wenn auch ohne offizielles Amt. Das Amt des Bürgermeisters der Hauptstadt gehört zu den bedeutendsten Positionen in Mexiko. Der Bürgermeister wird nicht gewählt, sondern vom Präsidenten selbst ernannt. Die Ernennung erfolgt alle sechs Jahre, immer dann, wenn ein neuer Präsident ins Amt gekommen ist.

Über die drei Schnellstraßen drängt sich jeden Tag auf bis zu acht Spuren der dichte Verkehr. Auf den Märkten wird weiter mit Schmuggelware gehandelt. Heberto läuft wie immer herum und sucht nach ein wenig Arbeit, „aber bitte nicht zu schwer", und Hebertos Vater geht weiter Tag für Tag morgens zu seinem Parkplatz in der Avenida Chile, einer Parallelstraße der Avenida Argentina, durch die man gehen kann, wenn man nach Tepito hinein will. Eigentlich heißt sie Avenida Republica Argentina. Früher hießen sie und die nahegelegene Monte de Piedad Monasterios und die Calle Empedradillo die „Straßen der Uhr". „Früher", das bedeutet in Mexiko meistens die Zeit der spanischen Kolonialherrschaft. In diesem Fall beginnt die Geschichte der Argentina und der anliegenden Straßen am 16. Juli 1529, dem Tag, an dem Kaiser Karl V. in Burgos einen Besitztitel für seinen Eroberer Hernán Cortés unterschrieb: Die Unterschrift jenes Herrschers, in dessen Reich die Sonne seit einiger Zeit nicht mehr unterging, verfügte, daß die sogenannten Casas Nuevas, die Neuen Häuser, in den Besitz des Hernán Cortés übergehen sollten.

Nun handelte es sich bei den Casas Nuevas um nichts Geringeres als die Paläste des aztekischen Herrschers Moctezuma. Die Paläste, im Zentrum der Stadt gelegen, wurden zerstört, und Cortés ließ sich an derselben Stelle einen neuen Sitz bauen. 1562 wurde dieses Bauwerk von Philipp II. gekauft und diente fortan als Sitz der spanischen Vizekönige in Mexiko. Doch auch dieser Palast wurde bald zerstört: Während eines Aufstandes im Sommer 1692 brannte er nieder. Etwa 50 Jahre dauerte es, bis sich die Spanier zum Wiederaufbau entschlossen. Und da der damalige Vizekönig sehr eigene Vorstellungen hatte, arbeiteten Schreiner, Steinmetze und Kunstschmiede, wie es aus den überlieferten Berichten hervorgeht, monatelang fieberhaft, bis die baulichen Ideen des Vizekönigs ins Werk gesetzt waren. Und eben dieser Vizekönig war es, der im Sommer 1746, lange vor der Fertigstellung des neuen Gebäudes, in einem verstaubten Gang des alten und verfallenen Palastes ein Glocke entdeckte, von der überliefert war, daß sie schon zur Zeit Karls V. nach Mexiko gekommen sei. Graf Revilla Gigedo, der Vizekönig, sah, daß sie aus dem Jahr 1530 stammte und wirklich von außergewöhnlicher Schönheit war. Als vier herbeigerufene Bedienstete sie hochhoben, sah der Graf zunächst das Wappen der österreichischen Erzherzöge und entdeckte dann das eigentlich Wichtige: Es fehlte der Klöppel. Die Glocke war stumm. Er schlug sie mit einem Eisen an, fand Gefallen an ihrem Klang und verfügte: Die Glocke wird, mit einem Klöppel versehen, über der Uhr des großen Palastes angebracht. Diese Uhr war die erste Uhr, die es in Mexiko gab und hatte ursprünglich im Hause von Hernán Cortés gehangen, das an einer Ecke der Calle Empedradillo, heute Monte de Piedad, stand.

Ein Kammerherr des spanischen Vizekönigs berichtete, daß die Glocke aus einem kleinen spanischen Dorf stamme. Eines Nachts, so heißt es, soll sie so heftig angefangen haben zu läuten, daß die Dorfbewohner glaubten, sie sollten vor einer großen Gefahr gewarnt werden. Der Priester, der Bürgermeister und alle anderen stürzten auf die Straße hin zur Kirche, doch niemand wußte, warum die Glocke geläutet hatte. Auch fand man niemanden, der sie geläutet hatte, als man die Tür zum Turm aufbrach. Die Dorfbewohner wurden vom Grauen gepackt und jedermann bekreuzigte sich. Es war wohl der leibhaftige Teufel gewesen, der die Glocke in Gang gebracht hatte. Nach dieser Erkenntnis trat der Ältestenrat des Dorfes zusammen und beschloß, nachdem die Glocke sozusagen vor Gericht gestellt worden war: Ihr Glockenschlag wird für null und nichtig erklärt. Man reiße ihr die Zunge heraus und verbanne sie in das Land der Indios – nach Mexiko. Und so geschah es: Der Klöppel wurde herausgerissen und die Glocke nach Mexiko verschifft. Der spanische Vizekönig nun, der die Geschichte kannte, entschied dennoch: Die Glocke werde aufgehängt, allerdings ohne Zunge. Rund 100 Jahre, bis 1867, hing sie dort, bis der mexikanische Nationalheld Benito Juárez beschloß, sie einschmelzen zu lassen. So wurde die Glocke 337 Jahre alt. Übrigens, die Uhr soll die Glocke um viele Jahre überlebt haben, weshalb auch heute noch manche alten Mexikaner diese Geschichte über die Straßen der Uhr, von denen eine die Avenida Argentina ist, kennen. Und daß diese Geschichten eigentlich mehr mit der Glocke als mit der Uhr zu tun haben, das tut nichts zur Sache und zu den Namen. Das ist eben mexikanisch.

Erinnerungen an eine Naturkatastrophe: Das Erdbeben im September 1985

Es war der 19. September 1985. Das Erdbeben begann um 7.18 Uhr und schien zunächst ein ganz weiches Beben zu sein. Es dauerte bestimmt gut zwei Minuten. Gebäude und Lichtmasten wackelten. Passanten blieben stehen und machten den Eindruck, als hätten sie Schwierigkeiten mit ihrem Blutkreislauf. Es war alles sehr wacklig, und die Menschen schaukelten hin und her. Wenn sie hochschauten, sahen sie, wie sich die Gebäude bewegten.

Dann auf dem Weg in die Innenstadt. Auf der großen Avenida Insurgentes, der berühmtesten und längsten Straße der Stadt, wurden in Richtung Zentrum die Schäden immer schlimmer. Nach vorliegenden Nachrichten hatte das Erdbeben einen Wert von 6,8 auf der nach oben offenen Richter-Skala gehabt. Aber was besagt das, wenn man nicht die Bilder gesehen hat? Polizeiabsperrungen. Alle mußten aus ihren Autos aussteigen. Es gab Szenen unbeschreiblicher Verzweiflung. Ein Mann stand mit seiner Frau vor einem Haus, das eingestürzt war. Freiwillige Helfer, die unmittelbar nach dem Erdbeben zu Hunderten auf den Straßen erschienen waren, suchten nach Überlebenden. In diesem Schutthaufen – anders konnte man das Haus nicht bezeichnen – waren vier Kleinkinder verschüttet worden. Bald kam einer der freiwilligen Helfer. Er wedelte mit den Armen, er stand unter Schock. Und er konnte immer wieder nur sagen: „Sie sind tot, sie sind tot." Die Eltern weinten. Es war unmöglich, die Kinder schnell genug auszugraben; man wußte nur: Sie sind tot.

In einer Nebenstraße war eine Frau mit ihren beiden Söhnen unterwegs gewesen. Da stürzte ein Haus ein und verschüttete alle drei. Ihre anderen beiden Söhne, die zu Hause geblieben waren, kamen hinzu und suchten, doch auch diese drei Menschen waren tot. Auf kürzester Distanz lagen sieben Tote irgendwo unter den Steinen.

Ein ganz altes Hotel stürzte ein. Die Telefonübertragungsstelle, ein großes Gebäude mit 15 Stockwerken, brannte und brach zusammen; Tote waren zu sehen, die noch in den letzten Minuten ihres Lebens versucht hatten, sich gegen die Schuttmassen zu stemmen. Jede Möglichkeit, aus Mexiko per Telefon oder per Telegramm, über Funk oder über Satellit eine Verbindung herzustellen, war völlig ausgeschlossen. Der Flughafen wurde sofort gesperrt; die Straßen waren von der Wucht des Erdbebens aufgerissen, daß die Autos auf den Beton- und Stahlaufwürfen, die sich nach oben bogen, hängenblieben. In der Innenstadt sah es aus wie nach einem Bombenangriff. Der mexikanische Präsident ließ Polizisten aufziehen, überall waren Suchtrupps unterwegs. Es war ein Bild des Grauens.

Die erste Sonderausgabe einer Zeitung zeigte ein Riesenbild der Zerstörung in der Innenstadt auf der ersten Stelle mit der Überschrift „O Dios!", O Gott!. Alles brach zusammen: Es gab keinen Strom, kein Gas. In der Innenstadt fuhren keine Busse und keine U-Bahn. Es war ein völliges Desaster. Mittlerweile war der Notstand ausgerufen worden. Eine Übersicht über die Zahl der Toten gab es nicht. Tausende wurden vermißt. Die Gebäude waren häufig innen zusammengestürzt, während die Fassaden noch standen. Die großen Bürotürme durften ab sofort nicht mehr betreten werden.

Die schwersten Schäden gab es nahe dem Zentrum und weiter nach Norden. Aber auch im Süden gab es viele Trümmer. Die Hauptstadt war total abgeschnitten. Kommunikationsmöglichkeiten gab es keine. Die Radiostationen sendeten zunächst nicht, ebensowenig die Fernsehsender. Dann begannen ein Fernsehkanal und eine Radiostation ihre Programme wieder auszustrahlen. So kam man an die ersten Informationen. Der Verkehr wurde in der Innenstadt ganz gestoppt. Feuerwehr, Polizei, Armee und Suchmannschaften waren unterwegs.

Plünderungen begannen bald nach den ersten Stunden. 10 000 Soldaten rückten aus ihren Kasernen aus und bezogen Posten, um die Übergriffe zu verhindern. Da der Notstand ausgerufen wurde, mußten die uniformierten Einheiten gegen Plünderer vorgehen, und das haben sie in Einzelfällen, wie berichtet wurde, auch getan.

Dann sickerte durch, daß mehr als 30 Gebäude zusammengebrochen seien, darunter auch das Hauptkrankenhaus der Stadt. Viele Schulen waren zerstört. Um 7.18 Uhr kam das Erdbeben. Vierzig Minuten später wären die Kinder in ihren Klassen gewesen. „Man stelle sich das einmal vor, was wäre das für eine Katastrophe geworden. . ."

Am ersten Tag gab es in der Stadt keine Nachbeben. Auf den noch intakten Stellen der Straßen wurden Busse quergestellt, um den Privatverkehr zu stoppen, da Aufrufe nichts genutzt hatten. Nachdem sich der erste Staub verzogen hatte und die ersten Brände gelöscht waren, herrschte eine verzweifelte Stille in der Stadt. Man hörte eigentlich nur die Sirenen der Feuerwehr und der Polizei, ansonsten war es völlig ruhig. Und als der Staub sich vollends gelegt hatte, erlebte Mexiko einen der klarsten Tage überhaupt. Sonst kann man die Berge im Osten, Westen, Süden oder Norden nicht sehen, denn in dieser Stadt fahren normalerweise täglich mehr als zweieinhalb Millionen Autos, und immerhin leben hier mehr als 18 Millionen Menschen. Diese weite Sicht und diese Stille, die über den zerstörten Gebieten lag, kontrastierte auf eine bedrückende Weise das Geschehen. Wenn man die große Achse der Stadt, die Avenida Insurgentes, von Norden in Richtung Süden fährt, so sieht man im nördlichen Teil dieser endlosen Straßen, daß furchtbare Schäden angerichtet wurden. Das Zentrum und der Süden haben viel abbekommen, aber sehr viel weniger als der nördliche Teil. Die Infektionsgefahr war groß. Gasleitungen waren unterbrochen, es stank furchtbar nach Gas. Wie viele Menschen verschüttet wurden, weiß man nicht. Tausende wurden obdachlos. Die Menschen standen ohne Schuhe, ohne Kleider auf der Straße. Es war früh am Morgen gewesen, gerade hatte die Rush-hour eingesetzt. Die Menschen mußten mit Essen und Medikamenten versorgt werden, und das in einem Land, das im Normalfall schon unter erheblichen Organisationsproblemen zu leiden hat.

Sie standen vor den ausgehobenen Gräbern, weinten und trauerten um ihre Toten. Viele hundert Freunde und Verwandte hatten sich versammelt, draußen auf dem großen Friedhof San Lorenzo Tezonco, im Süden der Stadt, eine gute Autostunde von den Zerstörungen entfernt, die die zwei schweren Erdstöße am 19. und 20. September 1985 verursacht hatten. Laufend trafen in Privatfahrzeugen und Leichenwagen die Särge auf diesem riesigen Gelände an der Straße nach Cuernavaca ein. Hunderte von Einzelgräbern waren in der sandigen Erde ausgehoben worden. Der katholische Priester wartete in einem amerikanischen Pick-Up-Truck auf die Trauergemeinden, trat an das jeweilige Grab, begann mit der Zeremonie. Die Klagen klangen über das weite Friedhofsgelände. Weinende Mütter brachen an den Gräbern ihrer Kinder zusammen.

Keine 300 Meter von diesen Grabstellen entfernt, waren acht Gruben, fünf Meter breit und 25 Meter lang, ausgehoben worden. Lastwagen mit Polizeieskorten fuhren vor. Die hintere Ladeklappe öffnete sich. Eine große Zahl nicht identifizierter Erdbebenopfer rutschte in die Tiefe. Arbeiter schütteten die Grube zu, deckten sie mit Kalk ab. Die Lastwagen knatterten davon. Die Polizeieskorten verschwanden. Fast 2000 bis zur Unkenntlichkeit verstümmelte Tote sind in den Massengräbern von San Lorenzo Tezonco verscharrt worden. Die mexikanischen Medien berichteten lange Zeit nichts darüber. Die Regierung wollte nicht, daß irgendetwas an die Öffentlichkeit gelangte. Zufällig wurden die Massengräber zwei Wochen nach dem Beben entdeckt. Stunden später waren sie von der Polizei abgesperrt: Zugang verboten!

Insgesamt 211 Friedhöfe gibt es in der mexikanischen Hauptstadt. San Lorenzo Tenzoco, draußen am Stadtrand, gehört zu den größten. Auf den frischen Gräbern steckten die Blumengebinde - verwelkten zusehends. Arbeiter hasteten mit Spaten und Schaufeln umher, hoben eine Grube nach der anderen entlang der großen Friedhofsstraße aus, bauten wacklige Holzkreuze, warteten auf die Särge und die Trauergemeinden, schaufelten die Gräber wieder zu, entfernten sich und gruben das nächste Bestattungsloch.

Eigentlich stand der Templo de la Santa Veracruz an der Avenida Hidalgo, schräg gegenüber der großen Alameda im Herzen der Stadt, schon immer schief. Doch nach den beiden Beben schien sich das alte Gotteshaus noch weiter zur Seite geneigt zu haben. Vielleicht machte es aber auch nur – in diesen ersten zehn Tagen nach der Katastrophe – die Einbildung, bei so vielen eingestürzten und schief stehenden Gebäuden im Zentrum der Stadt. Die gerade fertig restaurierte Kirche Santa Veracruz jedenfalls hatte dem Beben wiederstanden, wie auch schon 1973 und 1957 bei ähnlich schweren Erdstößen.

Viele jüngere Häuser sind umgefallen. Die oftmals nachlässigen und wackligen Konstruktionen konnten den Stößen überhaupt nicht standhalten. Darunter wurden Tausende erschlagen, zerquetscht, erstickt. Monate-, jahrelang hatten sie nicht geahnt, auf welchen labilen Fundamenten sie lebten. „Jetzt haben sie es erfahren, zu spät", empörte sich Ende September 1985 der Rechtsanwalt Obregón, der selber viele Häuser in der Stadt besitzt. Und er fügte wütend hinzu: „Natürlich hat es Qualitätskontrollen gegeben. Das ist üblich beim Bau. Doch wie haben die das gemacht? Die Architekten haben die Materialien geklaut, die Baunormen nicht eingehalten, die Kontrolleure geschmiert und so die Unterschriften unter die notwendigen Zertifikate erhalten." So wird es gewesen sein.

Die Bewohner eines der größten mexikanischen Wohnungsbauprojekte, dem Nuevo Leon im Bezirk Tlatelolco, waren schon in den Jahren vor dem Erdbeben über die Wohnungsbaugesellschaft und die Verantwortlichen empört und entsetzt. Wie viele Menschen unter den am frühen Morgen des 19. September herabstürzenden Brocken des 16 Stockwerke hohen Gebäudes begraben wurden, ist nie bekannt geworden. In den Trümmern des Nuevo Leon wurde in den Tagen und Wochen nach den beiden Beben allein nach mehr als 1200 Anwohnern gesucht. Hilfsmannschaften, Freunde und Angehörige, gruben, sägten, klopften und horchten in zumeist vergeblicher Hoffnung. Plácido Domingo, der spanisch-mexikanische Opernsänger, suchte nach vier Verwandten...

Cuauhtemoc Abarca von der Mieterinitiave Nuevo Leon, der in den Monaten nach dem 19. September zu einem der wichtigsten Sprecher der Erdbebenopfer wurde, sagte damals, man habe sich schon neun Monate vor den Beben über den Zustand der Fundamente und die mangelhaften bzw. ausbleibenden Instandhaltungsarbeiten beschwert. „Acht Wochen vor dem Erdbeben beschwerten wir uns wieder und fragten, warum denn nichts geschehe. Diese Katastrophe hätte verhindert werden können“, meinte Señor Abarca damals und ist dieser Meinung auch noch heute. Und er erinnert sich: „Es wurde uns versichert, Nuevo Leon sei sicher, und es könne gar nichts passieren. Wir wußten, daß das nicht stimmte, und sorgten uns, daß mit unserem Leben gespielt wurde. Wir wollten genau wissen, was los ist, und forderten eine unabhängige ausländische Untersuchungskommission. Sie sollte die Schadensursache erforschen. Denn der Wohnungsbaugesellschaft haben wir schon vor dem Beben nicht getraut.“ Die Untersuchung hat auch mehr als zweieinhalb Jahre nach dem Erdbeben nicht stattgefunden, und Cuauhtemoc Abarca kämpft noch heute gegen die Funktionäre für die Obdachlosen und die Hinterbliebenen der Erdbebentoten.

Edith Hernandez war immer eine resolute Frau und jahrelang Sprecherin des Büros für Verbraucherschutz in D. F. (Distrito Federal), wie die mexikanische Hauptstadt von ihren Einwohnern kurz genannt wird. Edith Hernandez drohte Ende September 1985: „Wir haben damit angefangen, diejenigen Händler zu bestrafen, die in den Tagen nach den beiden Erdbeben für bestimmte Grundnahrungsmittel und -versorgungsgüter überhöhte Preise nehmen!“ Als Edith Hernandez gefragt wurde, wie viele Händler ihr bekannt seien, die sich in diesen Notzeiten eine goldene Nase verdienen wollten, weigerte sie sich strikt, die Zahl der Fälle bekanntzugeben. Fest steht: Wenige waren es sicher nicht, auf jeden Fall zu viele. Und vor allem schienen jene Geschäftsinhaber den Reibach gemacht zu haben, die die berühmten Tortillas verkauften. Natürlich hatten auch die Sarghändler und Bestattungsinstitute Hochkonjunktur.

Obwohl das Büro und das Archiv der mexikanischen Verbraucherschutzorganisation erheblich beschädigt war, arbeiteten die Mitarbeiter in jenen Wochen weiter, nachdem sie ihre Schreibtische in einer großen Garage aufgestellt hatten. Und Chefin Edith Hernandez teilte eines Tages mit: „Es sind die Tortillaproduzenten, die die Preise überhöhen. Darum müssen die Verbraucher uns Bescheid sagen, wenn sie zuviel bezahlen sollen.“ Der Direktor von Señora Hernandez fügte hinzu, man werde rücksichtslos Preiskontrollen durchführen und jene bestrafen, die sich nicht an die festgesetzten Preise hielten. Der zuständige Minister für Handel und Industrie, Hector Hernandez Cervantes, befand damals: „Die Wucherei mit den Preisen ist besorgniserregend."

Und was geschah? Kaum jemand beschwerte sich. Die 2000 Preiskontrolleure schwärmten dennoch aus, und die Preiswucherei ging weiter ... „Versuchen Sie mal, in dieser Stadt die Preise zu überwachen", seufzte einer der Mitarbeiter des nahezu hoffnungslosen Unterfangens. Die Preiskontrolle habe ja schon vorher nicht funktioniert, wie solle sie das denn in diesem noch größeren Chaos jetzt tun ... Und die Preise für Milch, Bohnen, Reis, Tortillas, Brot und Speiseöl schnellten in die Höhe. Tortillas kosteten bis zu 350 Prozent mehr. David Miranda Herrera, Eigentümer des Bestattungsunternehmens „Begräbnisse in Amerika", meinte damals: „Es kann schon sein, daß einige aus der Katastrophe ihren geschäftlichen Vorteil ziehen wollen. Ich glaube aber auch, daß die meisten einsehen, daß sie die Preise für Särge nun gerade jetzt nicht erhöhen können." Señor Herrera berichtete, daß er nicht nur Särge verkaufe, sondern seine Kunden auch berate, weil die meisten der Erdbebenopfer kein Geld hätten. „Sie sind arme Teufel und deshalb nehme ich manchen Leuten überhaupt nichts ab." Und manche gebe es, die würden ihre Angehörigen sogar ohne Sarg begraben, man stelle sich das einmal vor! „Wenn man jetzt die Preise heraufsetzen würde", sagte Señor Herrera dann noch, „das wäre doch wirklich unmoralisch."

Sie standen am äußeren Zaun der großen Kathedrale des Nationalpalastes und boten auf kleinen und großen Schildern ihre Fähigkeiten an. Es ist der 16. Oktober 1985, knapp einen Monat nach dem Erdbeben. Schuster und Elektriker, Mechaniker und Tischler, jeden Tag standen sie dort und suchten Arbeit. Das Beben hatte Mexiko, das wurde nach und nach sichtbar, in einem Zustand hinterlassen, der mit dem Begriff „Katastrophe" eigentlich nicht mehr zu beschreiben war. Gegenüber dem Nationalpalast, am anderen Ende des Zócalo, warteten jeden Morgen vor dem großen Gebäude der Stadtverwaltung viele tausend Menschen. Listen der registrierten Erdbebenopfer und -geschädigten lagen aus. Wer sich nach stundenlangem Warten in diesen Listen wiederfand, erwarb das Recht, sein noch in den beschädigten Häusern verbliebenes Hab und Gut herauszuholen oder in den Trümmern danach suchen zu lassen. Alte und Junge standen dort von morgens um sieben bis nachmittags um fünf Uhr, und als sie schließlich an die Reihe kamen, mußten einige entdecken: Sie waren überhaupt nicht als Erdbebenopfer registriert. Klagen und Schimpfen half nicht, die Stadtbeamten wiesen sie ab: „Der Nächste bitte." Und vor dem ehrfurchtgebietenden Sitz des Bürgermeisters war eine Leine gespannt: Bis hierher und nicht weiter. Wer dennoch versuchte sie zu passieren, wurde von den Armeeposten brüsk zurückgewiesen. Um die alten Menschen, die nach stundenlangem Warten umfielen, kümmerte sich niemand. Manchmal half ein Passant einem Erschöpften doch wieder auf die Beine, dann aber war die Warteschlange weiter vorgerückt und der einmal erstandene Platz verloren.

In den Tagen nach den Erdbeben hatte der Soziologe Daniel Molina von der Autonomen Universität der Stadt Mexiko, der UNAM, gemeinsam mit 80 Kollegen die politischen, wirtschaftlichen und sozialen Folgen des Erdbebens zu untersuchen begonnen. Der mexikanische Präsident Miguel de la Madrid vertrat öffentlich die Ansicht, die Regierung tue ihre Pflicht, die als ein Akt elementarer Gerechtigkeit von der Bevölkerung akzeptiert werde, und Regierung sowie Stadtverwaltung würden darüber hinaus ohne Ansehen der Person den Erdbebenopfern mit Lebensmitteln, Medikamenten und Wohnungen helfen. Der Soziologe Molina hingegen beurteilt mehr als zwei Jahre später die Situation so: „Vom offiziellen Standpunkt aus betrachtet, hatte der Präsident die Lage in der Hand und unter Kontrolle. Er empfing ausländische Berühmtheiten und die internationalen Hilfssendungen – er besuchte die Katastrophengebiete... Wenn Sie aber die Menschen hören, dann hat das politische System Mexikos erheblich gelitten. Die Bevölkerung nämlich hat ihre ganz persönliche Erfahrung mit der Regierung in der Zeit nach dem Erdbeben gemacht." In vielen Stadtbezirken kamen die Hilfsgüter aus aller Welt nicht an. Tonnenweise sollen in jener Zeit bereits auf dem Flughafen der Hauptstadt Milchpulver und Medikamente verschwunden sein. Polizisten stahlen in den Ruinen. „Wo sind eigentlich die vielen Decken geblieben?" fragte eine Frau, deren Wohnung im Bezirk Tlatelolco zertrümmert worden war: „Hier jedenfalls sind sie nicht angekommen", setzte sie verbittert hinzu. Der Preiswucher nahm unkontrollierbare Formen an. Wasser, das aus Tankwagen kostenlos an Bedürftige abgegeben werden sollte, wurde verkauft. Doch der Präsident der Republik sah keinen Grund zur Kritik oder gar zum Eingreifen. Im Gegenteil: Er dankte den öffentlich Bediensteten, der Armee, der Polizei und der Feuerwehr ausdrücklich für die „geleistete Arbeit".

Zehn Tage nach dem Beben stellte sich heraus, daß keineswegs alles so gut geklappt hatte, wie die mexikanische Regierung es wahr- und berichtet haben wollte. Während die Medien der Parteilinie weitgehend folgten und beispielsweise über die zahlreichen Massenbegräbnisse nicht berichteten, kam innerhalb der Rettungsteams und in den USA erste Kritik an den zuständigen Stellen und deren Organisation der Rettungs- und Sucharbeiten auf. Trotz offizieller mehrfacher Dementis fuhren die schweizerischen, französischen und bundesdeutschen Rettungsmannschaften mit einigem Groll im Gepäck ab. Heinz Dittmann, der bundesdeutsche Botschafter in Mexiko, fand in jenen Tagen eine diplomatische Formel: „Wir stellen fest, daß unser Team, gemeinsam mit dem kanadischen, nicht alles hat tun können, was hätte getan werden können. Oder um genauer zu sein: Wir hätten uns gewünscht, mehr tun zu können, doch sind wir froh, daß wir helfen konnten." Die deutsche Botschaft verneinte zwar strikt die Vermutung, die knapp 60 Experten würden Mexiko verlassen, weil die Organisation chaotisch und die Korruption so hinderlich sei; doch tatsächlich soll innerhalb der deutschen Gruppe deutliche Kritik an den Zuständen geübt worden sein. Hartmut Grüttner, einer der Experten, berichtete damals, die Organisation und die Zusammenarbeit sei mangelhaft gewesen. Und obwohl er einen Tag später seine Äußerungen zurückzog, konnte er doch nicht umhin, festzustellen: „Eine Kommunikation zwischen jenen, die die Such- und Bergungsarbeiten leiteten, und jenen, die sie vor Ort durchführten, hat kaum oder gar nicht bestanden." Franzosen und Nordamerikaner gar prügelten sich fast, als es während der Bergungsarbeiten zwischen beiden Teams zu Meinungsverschiedenheiten darüber kam, wie unter den Trümmern Verschüttete noch zu retten seien.

Und immer häufiger wurde bei den internationalen Teams die Klage laut, die mexikanischen Armee- und Polizeieinheiten würden die Rettungs- und Aufräumungsarbeiten eher behindern als unterstützen. Helles Entsetzen verursachten schließlich Zeitungsberichte, wonach sich vor dem verwüsteten Krankenhaus „Benito Juárez" Szenen der Verzweiflung abgespielt haben sollen: Denn trotz des energischen Protestes vieler freiwilliger Helfer hatten Soldaten des 75. Infanterie-Bataillons mit dem Abbruch der Gebäudereste begonnen, obwohl noch 80 lebende Kinder unter den Trümmern vermutet wurden. Als der kommandierende Offizier, ein Armee-Major, mit dem Hinweis, man müsse so rasch wie möglich fertig werden, die Protestierenden nicht zurückweisen konnte, soll er ihnen gedroht haben: Wenn sie auch nur ein Wort über den Vorfall weitersagten, kämen sie in Haft. Reporter, die sich in unmittelbarer Nähe befanden, berichteten am nächsten Tag über diesen Vorfall. Doch wiederum einen Tag später war die Geschichte nicht mehr wahr. Die Zeitungen dementierten plötzlich ihre Berichterstattung, was das öffentliche Entsetzen nicht minderte. Und Einzelheiten waren plötzlich auch nicht mehr zu erfahren. Selbstverständlich nicht …

Massive Kritik kam vor allem aus den USA. Die Zeitung „The Wall Street Journal" schrieb im ersten Teil einer Artikelserie über Mexiko unter anderem, das Land schlingere in den nicht ausgerufenen Zustand einer Katastrophe hinein. Es sei unmöglich, seine Probleme zu ermessen. Mexiko lebe auf Pump, und zwar mit geborgter Zeit, und Präsident de la Madrid sei ein Regierungschef, der, um das mindeste zu sagen, wenig Ambitionen hätte, keine Risiken einginge und alles umsonst haben wolle. Ein mexikanischer Politikwissenschaftler ergänzte in jenen Wochen: „Die Regierung ist paralysiert durch die Geschichte des Landes, durch die Geschichte der Regierungen, durch die Geschichte des Systems. Sie kann keinen dramatischen Wechsel vollziehen, obwohl ein solcher notwendig wäre, denn es gibt keine technokratischen Antworten auf das, was geschieht."

Wenn der 24jährige Marco Antonio Nurcico auf die mexikanische Regierung zu sprechen kam, bekam er schmale Lippen und einen zornigen Blick: „Das einzige, was die wollen, ist, daß wir hier verschwinden. Die kümmern sich doch nicht um die Leute. Für die sind hier doch nur die Ruinen interessant." Marco Antonio Nurcico arbeitete seit 29 Tagen freiwillig in den Notunterkünften im Gebiet des größten sozialen Wohnungsbauprojektes in Lateinamerika, in Tlatelolco. Besser gesagt, in dem, was nach den beiden Erdstößen davon übrig geblieben war. Kühl war es in jenen letzten Tagen der Regenzeit im Oktober 1985. Die 300 Menschen, die Marco Antonio betreute, lebten zusammen in einem großen Zelt, rollten sich in den schon kalten Nächten in Wolldecken ein und wärmten sich an offenen Feuern. Nachdem sie aus ihren verwüsteten und demolierten Häusern geflohen waren, wurde ihr Überleben zu einem einzigen Kampf gegen Hunger und Durst, gegen Kälte und Regen, gegen die Frechheiten der Bürokraten. Denn abgesehen von der Tatsache, daß keiner von ihnen wußte, wann sie jemals wieder eine Wohnung beziehen würden, hatte die mexikanische Regierung den Erdbebenopfern von Tlatelolco jede offizielle Hilfe verweigert. Und das mit der Begründung, sie müßten erst einmal in den von der Regierung eingerichteten Notunterkünften, weit vom Bezirk Tlatelolco entfernt, untergebracht werden. „Die wollen uns aushungern", glaubte ein älterer Mann. Marco Antonio Nurcico sagte: „Unser größtes Problem sind die Lebensmittel. Doch viele helfen uns privat. 95 Prozent aller Nahrungsmittellieferungen kommen von Privatleuten." Auf die Frage, warum die Menschen nicht aus ihren Zelten in eine der mehr als 150 Notunterkünfte ziehen wollten, sagte einer der Betroffenen: „Und was wird dann aus unseren Ansprüchen auf unsere Wohnungen? In denen haben wir doch vor dem Erdbeben gelebt!"

Denn darin schienen sich in jenen Oktoberwochen alle einig zu sein: Je weiter sie sich von ihren Wohnungen in der Nähe des Platzes der Drei Kulturen entfernten, desto weniger würden sie ihre Ansprüche auf eine neue Wohnung in derselben Gegend durchsetzen können.

Die 43jährige Maria Islas Hernandez, die damals in einer Hütte aus Plastik und Pappe im Erdbebengebiet von Tlatelolco hauste, einer Hütte, die mit einer Schnur zusammengehalten wurde, meinte: „Was in den regierungsamtlichen Unterkünften geschieht, entzieht sich doch völlig unserer Kontrolle. Und dann würden wir da doch nur für eine kurze Zeit untergebracht." Auf die Frage, warum sie das annähme, zuckte sie nur erstaunt mit den Schultern und sagte: „Weil sie uns nach einiger Zeit einfach wegschicken würden. Hier sind wir zusammen, wir kennen uns, und wir kennen sie. Das ist unsere Stärke."

„Sie," das waren die Regierungsbeamten, die scharenweise durch die beschädigten oder zerstörten Wohngebiete zogen und feststellen sollten, was neu aufzubauen, was zu erhalten und was abzureißen war. Denn allein in Tlatelolco hatte das Erdbeben mindestens 3200 Wohnungen zerstört. Nach Regierungsangaben sollten 23 Gebäude abgerissen werden. Während die Anwohner berichteten, kamen andere aus den weiter entfernt gelegenen staatlichen Wohnunterkünften und fragten bei den Zeltbewohnern von Tlatelolco nach Essen und Kleidung: „Das zeigt doch nur, wie es da zugeht", schimpfte Maria Islas Hernandez. Der Regierung sei nicht zu trauen, weshalb man gemeinsam mit Bewohnern anderer Stadtteile, in denen es ähnliche Probleme gebe, zusammenarbeite. Marco Antonio Nurcico meinte noch: „Das einzige, was sie uns schickten, waren Soldaten. Und die haben uns als erstes um etwas zu essen gebeten."

Drei Tage nach dem Erdbeben, am 22. September 1985. Mexiko hat seinen Ölreichtum und seinen Nationalstolz, und Mexiko hat die Jungfrau von Guadelupe. Immer wenn es den Menschen besonders schlecht ging, haben sie die Jungfrau von Guadelupe, die Nationalheilige, angerufen, sie angefleht, zu ihr gebetet. Die Schutzpatronin der Vereinigten Staaten von Mexico sollte helfen. Ein Blick auf die leidvollen Ereignisse der jüngeren Geschichte des Landes zeigt, daß die Heilige eher zurückhaltend ist. Da sind zum Beispiel die drei schweren Schläge, die das Land im September 1985 getroffen haben: Die beiden Beben und ihre katastrophalen Auswirkungen auf nahezu alle Bereiche, die Ankündigung des Internationalen Währungsfonds in Washington, die noch ausstehende Auszahlung von 900 Millionen Dollar in Krediten auszusetzen, bis die mexikanische Regierung den harten Auflagen des Währungsfonds nachgekommen sei, und schließlich jene nach und nach durchsickernde Nachricht, daß Saudi-Arabien seine Erdölexporte nicht nur um vier Millionen Barrel pro Tag steigern, sondern auch seinen Ölpreis um zwei Dollar senken werde. Das hieß in der damaligen Lage Mexikos: Jede Preisreduzierung um nur einen Dollar pro Barrel fügt dem schwer geschädigten Land Einnahmeverluste von mindestens 540 Millionen Dollar zu. Allerdings traten zunächst diese wirtschaftlichen Probleme angesichts des Elends Hunderttausender Obdachloser, Tausender Vermißter, Tausender Toter und einer unbekannten Zahl noch immer Eingeschlossener in den Hintergrund. Die Beben hatten das politische, wirtschaftliche, soziale und kulturelle Herz des Landes getroffen; und noch viel schlimmer, sie hatten die Psyche der Überlebenden beschädigt. Die Stadt war über Jahre hinweg Schutz und Rückhalt. Trotz aller Probleme und allem Chaos, trotz aller Umweltverschmutzung war Mexiko die Metropole, auf die ihre Einwohner in irgendeiner Weise stolz waren: Sinnbild des Fortschritts, auch wenn Ausländer anderer Ansicht gewesen sein sollten.

Dieses Gefühl der Sicherheit und des Stolzes war bei vielen Menschen zerstört. Auch wenn einige den Nationalstolz für übertrieben halten mögen, er war und ist eines der wenigen Guthaben, das die Mexikaner sich erhalten haben. Für die Regierung und den PRI hätte das eine Chance zum Neuanfang sein können, wenn diese Naturkatastrophe als eine Mahnung gegen Korruption, Selbstherrlichkeit, politischen Betrug und für soziale Gerechtigkeit begriffen worden wäre. Doch es stellte sich rasch heraus, daß die politischen Strukturen widerstandsfähiger waren als die baulichen.

Szenen aus einer schwer angeschlagenen Stadt: Im großen Baseballstadion spielen üblicherweise die „Diablos Rojos“, die Roten Teufel. In den Tagen nach dem Beben bildeten sich vor dem Stadion lange Menschenschlangen. Die hier Wartenden wollten aber keine Karten für das auch in Mexiko so beliebte Baseballspiel kaufen. Sie schoben sich an den Kassenhäuschen vorbei. Manche hielten Fotos hoch von Vermißten. Die Menschen warteten geduldig, bis sie ins Stadion gelangten … An großen, alten Schreibmaschinen saßen Männer, die Todesurkunden tippten. Ohne diese behördlichen Scheine durfte niemand ins Stadion. Und ohne diese behördlichen Scheine kamen auch die auf dem Rasen gestapelten Leichen, mit Eisblöcken gekühlt und mit Armeeplanen abgedeckt, nicht aus dem Stadion heraus. Der Mann, der die Suche im Stadion koordinierte, war Dr. Cuauhtemoc Herrero: „Gott sei Dank haben wir das Eis. Die Leichen sind in einem exzellenten Zustand.“

Als das Appartement von Señor Guzman an jenem Donnerstagmorgen während des ersten Erdstoßes zusammenbrach, stürzte es in einen darunter gelegenen Supermarkt. Señor Guzman ist seit diesem Morgen nicht mehr zur Arbeit gegangen. Wie Tausende in der Stadt. Er sagt: „Was ich weiß, ist, sie haben die Toten bei uns sofort herausgeholt. Was ich aber nicht weiß, ist, wohin sie sie gebracht haben." Also lief Señor Guzman in jenen Tagen von einer Totensammelstelle zur anderen und suchte seine verschwundenen Familienangehörigen. Auch in dem Stadion, das unweit des ebenfalls zusammengefallenen Zentralkrankenhauses liegt, waren sie nicht.

Anderswo war manches anders. Vor Acapulco flitzten die Windsurfer auf den Pazifikwellen umher, Sonnenhungrige lagen am Strand. Die Schäden in dieser Stadt waren, obwohl sie nicht weit vom Erdbebenzentrum entfernt lag, gering. Es gab keine Toten und nur wenig Verletzte. Augenzeugen berichteten, daß Fenster herausgefallen und Spiegel zerbrochen seien. Erdbeben an der Pazifikküste, hieß es lakonisch, seien keine Seltenheit, man habe jedoch hier, anders als in der Hauptstadt, auf massivem Untergrund bauen können. Das mache schon einen erheblichen Unterschied aus.

Wo die Straßencafés immer voll sind: Veracruz

In einigen Reiseführern ist zu lesen, daß Veracruz wohl eine der ältesten Städte Mexikos sein mag, doch viel Sehenswertes gebe es da nicht, bis auf das Rathaus vielleicht und die Pfarrkirche La Parroquia. Für die Mexikaner sieht das ganz anders aus. Sie finden Veracruz aufregend, weil es, wie sie sagen, eine Stadt mit Ambiente, mit offenen, fröhlichen Menschen ist und weil sie an der Karibik liegt und die Karibik eben „un otro mundo“, eine andere Welt, ist. Und das stimmt auch. Veracruz ist eigentlich in fast jeder Hinsicht spannend, interessant oder unterhaltsam. Das gilt für die Geschichte der Stadt, das gilt für ihre Menschen, und das beginnt schon mit der Tatsache, daß eine Reise von der Hauptstadt nach Veracruz jederzeit zu einem Abenteuer werden kann, vor allem für jene unter den Reisenden, die nur für ein verlängertes Wochenende ans Meer wollen, also wieder zurück nach Mexiko-City müssen.

Ein Freitagabend auf dem Flughafen von Mexiko-City: Mexicana, eine der beiden mexikanischen Gesellschaften, hat ihren Flug mit der Nummer 629 für 20.15 Uhr angekündigt. Der Abfertigungsschalter ist gedrängt voll. Es herrscht eine ziemliche Aufregung: Der Mittagsflug nämlich ist gecancelt worden. Die Boeing 727, die 168 Passagiere aufnehmen kann, war nur zu gut 50 Prozent ausgelastet, das war Mexicana zu wenig. Der Flug wurde gestrichen. Ein jüngerer Hochschullehrer aus Veracruz erregt sich: „Jede Woche ist das hier dasselbe. Sie streichen einfach die Flüge und haben überhaupt keinen Respekt vor den Fluggästen.“ Ein anderer Mann, ein mexikanischer Journalist, kritisiert: „Wenn sie nicht wissen, warum der Mittagsflug gestrichen wurde, weiß es vielleicht der Präsident der Republik? Wir bitten hier schließlich nicht um Almosen. Und mit allem Respekt, ich möchte daran erinnern, daß wir unsere Tickets bezahlt haben.“ – „Wer bestätigt mir, daß ich zu spät nach Veracruz komme?“ fragt ein anderer Mann dazwischen. „Niemand leider, Señor“, lautet die hilflose Antwort des Mexicana-Angestellten. „Wenn Sie uns nicht mitnehmen, stehen wir um 20.00 Uhr alle unten am Abfertigungsschalter für die Abendmaschine“, ruft eine ältere Frau mit Kind. Die für die 20.15-Uhr-Maschine gebuchten Fluggäste werden blaß, denn nun müssen sie um ihre Plätze fürchten. Schließlich, das heizt die Aufregung aller noch einmal an, wird mitgeteilt, es könne gar keine Rede davon sein, daß Mexicana um 20.15 Uhr fliege. Frühestens um 21.30 Uhr sei mit dem Abflug zu rechnen. Dann kommt die entscheidende Mitteilung: Bevorzugt abgefertigt würden jene Passagiere, die für die gestrichene Mittagsmaschine gebucht hätten. Basta.

Kurz vor dem Abflug stellt sich dann heraus: Alle können mit, es gibt doch genügend Plätze. Um 22.20 Uhr hebt das Flugzeug mit 168 Passagieren an Bord ab. Nach 35 Minuten landet es in Veracruz. Manche haben für diese an sich kurze Flugreise einen Tag gebraucht.

Ähnliches spielt sich in Veracruz auf dem Flughafen nahezu jeden Samstag und Sonntag ab. Wenn am Samstag die Abendmaschine gestrichen wird, was immer wieder vorkommt, geht das nächste Flugzeug meistens erst am darauffolgenden Montagmorgen. Wutausbrüche und Entsetzen sind die regelmäßige Folge vor dem Mexicana-Schalter. Die Angestellten kennen das schon und reagieren ungerührt: „Wir können auch nichts daran ändern. Nein, wir wissen nicht, warum der Flug ausgefallen ist. Mexicana bezahlt ihnen eine Übernachtung in einem Hotel in der Stadt." Das wirft meistens zwei Probleme auf: Erstens sind es bis Montagfrüh zwei Nächte und zweitens ist Wochenende. Daher sind die wenigen Hotels in der Stadt mit mexikanischen Touristen belegt. Es ist kaum möglich, kurzfristig noch ein Zimmer zu finden; man hat ja leider gerade eines aufgegeben, im guten Glauben, man fliege zurück in die Hauptstadt. Wer kein Geld hat, checkt die Gepäckstücke bei Mexicana für den Montagmorgenflug ein, fährt mit dem Bus zurück in die Stadt und drückt sich todmüde, frustriert und sauer in einem der vielen Cafés rund um die Plaza de Armas herum, bis auch die schließen und nur noch eine Parkbank bleibt. Wer Geld und Glück hat, findet vielleicht doch noch ein Hotelbett. Und wer eilig ist und Geld hat, der mietet schnell eines der wenigen verfügbaren Autos und macht sich gegen 23 Uhr – solange hat die Prozedur vor dem Abfertigungsschalter gedauert – auf den 446 Kilometer langen Weg über die Berge nach Mexiko-City, wo er, wenn weder ein Unfall noch eine Panne die Reise unterbrochen haben, gegen fünf Uhr früh todmüde und gerädert ankommt. Eine Reise nach Veracruz ...

Vor dem hohen Verwaltungsgebäude, das die staatliche Ölgesellschaft PEMEX, eines der größten Unternehmen auf dem lateinamerikanischen Subkontinent, von der Bank BANAMEX, ebenfalls staatlich, wie alle wichtigen Firmen in Mexiko, gekauft hat, vor diesem hohen Gebäude steht ein ebenso auffälliges wie für die Geschichte der Stadt Veracruz bezeichnendes Denkmal: Es zeigt in seinem Zentrum sehr realistisch den hochgewachsenen Commodore Manuel Arueta, der den Griff seines Degens kräftig umfaßt hält. Rechts vom Commodore, etwas nach unten versetzt, bedient der junge Leutnant und Sohn José Arueta das Maschinengewehr und links vom Commodore, ebenfalls etwas nach unten versetzt, fällt gerade der junge Kadett Virgilio Uribe, von einer gegnerischen Kugel getroffen. Der Sterbende faßt sich an den Kopf. 1914, ein US-Interventionskorps hatte die Stadt wieder einmal angegriffen und kurz besetzt, hatte der Commodore seine Landsleute mit dem Satz zur Verteidigung gerufen: „Zu den Waffen, Kameraden, das Vaterland ist in Gefahr." Nach kurzer Besetzung zogen die nordamerikanischen Truppen wieder ab. Der Commodore wurde als Held gefeiert. Neben anderen sind der Leutnant und der Kadett gefallen. Schräg gegenüber dem Denkmal, auf der anderen Seite des Hafenbeckens, liegt die Festung San Juan de Ulúa. Und wenn täglich zwischen 17 und 18 Uhr abends, wenn das schönste Licht über das Wasser auf die Stadt fällt, die Veracruzanos auf dem Malecón, der kilometerlangen Strandpromenade am Hafen, flanieren, passieren sie unweigerlich rechter Hand dieses 1979 eingeweihte Denkmal des Commodore Arueta. Links erblicken sie im Licht der langsam untergehenden Sonne das alte Castillo, mit dessen Bau die Spanier bereits im Jahre 1528 begonnen hatten.

Die alte „Isla de los Sacrificios" läuft noch einmal mit wenigen Gästen an Bord zur gleichnamigen Insel der Opfer aus, die so heißt, weil die spanischen Eroberer hier Zeugen indianischer Menschenopfer waren. Die Inselfestung San Juan de Ulua, heute durch eine Straße mit dem Festland verbunden, ist ein beeindruckender Bau; sie hat über die Jahrhunderte hinweg Veracruz und die Hafenanlagen sichern sollen, doch das ist ihr und den Festungsbesatzungen in der überwiegenden Zahl der Fälle nicht gelungen. So wurde das Castillo meistens als Gefängnis benutzt. Doch ebensowenig wie es die Angreifer – unter ihnen viele Piraten – abschreckte, fürchtete sich offenbar der Robin Hood Mexikos, der legendäre Chucho el Roto, vor der Festungshaft, die er hinter den dicken Mauern zu verbringen hatte. Dreimal gelang es ihm zu fliehen, zur großen Begeisterung des städtischen Publikums. Piraten und ausländische Armeen hatten, abgesehen von der günstigen strategischen Lage der Stadt, im wesentlichen allerdings nur einen Grund, warum sie das „wahre Kreuz", Veracruz, immer wieder angriffen und zeitweise besetzten: Die Stadt war einfach unsäglich reich. Allein die Zolleinnahmen, die einen großen Teil der mexikanischen Staatseinnahmen ausmachten, ließen sie zu einem begehrten Angriffsziel werden. Und schließlich, anders als heute, trieben die Geldverleiher ihre Schulden sehr direkt ein: Schuldete die mexikanische Regierung irgendeinem Handelsherren oder einer fremden Macht über längere Zeit Geld, bemannten die Geldgeber einige Schiffe und schickten sie gegen Veracruz. Die Zolleinnahmen wurden geraubt und die Schulden damit als beglichen angesehen.

Seit Hernán Cortés am 24. April 1519, einem Karfreitag, nicht weit von Veracruz entfernt an Land ging und in La Antigua sein erstes Hauptquartier in der neuen Welt aufschlug, ist die Stadt regelmäßig umkämpft worden. Ende des 16. Jahrhunderts, als die Spanier ihre Commandancia nach La Nueva Veracruz verlegt hatten, war der Hafen für den Verkehr mit Spanien von herausragender Bedeutung. Das entdeckten vor allem im folgenden Jahrhundert die niederländischen, französischen und britischen Piraten. Der berühmteste von ihnen ist wohl Francis Drake.

Erst 1821 wurde Mexiko von Spanien unabhängig, hatte aber weiterhin mit den Zugriffsversuchen fremder Mächte zu kämpfen. Als 1863, zu einem Zeitpunkt wirtschaftlichen Niedergangs, Mexiko die Zinszahlungen für seine Auslandschulden einstellte, griffen Großbritannien, Spanien und Frankreich zur Waffengewalt. Großbritannien und Spanien zogen sich bald wieder zurück, Frankreich hingegen verfolgte den Vorsatz, ein ihm eng verbundenes Reich in Amerika zu installieren. Napoleon III. bewog den österreichischen Erzherzog Maximilian, sich in Mexiko zum Kaiser krönen zu lassen. Maximilian und seine Ehefrau Charlotte stimmten dem Plan begeistert zu, in völliger Verkennung der Situation in Mexiko und der tatsächlichen Motive Napoleons. Ungefähr 38 000 Soldaten hatten die Franzosen nach ihrer Landung in Veracruz in Mexiko stationiert. Doch bereits bevor Maximilian mit seiner Frau Charlotte am 28. Mai 1864 in Veracruz von Bord ging, stand fest, daß das Unternehmen zum Scheitern verurteilt war. England und Spanien machten zu diesem Zeitpunkt schon nicht mehr mit. Der Kaiser von Österreich versagte seinem Bruder Maximilian jegliche Unterstützung, und die öffentliche Meinung gegen die Interventionspolitik Napoleons III. war eindeutig: Es gab kaum jemanden, der nicht der Ansicht war, dieses Abenteuer sei so bald wie möglich zu beenden. Drei Jahre nach seiner Landung geschah Maximilian das, was ihm eine europäische Vertraute bei seinem Abschied 1864 prophezeit hatte: Sein Vorhaben werde tödlich enden. Maximilian wurde gestürzt und erschossen. Seine Einheiten zogen sich nach Veracruz zurück, schifften sich ein und verließen Mexiko, Charlotte wurde geisteskrank. Knapp 350 Jahre hatte die Abhängigkeit von wechselnden Herren gedauert.

Veracruz, das sei eben „un otro mundo“, eine andere Welt, meint die 23jährige Monica. Sie hat dunkle Haut, kurzes krauses Haar, ist schlank und hoch gewachsen und sitzt in einem der zur zentralen Plaza de Armas hin offenen Cafés, in denen sich besonders an den Wochenenden die Veracruzanos mit den mexikanischen Touristen und einigen ausländischen Seeleuten an den zumeist kleinen Tischen drängen. Eine feucht-warme karibische Brise weht vom nahegelegenen Meer über die Plaza. Die hohen Palmen wiegen sich ständig, doch kaum wahrnehmbar im lauen Wind, die Hitze setzt zu. Jedermann ist froh, einen Stuhl für eine Cerveza, ein Bier, oder einen Espresso gefunden zu haben.

In der Hauptstadt sei sie nie gewesen, erzählt Monica. Sie wohne mit ihren drei Kindern daheim bei ihrer Mutter, die außer Haus als Näherin arbeite. Wenn niemand daheim sei, um auf die Kinder achtzugeben, dann frage sie ihre Schwester. Die habe keine Arbeit, also Zeit. Zeit, so scheint es, ist in Veracruz überhaupt kein lebensbestimmender Begriff. Niemand spricht schnell, selten, daß jemand an einem vorüberhastet oder, ganz anders als in Mexiko-City, mit seinem Auto an einem vorüberrast. Das spanische Wort „rápido“, schnell oder eilig, existiert in der Umgangssprache der Veracruzanos fast nicht. Wie sie ihren Tag verbringe? Sie besuche vormittags eine Sekretärinnenschule, abends gehe sie manchmal in die Disco und dreimal in der Woche ins „Afro“. Da tanzten Mädchen, manche zögen sich auch schon mal aus, und wenn ein Mann käme, der ihr gut gefiele, gehe sie auch schon mal mit. Für 20 Dollar. „Denn irgendwie muß ich ja leben mit den Kindern.“ Tanzen allerdings, womit man mehr verdiene, wolle sie nicht. Das widere sie an, wenn die betrunkenen Kadetten der Marineschule sie anstarrten und grölten. Ihr Mann, ein Finne, sei abgehauen, fügt sie noch hinzu. Nun sei es aber genug, denn sie müsse gehen. Es sei immerhin Donnerstag und Donnerstag arbeite sie. Im „Afro“ natürlich ...

Vor Jahren fuhren an der Plaza die betagten Straßenbahnen vorbei, machten einen ziemlichen Krach, der sich mit den Klängen der Marimbabands vermischte. Die Straßenbahnen sind verschwunden, die Marimbaspieler nicht. Stundenlang sitzt man in einem der Cafés, lauscht den Klängen der Musik, beachtet die vielen, manchmal drängend anbietenden Straßenhändler mit ihren selbstgebauten Holzschiffen, ihren Silber- und Korallenketten, ihren Leinenhemden aus dem Landesinnern des Bundesstaates Veracruz und ihren vielen Zigarrenkisten. Die Palmen und dichten Bäume spenden in der glühenden Hitze Schatten, auf den Tischen ist kaum noch Platz. Die Bierflaschen vermehren sich. In den frühen Abendstunden, die Glocken der Kathedrale auf der anderen Seite des Platzes rufen zur Abendandacht, tanzen die ersten nach der mitreißenden Marimbamusik auf der Plaza. Der Hauptmann hat seine Polizisten auf die Straße geschickt. Junge Clowns, grell geschminkt, treten für Kinder auf. Unter ihr Lachen, die Musik, das Geschnatter der Passanten, das Hupen der Autos mischt sich das Schreien der vielen Vögel, die sich zur Abendstunde in den Baumwipfeln versammelt haben.

Niemand in Mexiko, der das Café „La Parroquia" nicht kennt. Nachtschwärmer hängen hier noch um ein oder zwei Uhr morgens herum, bevor sie mit einer Schönen in einer der wenigen Discos verschwinden oder sich auf den Weg in die „Zona Roja", den roten Bezirk, machen, um dort für ein paar Dollar karibischen Sex zu kaufen. Morgens sieht das „Parroquia" eben jene Nachtschwärmer zurückkehren zum Frühstück mit der überaus scharfen Chili-Sauce, viel Kaffee und noch mehr Erlebnissen der vergangenen Nacht. Was denn so besonderes am „Parroquia" sei? Es ist mit Äußerlichkeiten nicht zu beschreiben. Der Lebenskünstler Sergio Semilla im Bezirk Coyoacán der Hauptstadt meint lässig: „Das Parroquia ist das Parnasso von Veracruz." Nur, daß das Café „Parnasso" viel kleiner sei und sich dort eben die Coyotes träfen, und die Veracruzanos wollten sich doch wohl nicht mit den Einwohnern Coyoacáns messen, he?

In Veracruz allerdings - und das „Parroquia" ist ein lebendiges Beispiel dafür - lebt, anders als in der Hauptstadt, die mexikanische Caféhauskultur fort. Wer nicht ins Café geht, ist kein Mann. Nicht, daß das weibliche Geschlecht fehlt, doch die Männer beherrschen die Szene. Das weiß jeder, danach richtet sich jeder, das ist so, punktum, sagt die 23jährige Monica und macht dabei gar keinen zurückhaltenden Eindruck.

Oma, die nicht weiß, wie alt sie ist, geht jeden Abend zur selben Zeit zwischen den Tischen des „Parroquia" und anderer Cafés entlang und bietet ihre vier Blumensträuße an. Mehr hat sie nicht. Und ist sie sie los, geht sie heim. Einen Strauß hat sie in der Hand, die anderen drei in einem alten grauen Tuch eingeschlagen auf dem Rücken. Die Namen der Blumen weiß sie nicht, aber schön wild seien sie doch, nicht? Und nicht so geordnet wie bei den Händlern und für ein paar hundert Pesos: „Señor, für Ihre Frau oder Ihre charmante und wunderschöne Geliebte einen Strauß!" Wie viele Jahre sie schon ihren allabendlichen Weg macht, kann sie nicht sagen, andere wissen es auch nicht. Das macht auch nichts aus, solange es mit den Beinen noch geht. Natürlich würden sie ein bißchen schwächer: „Sie wollen wirklich keinen Strauß?" Aber ein paar Jahre werde es schon noch klappen.

„Es ist das Klima, das einen jung hält“, lächelt sie, und ihr altes Gesicht legt sich in viele Lachfalten. Gicht in den Händen allerdings von den wenigen feuchten und kühleren Nächten macht ihr ein wenig zu schaffen. „Pero, esta es la vida“, aber das sei eben das Leben, darüber könne man doch nicht klagen. Dann wendet sie sich ab, lächelt noch einmal zurück und bietet weiter ihre bunten, wilden Blumensträuße an, die sie, das weiß der Kellner zu berichten, im Laufe des Abends immer verkaufen könne.

Noch ist es zu früh für die ausgezeichnete Fischsuppe im Restaurant „La Paella“ und die anschließende obligatorische Paella, also trifft man sich auf dem Malecón, der langen Uferpromenade am Hafen. Wuchtig erhebt sich die örtliche Marinekommandantur, benannt nach dem früheren mexikanischen Präsidenten Venustiano Carranza, nahe der Hafendependence des „Parroquia“. Vor dem gelb-weiß-gestrichenen Gebäude steht genau in der Mitte eines blumengeschmückten Platzes das übergroße Denkmal des ernst dreinblickenden, eine Pergamentrolle umfassenden Präsidenten.

Viel mehr Interesse weckt das Auslaufmanöver eines mexikanischen Containerschiffes, das im Hafenbecken wendet und Kurs auf die offene See nimmt, vorbei an den Leuchtfeuern und den südlich der Stadt gelegenen grauen Sandstränden, die reich bevölkert und sehr verschmutzt sind. Die Küste nördlich und südlich von Veracruz ist bei Haifischen beliebt, und längst nicht immer ist dem Badenden, als er die berühmte Flosse sah, genug Zeit geblieben, zurück ans rettende Ufer zu eilen.

Alfonso und Ideneo putzen Schuhe

Früher, das ist jetzt bestimmt 14 Jahre her, ist Alfonso zur See gefahren. Tampico – Veracruz, Küstenschiffahrt und ein bißchen in der Karibik. Dann war's damit plötzlich vorbei. Beim Entladen zerquetschte eines Tages eine Riesenkiste sein rechtes Bein. Es mußte amputiert werden. Alfonso ging an Land, bekam eine eigentlich noch immer drückende Prothese, besorgte sich eine kleine Holzkiste und begann, Schuhe zu putzen. 51 Jahre alt war er damals, und seitdem putzt er vor dem großen Zeitungs- und Buchladen Sunborms im Süden der Stadt, wo im Bezirk San Angel die längste Straße der Stadt, die Avenida Insurgentes, in Richtung Universität verläuft.

Morgens um acht Uhr, wenn die Massen sich aus den Bussen wälzen und zu ihren Arbeitsplätzen strömen, kommt der heute 65jährige zu seinem Platz auf dem Bürgersteig, stellt seine Kiste und seinen Hokker ab und braucht nicht lange auf Kunden zu warten. Schuhputzen, erzählt Alfonso stolz, sei eine Kunst. Mit dünner Fistelstimme singt er ein unbestimmbares Lied vor sich hin. Seine Frau steht tagsüber gleich nebenan im Eingang des Silberschmuck- und Touristenartikelladens. Sie verkauft die in Mexiko unvermeidlichen Lotterielose. Diejenigen, die als unregelmäßige Laufkundschaft oder seit Jahren immer wieder zu Alfonso kommen, nennen ihn Opa, diesen kleinen, immer braungebrannten schwerhörigen Mann mit den vielen Lachfältchen in der wie gegerbt wirkenden Haut, der den Kindern der Straßenhändler schon mal 20 oder 50 Pesos in die Hand drückt, der sich über ein paar Pesos Trinkgeld freut und der Leuten, die er gut leiden kann, nach getaner Arbeit die Hand drückt.

Schuhputzen ist für ihn nicht nur Kunst, es ist ein Ritual. Gleich welche Farbe die eleganten Modeschuhe oder die ausgelatschtesten Treter haben – zunächst werden sie mit Bürste und Lappen und einer Flüssigkeit gesäubert. Danach werden sie, nicht mit einem Lappen, sondern mit der bloßen Hand natürlich, eingefettet. Für jeden Farbton ist schließlich in der kleinen Kiste ein Fläschchen vorhanden. Diese spezielle Flüssigkeit, aufgetragen, eingezogen und überpoliert, verleiht dann den Schuhen jenen unverwechselbaren Glanz, der in Mexiko nicht nur zum guten Ton gehört. Blankgeputzte Schuhe sind hier ebenso obligatorisch wie in europäischen Breitengraden die Krawatte.

Etwa 13 bis 15 Kunden kommen zu Opa pro Tag. Man kommt damit über die Runden, meint er. Nein, nein, er verdiene so schlecht nicht, verglichen mit anderen oder den vielen Millionen Arbeitslosen. Doch er habe keine Altersversorgung. Die sei irgendwie verlorengegangen in der undurchdringlichen Welt der mexikanischen Bürokratie. Nein, meint der 65jährige, die Seefahrt fehle ihm längst nicht mehr. Hier in seiner Straße lese er am späten Vormittag, wenn das Geschäft etwas ruhiger werde, die Zeitung, und was er daraus nicht erfahre, sehe er um sich herum. Der immense Verkehr auf der Insurgentes und die Abgase der Busse und Autos störten ihn nicht. Er habe sich daran gewöhnt. 65 Jahre, fügt er verschmitzt hinzu, seien in Mexiko kein schlechtes Alter, in einem Land, in dem viele Menschen mit 20 Jahren schon so aussehen wie 30.

Seine beiden Söhne sind aus dem Haus. Der eine fährt auch zur See. Der andere ist Tischler. Während er das erzählt, holt er aus der einen Brusttasche seines ausgebleichten blauen Kittels einen jener zusammengerollten Lappen, spannt ihn über den linken Schuh und verleiht diesem mit einigen kräftigen, rhythmischen Bewegungen jenen vollendeten Glanz, auf den Alfonso stolz ist. Er hört nicht mehr gut und sieht ohne Brille auch ganz schlecht, aber im Schuhputzen ist er immer noch hervorragend. Und schließlich sei seine Frau ja auch ständig in der Nähe. Sie werfe auf alles ein Auge, und wenn sie auch nicht viel vom Schuhputzen verstehe, so sehe sie doch, ob der Kunde zufrieden sei. Bisher sei das noch immer so gewesen. „Wenn's nach mir geht, putze ich hier noch lange Schuhe", freut er sich, steckt das Geld ein und meint abschließend: Ja, ja, die Konkurrenz sei zwar groß, in Mexiko gebe es hunderttausende, oft auch umherziehende „Boleros", Schuhputzer, aber die Jungen müßten noch viel lernen. Arbeitslos werde er sicher nicht, denn Schuhe gebe es immer ...

Die Mexikaner legen großen Wert auf ein reinliches Äußeres, weshalb ihr Wasser- und ihr Schuhcremeverbrauch besonders hoch ist. Zum gepflegten Aussehen gehören eben auch geputzte Schuhe. Wenn es immer mehr Menschen, vor allem in den Straßen der größeren Städte, gibt, deren Kleidung und Schuhwerk immer schlechter, immer zerfetzter ist, so liegt das an der katastrophalen wirtschaftlichen Entwicklung seit dem Ende der siebziger Jahre. Die Realeinkommen der mexikanischen Arbeiter haben sich zwischen Anfang 1982 und Ende 1986 um mindestens 52 Prozent verringert; mußte zu Beginn des Jahres 1982 ein Arbeiter 50 Stunden im Monat arbeiten, um das Geld für die 22 Grundnahrungsmittel zu verdienen, die seine Familie benötigte, so waren es Ende 1986 85 Stunden im Monat. Die Menschen haben immer weniger Geld und müssen dafür immer mehr arbeiten. Besonders die Bauern haben unter der wirtschaftlichen Krise zu leiden: Das durchschnittliche Jahreseinkommen eines Landarbeiters in Mexiko betrug nach offiziellen Berechnungen 1982 rund 412 US-Dollar. Zwei Jahre später waren es jährlich nur noch 163 US-Dollar, und Ende 1986 war das Jahreseinkommen des Landarbeiters auf höchstens 90 US-Dollar gesunken. Das Geld reicht, wenn überhaupt, nur noch für das Nötigste: Tortillas und schwarze Bohnen, manchmal ein paar Avocados dazu. Fleisch, Fisch und frisches Gemüse sind für die Mehrheit der mexikanischen Stadtbevölkerung eine Seltenheit. Entsprechend sind die Auswirkungen. Es fehlt an Vitaminen und Proteinen. Vorsichtige Schätzungen gehen davon aus, daß mindestens 70 Prozent der etwa 81 Millionen Mexikaner an Proteinmangel leiden.

Ideneo Miserara ist 23 Jahre alt; er ißt zweimal am Tag. Mittags und abends. Morgens schlürft er in irgendeiner Bar schnell einen heißen Kaffee, da er meistens so gegen zehn Uhr vormittags mit seiner Arbeit beginnt. Eigentlich hat er immer Komponist werden wollen. Den Komponistentraum hat Ideneo, der in der mexikanischen Karibikhafenstadt Veracruz in der Calle Conclaviejero ein kleines Zimmer in einem reichlich heruntergekommenen Haus für einen halben Dollar die Nacht bewohnt, noch längst nicht ausgeträumt: „Aber ich habe niemanden, der mir einen Schubs gibt, der mich unterstützt", gibt er zu. Manchmal singe er mit seinem Freund, der im selben Haus lebt und obendrein Gitarre spielt: „Ich kann nur Flöte, doch beide Instrumente zusammen hören sich gut an."

Zehn bis 12 Stunden am Tag arbeitet Ideneo auf dem Malecón und in einigen anderen Bezirken des Zentrums. Allerdings arbeite er nicht auf der Plaza de Armas, dem zentralen Platz, dort ... Warum er denn dort nicht auftrete und singe, dort seien doch die meisten Menschen. Wieso, er singe doch gar nicht, er putze Schuhe! „Damit verdiene ich mir meinen Lebensunterhalt, sonst könnte ich mir mein Zimmer doch gar nicht leisten", fügt der 23jährige ganz selbstverständlich hinzu und erklärt dann, warum er auf der Plaza de Armas keine Schuhe putzt: „Dort arbeiten die Boleros, die gewerkschaftlich organisiert sind. Von denen gibt's vielleicht 30 in der Stadt, und die verlangen auch immer ein wenig mehr als wir."

Wer denn „wir" seien? Das seien die 300 Schuhputzer in Veracruz, die der Vereinigung „Líneas Libre", was man in etwa mit „Freier Bewegung" übersetzen könnte, angehören. Und dann erzählt Ideneo, was es mit der Schuhputzergewerkschaft auf sich hat und wie die Beziehungen der Freien zu den Organisierten sind.

Bei den Organisierten gibt's monatlich eine Versammlung, und wenn der Sekretär will, daß sie 3000 Pesos bezahlen, dann müssen sie 3000 Pesos bezahlen. Was hätten sie davon, daß sie in der Gewerkschaft seien? Gar nichts, beantwortet Ideneo gleich selbst seine Frage. Vorteile gibt es keine: „Du wirst nicht einmal von deinen Funktionären geschützt. Und mehr verdienen tust du auch nicht, denn was die mehr einnehmen, müssen sie ohnehin an die Gewerkschaft abgeben. Die können uns nicht leiden und versuchen uns zu diskriminieren. Die wollen nur, daß wir in die Gewerkschaft eintreten, damit sie uns besser kontrollieren können. Wir können unsere Arbeit genauso gut ohne die machen und haben uns halt in den ‚Líneas Libre' organisiert. Da geht es freier zu, und ich kann den Mund aufmachen, wann ich will." Seit fünf Jahren putzt der 23jährige in der Hafenstadt an der mexikanischen Karibikküste Schuhe. Mit 14 hat er in seinem Heimatdorf im Bundesstaat Veracruz als Bolero angefangen. Ein Alter hat es ihm gezeigt, aber er habe lange gebraucht, bis er wirklich gut gewesen sei; und eigentlich habe er ja immer Komponist werden wollen.

Weiß sind sie gekleidet, die recht kleinen dunkelhaarigen Männer, die mit ihren auf kleinen Bügeln hängenden weißen weiten Leinenhemden durch die Innenstadt von Veracruz laufen und sie zum Kauf anbieten. Kleine, bunte Fächer haben sie außerdem dabei, aus Maisstroh gefertigt und eingefärbt. Das Hemd kostet sieben Dollar und ist eine Handarbeit der Näherinnen in Papantla, einer in dichten Tropenwäldern hübsch gelegenen ruhigen Stadt mit ungefähr 50 000 Einwohnern, gar nicht weit entfernt von der großen Ausgrabungsstätte El Tajin.

In der Gegend um die Kleinstadt Papantla liegen auch die größten Vanillepflanzungen des amerikanischen Kontinents, für die in dem feuchtwarmen karibischen Klima ideale Bedingungen herrschen. Und dann gibt es in Papantla noch die Voladores, die in ganz Mexiko eine Berühmtheit sind. Sie sind Flieger, die während des eine Woche währenden Fronleichnamsfestes auftreten. Das Fliegerspiel der Voladores, das aber auch an anderen hohen Feiertagen gezeigt wird, hat seinen Ursprung in einem Kult, der dem Mythos des noch jungen Mais gilt. Dies jedenfalls geht aus überlieferten Bilderschriften aus der Zeit vor der spanischen Eroberung hervor. Was geschieht nun?

Hoch oben auf einem sehr hohen Mast steht auf einer kleinen Plattform ein Musiker. Während er zum Tanz aufspielt, lassen sich vier Männer, an einem Seil hängend, von der Spitze zur Erde herab. Das Seil ist an einem drehbaren Gestell an der Mastspitze befestigt, und die Flieger hängen mit dem Kopf nach unten mit einem Fuß in dem Seil.

Die Männer „fliegen“ nun kreisend solange um den Mast, bis sich jedes Seil abgewickelt hat, und sie auf der Erde ankommen.

Auf dem Weg nach Oaxaca und in die Revolution

Auf dem im Norden der Hauptstadt gelegenen Bahnhof der Mexikanischen Staatsbahnen ist es an diesem Nachmittag relativ ruhig. Die Bahnsteige werden erst kurze Zeit vor der geplanten, doch häufig nicht eingehaltenen Abfahrtszeit geöffnet, besser gesagt aufgeschlossen. So warten alle, die meisten haben ihre Fahrkarten bereits erstanden, in der riesigen Bahnhofsvorhalle, wo es nach den unvermeidlichen Tacos riecht. Mehr und mehr füllt sich die Halle am späten Nachmittag. Viele nehmen die Züge, die die Hauptstadt am frühen Abend verlassen und die ganze Nacht durchfahren; irgendwann am darauffolgenden Tag kommen sie im Norden oder Süden des Landes an, oftmals nach mehr als 24 Stunden Fahrt. Die Reisedauer hängt keineswegs allein von der Entfernung oder der Geschwindigkeit des Zuges ab.

Der Zug nach Oaxaca, rund 540 Kilometer südlich von Mexiko-City gelegen, soll an diesem Nachmittag um 17.32 Uhr abfahren, womit natürlich niemand ernsthaft gerechnet hat. Als er, aus welchen Gründen auch immer, doch pünktlich abfährt, sind die meisten nicht nur ziemlich überrascht, viele kommen auch zu spät. Das hätte es ja wohl noch nie gegeben, daß der Zug nach Oaxaca pünktlich den Bahnhof verlasse. Auf einfach gar nichts könne man sich mehr verlassen.

Zwei schwere Diesellokomotiven ziehen die 14 Wagen langsam durch das Gleisgewühl aus dem Bahnhof. Am nächsten Vormittag, kurz nach zehn Uhr, soll der Zug in den Bahnhof von Oaxaca, der Hauptstadt des gleichnamigen Bundesstaates, einfahren. Skepsis bestimmt die Einstellung der Fahrgäste. Denn Eisenbahnfahrten, zumal nachts, sind in Mexico weder überraschungsfrei noch risikolos und schon gar nicht zeitlich festzulegen. Ratternd und rumpelnd schlängelt sich der Zug langsam durch die nördlichen Wohn- und Industriegebiete der Stadt in Richtung Norden, was einige ausländische Passagiere in erheblichem Maße verwirrt. Liegt Oaxaca nicht im Süden? „Sehr richtig, Señor“, antwortet ein Zugschaffner, „doch wenn Sie mit der Bahn in den Süden wollen, müssen Sie zunächst einmal nach Norden fahren. So ist das nun einmal. Und ändern kann man daran gar nichts.“ Er solle sich nur beruhigen, fügt der Schaffner hinzu, bisher sei man noch immer da angekommen, wohin man wolle. Die Frage sei eben nur, wann... Langsam fängt es an zu dunkeln, und als die Wagen im Schrittempo durch den Bahnhof von Teotihuacán rollen, kündigt einer der Schaffner an, daß man nun recht bald nach Süden abbiegen werde. Manche atmen wirklich auf. Teotihuacán - dieser Name hat auch für Mexikaner einen faszinierenden Klang, steht er doch nicht nur für die größte ausgegrabene Stadt der Indianerkulturen Mittelamerikas, sondern auch für eine Zeit allumfassender Macht, sowohl in politischer wie in kultureller und in religiöser Hinsicht. Das galt für die ersten sechs Jahrhunderte unserer Zeitrechnung. Teotihuacán entstammt der Sprache der Nahuatl und heißt „Platz, an dem man zu Gott wird". Über diejenigen, die die Stadt um 200 vor Christus erbaut haben, weiß man so gut wie nichts. Fest steht seit einigen Jahren allerdings, daß nicht die Tolteken, wie ursprünglich angenommen, Teotihuacán bewohnt haben. Mexikanische Forscher fanden heraus, daß zum Zeitpunkt der toltekischen Machtübernahme die Stadt bereits seit rund 200 Jahren verlassen war.

Es ist noch heute eine beeindruckende, gigantische Anlage, die besonders durch die Sonnen- und die Mondpyramide beherrscht wird, die um 400 vor Christus erbaut wurden. In ihrer Blütezeit dehnte sich die Stadt bis zu 20 Quadratkilometern aus. Ein besonderes Zentrum war der Tempel des noch heute in Mexiko besonders verehrten Gottes Quetzalcoatl. Um das Jahr 500 lebten ungefähr 125 000 Menschen in der Stadt, die das kulturelle, wirtschaftliche und politische Zentrum Mittelamerikas war. Handel wurde getrieben mit den Maya-Gebieten im Süden, mit den Völkern des Monte Albán in Oaxaca und bis hinunter nach Guatemala. Wenn der Besucher im Zentrum, das sich auf etwas mehr als vier Quadratkilometern ausbreitet, die prachtvolle „Straße der Toten" in Richtung Mondpyramide entlanggeht, mag er sich daran erinnern, daß diese Straße in der letzten Hochphase Teotihuacáns bis zum Jahre 650 mit bestechend schöner Keramik und außerordentlichen Wandmalereien geschmückt war. Bis heute ist unklar, aus welchem Grund die Bewohner ihre Stadt abbrannten und verließen. Knapp 900 Jahre später zog Cortés mit dem kärglichen Rest seiner Truppen an Teotihuacán vorbei - die Azteken hatten ihm gerade die Niederlage in Tenochtitlán, die „Noche Triste", bereitet. Die geschlagenen Spanier sahen von der Ruinenstadt nichts. Sie war in den Jahrhunderten von Bäumen und Pflanzen überwuchert. Rund 350 Jahre später, 1864, wurde mit Ausgrabungen begonnen, die sich bis zum Beginn des 20. Jahrhunderts hinzogen. Es wird berichtet, daß durch die Grabungen viele Gegenstände und Konstruktionen zerstört worden seien. Erst 1920 und dann noch einmal zu Beginn der sechziger Jahre nahmen sich Wissenschaftler der Ruinenstadt an. Vom einstigen Teotihuacán allerdings ist das meiste nach wie vor unter der Erde. Wer auf der gewaltigen Sonnenpyramide steht – der zweithöchsten in Mittelamerika – und über das Land schaut, bekommt einen Eindruck von der Größe der Stadt, die zu Beginn unserer Zeitrechnung auf einem den Europäern damals unbekannten Kontinent ein Machtzentrum war.

Längst hat der Zug Teotihuacán hinter sich gelassen und rollt auf der eingleisigen Strecke nach Süden. Hin und wieder gibt es eine Weiche mit einem Ausweichgleisstück. Vielleicht 80 Kilometer hinter Mexiko kreischen die Bremsen, die Wagen werden zum Stehen gebracht, vor einer langen Linkskurve. Links und rechts springen Männer mit Taschenlampen ab. Eine dem Laien unverständliche Zeichensprache blitzt auf. Mühsam ziehen die beiden Diesellokomotiven die 14 Wagen allmählich über die Weiche auf das Nebengleis. Wenig später fährt ein endlos langer Güterzug vorbei. Signale gibt es keine. Gesprochen oder gerufen hat auch niemand. Ob irgend jemand etwas gesehen hat, ist auch zweifelhaft. Wie also ist es schließlich zum unfallfreien Passieren des in entgegengesetzter Richtung fahrenden Güterzuges gekommen? Das sei eben das System, meint wieder einer der Zugbegleiter und weist auf jene vier oder fünf Männer, die aufspringen, als der Zug wieder anfährt und zurück auf das Hauptgleis zurollt. Später, vorne in einem anderen Waggon, sagt einer, das seien die eigentlichen Helden der mexikanischen Eisenbahn, denn ohne die würde er bestimmt nicht funktionieren.

„Ach, du lieber Gott, sie fahren mit der Eisenbahn nach Oaxaca?! Das lassen Sie mal lieber sein. Das macht man doch nicht. Sie fliegen besser." Wer fährt in Mexiko Zug? Zunächst einmal alle die, die nicht genug Geld haben, um sich ein Flugticket zu leisten, und das sind meistens auch diejenigen, die Zeit haben. Da es auf den Straßen noch gefährlicher als auf den Gleisen ist, entscheiden sich viele für die Bahn, wenn sie ebenso wie der Bus zum gewünschten Ziel fährt. Meistens hat man diese Auswahl aber nicht, denn das Eisenbahnnetz ist im Vergleich zu dem der Autobusse recht dürftig, weshalb nach wie vor der Bus das wichtigste Transportmittel ist – für kleine und große Frachten, für kleinere Tiere und für kleine und große Menschen.

In den ersten zwölf Waggons auf der Fahrt nach Oaxaca gibt es keinen freien Platz mehr. Das heißt, die Bänke sind sowieso überbelegt, und in den Zwischenräumen und Gängen, in den Gepäckablagen und auf freien Schößen wird alles mögliche verstaut, zumeist in weiten, bunten Tüchern zusammengeknotet oder in Körben und Taschen. Manche Familien waren bei Verwandten in der Hauptstadt, andere haben eine Woche auf dem Markt gestanden, ihr Geflügel oder das Gemüse verkauft und fahren jetzt zurück. Eingekauft haben sie für den kleinen Hof, Töpfe und Krüge, die man wiederum vielleicht daheim auf dem Markt gut verkaufen kann, endlich ein paar Schuhe für die Kinder. Die jüngere Frau verteilt an ihre vier Kleinen Bananen. Jeder kriegt dann noch einen Taco mit Pollo, mit Hühnerfleisch gefüllt. Die Kleinen schauen mit großen, dunklen Augen, sie sagen nichts. Der Mann der jungen Frau sagt auch nichts, er raucht und starrt aus dem Fenster. Sehen kann er nichts, denn draußen ist es dunkel. Sie wollen nicht reden. Ja, sie seien Indianer, kämen aus Oaxaca, aber reden wollten sie nicht, und die Kleinen müßten nun schlafen. Der Zug rattert die sechste Stunde in Richtung Süden. Immer wieder bleibt er stehen. Bis kurz vor Mitternacht hält er an einigen kleineren Bahnhöfen. Frauen bieten an der Bahnsteigkante Fruchtsäfte und Tacos an. Dann geht's weiter. Immer nach Süden. Richtung Oaxaca, der Stadt, von der die Mexikaner sagen, sie sei das Tor zum Süden. Oaxaca ist zusammen mit Chiapas der wohl indianischste Bundesstaat, dessen Kultur noch immer stark von alten Völkern, den Zapoteken und den Mayas, beeinflußt ist. Zapotekisch wird noch immer in Oaxaca gesprochen. Es ist eine sehr harte und laute Sprache, ganz im Gegensatz zu der der Mayas. Die Mayas sind kleine Menschen mit flachen Nasen und eher breiten Gesichtern. Sie reden weder gern noch viel und machen auf Besucher aus dem Norden einen sanften, gelassenen und ausgeglichenen Eindruck.

Wenn alles klappt, ist der Zug jetzt noch gut zehn Stunden von Oaxaca entfernt. In den beiden hinteren Waggons, es sind um die Jahrhundertwende in San Francisco gebaute alte schwere Pullmanwagen, werden jetzt die Sessel in den Abteilen und der kleine Nierentisch zur Seite geschoben. Der Zugbegleiter klappt für ein paar Pesos die in den Verankerungen klemmenden Betten herunter, öffnet die Tür zu einem kleinen Waschraum, wünscht „Buenas Noches“ und verschwindet. Sechs Stunden später ist die Nacht vorbei. Ruckartig und zischend kommt der Zug zum Stehen. Es gibt wohl keinen, der nicht aufgewacht wäre. Alles starrt aus den Fenstern in einen beängstigend tiefen Cañon hinab. Warum es nicht weitergehe? Weil ein Gegenzug auf dem Gleis stehe! Was nun geschehe? Man müsse zurück, lautet die lakonische Antwort. Warum denn der andere nicht zurück müsse, kommt prompt die leicht empörte Frage. Sehr einfach, weil das nächste Ausweichgleis nur ein paar hundert Meter weiter zurück sei. Also müsse man zurück. Ob das Zurückfahren so nahe am Rand der Schlucht denn nicht gefährlich sei? Doch, das sei es. Nur bleibe ja gar keine andere Möglichkeit. Und so geschieht es dann auch: Unter den ängstlichen Blicken der ausländischen Passagiere und einiger Mexikaner, die offenbar zum ersten Mal Zug fahren, schieben die beiden Diesellokomotiven mit Hilfe der vier auf der Hangseite stehenden Zugbegleiter die Wagen nach und nach auf das Nebengleis. Der Gegenzug passiert.

Über den Bergen Oaxacas ist mittlerweile die Sonne aufgegangen und wirft ein warmes Licht auf das bräunlich-gelbe Gestein. Zur Hauptstadt, die 1545 Meter hoch liegt und etwa 135 000 Einwohner zählt, sind es noch etwa drei Stunden, wenn alles klappt, und das scheint ja dieses Mal wirklich der Fall zu sein. Oaxaca ist der fünftgrößte Staat Mexikos. 17 verschiedene Indianerstämme leben hier, darunter auch die direkten Nachfahren der bereits erwähnten Zapoteken sowie die der Mixteken, die um etwa 600 in das heutige Oaxaca einwanderten und am Monte Negro ihre erste Dynastie gründeten. Oaxaca, das ist das Land der Savannen, der endlosen Strände, der weiten Wälder und tiefen Schluchten, der Kakteen und der majestätischen Berge, von denen der höchste, der Cempoaltepetl, 3400 Meter hoch ist.

Zur Stadt wurde Oaxaca am 25. April 1532 unter der Regentschaft von Kaiser Karl V. ernannt. Drei Jahre später, am 21. Juni 1535, machte der damalige Papst sie zum Bischofssitz, der erste Bischof hieß Juan López de Zarate. Von 1882 an ernennt der Papst dann nur noch Erzbischöfe. Dennoch, meinen Spötter, sei die Christianisierung der Indianer nicht recht vorangekommen. Etwas mehr als 10 Prozent aller Mexikaner sind Indianer. Die große Mehrheit der Mexikaner sind Mestizen. Eine nicht kleine Zahl der indianischen Bevölkerung ist nach wie vor des Spanischen nicht mächtig: Es sind immerhin noch mehr als zwei Prozent, wobei es um 1940 noch siebeneinhalb und 1910 gar 13 Prozent waren. Obendrein wurden anders als im Norden Mexikos, wo fast gar keine indianischen Sprachen mehr gesprochen werden, im Süden die Bräuche und Sprachen der Indianer erhalten. In Yucatán gibt es die Sprache der Mayas, in Chiapas die der Tzeltal und Tzotzil, in Guerrero und in Oaxaca die der Zapoteken und Mixteken sowie im zentralen Hochland die der Nahuatl und der Otomi. Selbst das mexikanische Spanisch hat viele Begriffe aus den Indianersprachen übernommen.

Tatsächlich kommt der Zug nach ziemlich genau 15 Stunden Fahrt für 540 Kilometer um kurz nach zehn Uhr vormittags in Oaxaca an. Müde, mit tiefen Augenringen, aber erfreut, schließlich doch noch unfallfrei angekommen zu sein, klettern die Fahrgäste aus den Wagen und machen sich davon. Manch einer blickt sich hilfesuchend um, weil der eigentlich erwartete Abholer noch nicht da ist. Andere fallen in die ausgebreiteten Arme Wartender und, wieder andere gehen zielstrebig auf einen der Busse oder ein Taxi los und lassen sich ins Zentrum, zum

Zócalo, fahren, der nun wirklich genau in der Mitte dieser schachbrettartig angelegten Hauptstadt liegt. Hier ist das Verwaltungs- und Wirtschaftszentrum eines Bundesstaates, in dem knapp 2,5 Millionen Einwohner leben. Und so, wie Mexiko-City für das gesamte Riesenland das absolute Zentrum ist, ist es Oaxaca immerhin für den gut 94 000 Quadratkilometer großen Bundesstaat.

Vor dem Regierungspalast demonstrieren etwa 350 indianische Bauern. Sie haben ihre Frauen und Kinder, viele Transparente mitgebracht und fordern, so sagen sie den Vorübergehenden, nichts weiter als ein Stück Land. Land, das ihnen immer wieder versprochen wurde. Drinnen, in dem im Kolonialstil gebauten Palacio del Gobierno, würden ihre Vertreter gerade mit dem Gouverneur, Jesús Martinez Alvarez, verhandeln. Die Indianer kennen ihn schon. Er war eine kurze Zeit Bürgermeister der Hauptstadt und hat seinem Vorgänger nur deshalb nachfolgen können, weil dieser einen Posten in der Regierung übernommen hat. Die Indianer versprechen sich nichts von den Verhandlungen mit Gouverneur Martinez Alvarez, denn die Großgrundbesitzer, die Mestizen, steckten doch mit denen da unter einer Decke. Seit gut drei Tagen lagern die Indianer schon gegenüber dem Regierungspalast auf dem Zócalo und protestieren gegen die Ungerechtigkeiten. „Wir kriegen keine Kredite, man nimmt uns das bißchen Land weg, das wir haben, und man sperrt unsere Anführer ein", klagen sie. Und niemand hilft ihnen.

Jahrhundertelang war das Dorf für die meisten Mexikaner ihr Zuhause. Um die Jahrhundertwende lebten 90 Prozent der mexikanischen Bevölkerung auf dem Land. Mexiko-City hatte knapp 800 000 Einwohner und war 1920 mit rund einer Million schon eine große Stadt, doch hatte die allgemeine Landflucht, wie sie Ende der dreißiger Jahre begann, noch nicht eingesetzt. Ohne die Landbevölkerung hätte es keine mexikanische Revolution gegeben. Was die Bauern wollten, war seit Jahren klar: Sie kämpften für eine Landreform und für Gerechtigkeit. Sie kämpften gegen die Latifundistas, die Großgrundbesitzer, nahezu ausnahmslos Mestizen, die die indianischen Bauern unterdrückten, mißhandelten, umbrachten. Die Latifundistas waren die Mächtigen im Lande unter der diktatorischen Regierung des in Oaxaca geborenen Präsidenten Porfirio Díaz, der 1877 mit 47 Jahren zum ersten Mal für drei Jahre Präsident wurde, dieses Amt 1884 noch einmal übernahm und es bis zur Revolution 1911 innehatte. Porfirio Díaz war ein Mestize mixtekischer Herkunft. Die Latifundistas herrschten über die Ländereien, die sie zuvor den Indianern weggenommen hatten. Unter der Präsidentschaft von Porfirio Díaz wurde den Bauern nicht nur das Land gestohlen; wenn sie sich dagegen wehrten, wurden sie brutal bestraft. Private Unternehmungen, sogenannte Kolonialisierungsgesellschaften, verwalteten zwischen 1883 und 1910 27 Prozent des gesamten mexikanischen Staatsgebietes. Allein in zwölf Bundesstaaten gab es überhaupt kein öffentliches Land mehr, das von den Bauern hätte bestellt werden können. Im Jahr der Revolution schließlich, 1910, waren 14 Millionen mexikanische Bauern, viele von ihnen Indianer, einem System unterworfen, das mit dem Begriff „Sklaventum" beschrieben werden kann. Die Abhängigkeit war total. 95 Prozent aller auf dem Land lebenden Familien - mit einigen Ausnahmen in nur fünf Bundesstaaten - waren ohne Land. 20 000 Großgrundbesitzer hatten sich eine eigene Bauernarbeiterschaft geschaffen. Mit anderen Worten: Fünf Prozent der Bevölkerung kontrollierten 90 Prozent des besten mexikanischen Ackerbodens. Die ausgepowerten und kranken Menschen hungerten nicht nur, sie waren wütend und verzweifelt und wollten nur eines: ihr Land wiederhaben.

Diese erste Revolution dieses Jahrhunderts war zunächst nicht von der Landbevölkerung ausgegangen. Liberale Bürgerliche hatten sich gegen den Diaktator Díaz erhoben. Sein System war nach so vielen Jahren korrupt und zerfiel. Doch mehr und mehr wurde die Revolution zu einer Erhebung der Bauern, die nun das zurückforderten, was man ihnen, deren Familien schon im Unabhängigkeitskrieg die größten Opfer gebracht hatten, gestohlen hatte. Pancho Villa im Norden und Emiliano Zapata im Süden wurden ihre Führer. „Land und Freiheit" war ihre Parole. Große Länderein wurden zurückgewonnen, und als die Revolutionäre 1917 gesiegt hatten, war eine Million Menschen ums Leben gekommen, das Land hatte sich völlig verändert: Eine neue Verfassung wurde verabschiedet, die in ihren damals richtungweisenden Grundbestimmungen nach wie vor in Kraft ist. Das gilt sowohl für das wichtigste Ziel der Revolution, die Agrarreform, wie auch für die Arbeitsschutzbestimmungen: Kinderarbeit wurde ab sofort verboten, ein Mutterschaftsurlaub eingeführt und schließlich gleicher Lohn für Frauen und Männer gesetzlich festgeschrieben. Wichtige Industriezweige wurden verstaatlicht. So die Eisenbahn, deren Streckennetz unter Porfirio Díaz auf 20 000 Kilometer ausgebaut worden war. Die Bergbau- und die Stahlindustrie wurden gleichfalls unter staatliche Oberaufsicht gestellt. Die Verfassung ist als nationalistisch und antiklerikal zu beschreiben, wenngleich sich 96 Prozent der Mexikaner zum katholischen Glauben bekennen.

Porfirio Díaz hatte sich 1910 ungeachtet erheblicher Proteste noch einmal von der damaligen sogenannten Deputiertenkammer zum Präsidenten wählen lassen, und eben diese erneute Wiederwahl war der äußere Anstoß für den Beginn der Revolution am 20. November 1910 in den Bundesstaaten Puebla und Chihuahua unter der Führung des Großgrundbesitzer- und Industriellensohnes Francisco Madero, der freie Wahlen und keine Wiederwahl forderte. Noch während der damalige US-Präsident Taft an der Grenze zu Mexiko mehr als 20 000 Soldaten stationierte und auf Mexiko starken politischen Druck ausübte, floh der Präsident: Im Mai 1911 setzt er sich nach Europa ab. Unter Begeisterungsstürmen der Bevölkerung zog Francisco Madero kurze Zeit darauf in die Hauptstadt ein und ließ sich zum neuen Präsidenten wählen. Doch nun begannen die Schwierigkeiten: Francisco Madero wußte zwar sehr genau, wie es um die armen Bauern vor allem im Süden des Landes stand, doch einen Krach mit den Großgrundbesitzern wollte er auch nicht. Er vermied ihn zunächst einmal dadurch, daß er der Landbevölkerung zwar Versprechungen machte, diese aber nicht einhielt. Denn die Bauern, die Maderos Siegeszug entscheidend unterstützt hatten, forderten 1911 ihr Land ein. Emiliano Zapata an der Spitze bestand darauf: Alles geraubte Land müsse an seine ursprünglichen Besitzer zurückgegeben werden. Madero blieb noch bis zum Februar 1913 an der Macht, bis er von Anhängern des gestürzten Diktators Díaz ermordet wurde.

Unterdessen hatten Teile der Landbevölkerung damit begonnen, sich das zurückzuholen, was man ihnen weggenommen hatte. Praktisch tatenlos und schlecht beraten hatte Präsident Madero dem bis zu seiner Ermordung zugesehen. General Huerta, den Madero noch kurz vor seinem Tod zum Chef der mexikanischen Streitkräfte, den Bundestruppen, gemacht hatte, jener General war einer der Führer des Umsturzes und wurde neuer Präsident. Er löste das Parlament auf, betrog bei den Wahlen, verfolgte und ermordete seine politischen Gegner und ging grausamst gegen die Bauernarmee des Emiliano Zapata vor. Dörfer wurden eingeäschert, Jugendliche und Kinder in die Armee gepreßt. Wenn der Schreckensruf „Die Federales kommen" (die Bundestruppen kommen) erklang, war es meistens für die Betroffenen schon zu spät. Durch die Brutalität der Soldaten General Huertas verlor in jener Zeit allein der Bundesstaat Morelos ein Fünftel seiner Bevölkerung. Während sich der Präsident vor allem nach Süden gegen den immer populärer werdenden Emiliano Zapata und seine Armee wandte, formierte sich auch im Norden zum Schrecken der Regierenden der Widerstand, und zwar dort, wo es General Huerta kaum erwartet haben dürfte: So weigerte sich der Gouverneur des Bundesstaates Coahuila, Venustiano Carranza, den General überhaupt als Präsidenten anzuerkennen. Weil dieser kein rechtmäßiger Präsident sei, entschloß sich Carranza, eine Bewegung derjenigen zu gründen, die zur Verfassung stehen, die „Constitucionalistas". Huerta müsse gestürzt werden; sie ernannten Carranza zu ihrem Oberkommandierenden und zogen ins Feld.

Und noch einer beteiligt sich an den Kämpfen: Pancho Villa. Nach dem Aufstand von 1910 hatte er fliehen können und sich in den USA aufgehalten. Nun kehrte er zurück. Während Carranza mit seinen Constitucionalistas schwere militärische Niederlagen gegen General Huerta einstecken mußte, formierte Villa seine bald berühmte „División del Norte" und schlug los. Huertas Truppen erlitten schwere Verluste und mußten sich immer weiter zurückziehen. Venustiano Carranza konnte Pancho Villa nicht leiden, also unterstützte er ihn auch nicht, obwohl das dringend nötig gewesen wäre. Carranza hielt Villa für einen Banditen, obendrein einen, der auch noch zum politischen Konkurrenten geworden war. Alle Versuche Carranzas, Pancho Villa aus dem Weg zu räumen, scheiterten jedoch.

1913 und 1914 bestand eine merkwürdige Situation: Zwei Rebellenarmeen stritten sich miteinander und fügten unterdessen den Bundestruppen eine Niederlage nach der anderen zu. Im Süden Mexikos enteigneten inzwischen die Bauern weiter die Großgrundbesitzer. Ein reguläres Heer gab es nicht. Techniken des Guerillakampfes wurden entwickelt. Der Nachschub war dürftig, und obwohl General Huerta noch immer mit schrecklicher Brutalität vorging, kämpften die Bauern und bestellten immer wieder ihre Äcker. Dann geschahen zwei Dinge: Zunächst besetzten US-Truppen die Karibikhafenstadt Veracruz und setzten ein Waffenembargo gegen Mexiko durch. Denn der neue US-Präsident Wilson erkannte die Regierung General Huertas nicht an. Zwar waren die Mexikaner empört, doch wurde dieser Zorn nicht in eine breite Unterstützung für General Huerta umgesetzt. So floh schließlich auch er im Juli 1914 ins Ausland, wie schon drei Jahre zuvor Porfirio Díaz. Einen Monat später zog Venustiano Carranza in Mexiko-City ein und wurde Präsident. Seine Verhandlungen mit den Nord- und Südarmeen von Pancho Villa und Emiliano Zapata scheiterten jedoch an der von Zapata geforderten Agrarreform. Schließlich trafen sich in Aguascalientes, der „Stadt der heißen Wasser", Constitucionalistas, Zapatistas und Villistas zu einem Konvent. Zu aller Überraschung setzen sich die Delegierten Zapatas, die nicht einmal Stimmrecht hatten, durch: Die Agrarreform wurde zum obersten Ziel bestimmt, der Plan von Ayala, ein politisches Programm, wurde verabschiedet. Für Venustiano Carranza war dieser Konvent, auf dem seine Constitucionalistas die Delegiertenmehrheit stellten, ein Tritt ins politische Hinterteil. Denn mehrheitlich wurde der Rücktritt des Präsidenten gefordert, der sich mit Pancho Villa und Emiliano Zapata nicht hatte einigen können.

Und wie endete der Krieg? Carranza dachte gar nicht daran, das Präsidentenamt abzugeben und verlegte seinen Regierungssitz nach Veracruz. Im Dezember 1914 zog Eulalio Gutierrez als vom Konvent bestimmter Übergangspräsident in die Hauptstadt ein. Im Norden kämpften die Truppen Pancho Villas gegen die Carranzas' weiter. Die USA verhängten erneut gegen die Rebellen ein Waffenembargo und erkannten die Regierung Venustiano Carranzas an. Bereits im Oktober 1915 kehrte der Präsident in die Hauptstadt zurück, die Kämpfe flauten ab; schließlich wurde nur noch in den Bundesstaaten Morelos und Chihuahua gekämpft. Ende des Jahres 1916 setzte Venustiano Carranza eine verfassunggebende Versammlung ein. Zum Jahresbeginn 1917 wurde die neue mexikanische Verfassung verabschiedet. Immerhin, manche der Forderungen Zapatas und seiner Bauernbewegung finden sich in ihr wieder.

Es bedarf noch einiger Ergänzungen: Venustiano Carranza wurde im März 1917 verfassungsmäßiger Präsident der Vereinigten Staaten von Mexiko. Er führte weiterhin Krieg gegen Emiliano Zapata, weil dieser nicht aufhören wollte, seine Ziele durchzusetzen. Am 10. April 1919 wurde Zapata in Chinameca in einen Hinterhalt gelockt und von Regierungstruppen ermordet. Venustiano Carranza wurde im Mai 1920 auf der Flucht erschossen. Er hatte versucht, seinem ehemaligen Oberkommandierenden, dem General Alvaro Obregón, zu entkommen. Und Pancho Villa wurde am 20. Juli 1923 in Chihuahua umgebracht.

Für die mehr als 300 indianischen Bauern, die nun schon seit mehr als drei Tagen vor dem Sitz des Gouverneurs in Oaxaca für ein Stück Land und finanzielle Unterstützung demonstrieren, ist Emiliano Zapata nicht tot. „In unseren Herzen und Köpfen lebt er weiter", sagt eine alte Frau, mit traurigen Augen lächelnd: „Und wir werden nicht aufhören, zu protestieren, bis wir unsere Forderungen durchgesetzt haben und unsere Anführer wieder frei sind."

Jeder neue Präsidentschaftskandidat verspricht den Indianern, den Ureinwohnern Mexikos, immer wieder: „Euch muß und soll geholfen werden. Ihr werdet respektiert!" Sie glauben das ohnehin nicht mehr. Mittlerweile sterben sie an Hunger und Infektionskrankheiten oder werden umgebracht. Die meisten Fälle werden gar nicht bekannt. Nur die Familie und die Freunde bemerken, wenn wieder einmal einer der jungen Männer nicht wiedergekommen ist . . . „Was uns bleibt, ist unsere Hoffnung und unser indianischer Glaube, denn euer Gott hat uns ja nicht geholfen", sagt einer der vor dem Regierungspalast Ausharrenden.

Zwischen Huatulco und Dainzu – Etwas mehr über Oaxaca und Benito Juárez

Fünfzehn Eisenbahnstunden von der Hauptstadt entfernt existiert ein anderes Mexiko. Eines, das noch sehr viel mehr in seiner Geschichte verhaftet ist, eines, das sich selbst noch sehr viel näher ist, in dem die Indianer viel präsenter sind als in der Hauptstadt oder in den großen Städten des Nordens. Benito Juárez, von vielen Mexikanern nach wie vor als nationaler Held gefeiert, wurde 1806 in dem kleinen Ort San Pablo Guelatao im Staat Oaxaca als Sohn einer indianischen Familie vom Stamme der Zapoteken geboren, einem Stamm, der bereits vor mehr als 2500 Jahren nach Oaxaca kam. Benito Juárez, von Franziskanern erzogen und ausgebildet, ist in der Geschichte Mexikos der einzige indianische Politiker gewesen, der je zu Einfluß und Rang kam, sogar Präsident wurde. Desillusioniert, krank, verbittert starb er 1872 in Mexiko-City. Man kann ihn als einen der mexikanischen Caudillos bezeichnen, eine Art Politiker, vor denen schon der Freiheitskämpfer Simón Bolívar gewarnt hatte.

Die Unabhängigkeitskriege in Lateinamerika im vergangenen Jahrhundert hatten zwar zur nationalen Souveränität einzelner Staaten, auch Mexikos, geführt. Nachdem die Spanier als bisherige Herrscher gegangen waren, entstanden für die neuen politischen Führer gravierende Probleme: Es fehlte an fähigen Verwaltungskräften. Die Spanier hatten sich nicht um die Ausbildung einheimischer Kräfte gekümmert. Nach der Vertreibung der einstigen Herrscher genossen die Militärs in den neuen Staaten ein größeres Ansehen als die Politiker. Außerdem war die wirtschaftliche Situation katastrophal. In den Minen wurde nicht mehr gearbeitet, marodierende Söldner plünderten Bauernhöfe und tyrannisierten die Bevölkerung. Eine öffentliche Meinung war von den früheren Kolonialherren unterdrückt worden. Ebensowenig gab es einen Mittelstand, der Träger einer liberalen politischen Kultur hätte sein können; er hatte sich in den rund 230 Jahren spanischer Kolonialherrschaft nicht herausbilden können. Nach dem Abzug der Kolonialmächte wurden in Mexiko und anderen mittelamerikanischen Nationen liberale Verfassungen und Gesetze ausgerufen, aber niemand war in der Lage, sie durchzusetzen, zum Teil bis heute nicht. Die liberalen Ideen und Vorstellungen scheiterten an der Wirklichkeit, und zwar gründlich. Angesichts eines sich stetig verschlimmernden Zustandes der Gesetzlosigkeit ging die Macht in die Hände einzelner politischer Führer über, den Caudillos, die ein Ende des Chaos versprachen. Damit waren sowohl die Großgrundbesitzer als auch die katholische Kirche sehr zufrieden, garantierte ihnen diese Art der Politik doch eine Bewahrung ihrer Privilegien auch nach der Vertreibung der alten Kolonialherren.

Manche nord- und südamerikanischen Historiker behaupten sogar: Unter diesen Umständen sei der sogenannte Caudillismo gar nicht zu verhindern gewesen, ja er sei sogar notwendig gewesen. Denn die neuen Republiken seien überhaupt nicht in der Lage gewesen, übergangslos als Demokratien zu funktionieren. Ein wesentlicher Grund bestand darin, daß die Sozialstrukturen in Lateinamerika überhaupt nicht geeignet waren, eine demokratische Staatsform zu tragen: Die Zerstörung der indianischen Kulturen, die furchtbare Armut, die ungerechte Landverteilung und der Analphabetismus haben mehr als zwei Jahrhunderte eine Entwicklung hin zur Partizipation und zur repräsentativen Regierungsform – auch auf lokaler Ebene – verhindert. Die Frage stellt sich also, inwieweit der Typ einer europäischen Westminster-Demokratie überhaupt für lateinamerikanische Staaten geeignet sein kann und ob ihn die Menschen, wenn sie denn informiert wären und entscheiden könnten, überhaupt wollten.

1830 ist das Todesjahr von Simón Bolívar. 1838 erlangen die fünf lateinamerikanischen Staaten Guatemala, El Salvador, Nicaragua, Honduras und Costa Rica ihre Unabhängigkeit. Mexiko hatte es bereits am 27. September 1821 dazu gebracht. Benito Juárez, an dessen Geburtstag noch heute auf dem Platz der Verfassung in der Hauptstadt die Nationalflagge gehißt wird, war 1821 gerade 15 Jahre alt. Er studierte Rechtswissenschaft und verteidigte in jungen Jahren als Anwalt die Indianer, besonders die armen unter ihnen. Juárez galt bereits zu jener Zeit als ein störrischer und hartnäckiger Mann. 1855 wurde er Justizminister, 1857 Vizepräsident unter Comonfort. Nach dessen Sturz wurde er faktisch Staatspräsident. Selbst seine Kritiker bescheinigten ihm, daß er zu den wenigen Politikern gehörte, die das Amt ordentlich, vor allem aber ehrlich verwalteten.

Im Jahre 1860 zog er aus seinem Hauptquartier Veracruz kommend in die Hauptstadt ein. Zu diesem Zeitpunkt war Benito Juárez nach erheblichen politischen Wirren bereits seit zwei Jahren mexikanischer Präsident, was er auch bis zu seinem Tode 1872 blieb. Eine der größten Schwierigkeiten, auf die Präsident Juárez zu Beginn seiner Amtszeit traf, war die Zahlungsunfähigkeit Mexikos; es konnte somit seine Auslandsschulden nicht begleichen. Das hatte zur Folge, daß die Regierung erwog, die Zahlungen für einen bestimmten Zeitraum einzustellen, was jedoch besonders Naoleon III. in Frankreich auf den politischen Plan rief. Napoleon nämlich betrachtete die Finanzknappheit Mexikos als einen guten Grund zur Verwirklichung eines langgehegten Wunsches: Sich endlich eine französische Besitzung auf dem amerikanischen Festland zuzulegen. In Übereinstimmung mit der Londoner Konvention, die Frankreich gemeinsam mit England und Spanien unterzeichnet hatte, landeten im Dezember 1861 und Januar 1862 Expeditionskorps der drei Unterzeichnerstaaten in der mexikanischen Karibikhafenstadt Veracruz.

Nachdem sich jedoch die Engländer und die Spanier entschlossen hatten, nicht an einer kriegerischen Operation gegen Mexiko und an einem Marsch ins Innere des Landes teilzunehmen, kehrten deren Truppen nach Europa zurück, während sich die Franzosen auf den Weg machten. Noch im Mai desselben Jahres erlitten sie bei Puebla ihre erste militärische Niederlage. Dann belagerten sie die Stadt 30 Tage und eroberten sie schließlich. Benito Juárez war noch immer Präsident und zog sich in den Norden des Landes zurück. Konservative mexikanische Kräfte und das französische Militär übernahmen die Macht in der Hauptstadt. Unterdessen suchte Napoleon III. in Europa einen katholischen Adligen, den er als Herrscher nach Mexiko schikken konnte, und bald hatte er einen gefunden: Maximilian von Österreich. Ein weicher Fürst, tolerant, der sich nach Mexiko mit dem Vorsatz begab, das Land im Interesse seiner Menschen zu regieren. Und obwohl er im Regieren gänzlich unerfahren war, begann er doch die Landessprache zu lernen und versuchte sich auch in der Sprache der Nahuatl-Indianer. Die Tragik Maximilians bestand darin, daß er die konservativen Franzosen und Mexikaner verschreckte, ohne sich die Sympathie der mexikanischen Liberalen unter der Führung Benito Juárez' sichern zu können. Am 19. Juni 1867 wurde Maximilian gemeinsam mit zwei Generalen in der nördlich von Mexiko-City gelegenen Stadt Queretaro erschossen. Knapp vier Wochen später war Benito Juárez wieder in der Hauptstadt und wurde noch im selben Jahr für weitere vier Jahre zum Präsidenten gewählt. So geht es aus der offiziellen mexikanischen Geschichtsschreibung hervor.

Tatsächlich war es die Zeit der Verbrechen, des sozialen Niedergangs, der Rechtsunsicherheit und des Banditentums. Und daran änderte sich auch bis zum Tode von Juárez im Jahr 1872 nichts. Juárez hielt sich an der Macht mit Wahlbetrügereien, persönlichen Erlassen und mit Brutalität. Seine Soldaten, die gegen die Franzosen gekämpft und diese vertrieben hatten, wurden zu Banditen, marodierten durchs

Land, und vor allen Dingen in den letzten Jahren seiner Amtszeit, er war bereits schwer krank, kam es in vielen Landesteilen zu Erhebungen gegen Juárez, der politisch gescheitert war. Zeit seines Lebens ein Liberaler, hatte er in den letzten Jahren den Mexikanern genau das zu nehmen versucht, was er ihnen immer hatte geben wollen: Liberalität und Freiheit. Angetreten war er, indem er die Freiheit der Presse und der Meinung erklärte. Am Ende blieb nichts mehr davon übrig. Und schließlich schuf er mit seiner Politik jene Grundlagen, die es dem nächsten Caudillo, Porfirio Díaz (1877–1880 und 1884–1911), und seinen politischen Freunden erst ermöglichte, jene ungerechten Agrarstrukturen zu schaffen, die dann ein entscheidender Grund für die mexikanische Revolution waren.

Juárez spielt heute als historische Figur keine herausragende Rolle im mexikanischen Geschichtsbewußtsein. Das Haus der Familie Juárez in Oaxaca wird nicht besonders häufig besucht. Allerdings, so erzählt der alte Mann, der in der Straße versucht, Teppiche zu verkaufen, kämen manchmal Schulklassen her. Die werden dann durch den Innenhof und die Räume geführt. Ansonsten sei hier nicht viel los, geschäftlich natürlich auch nicht.

Oaxaca ist immer noch einer der ärmsten Bundesstaaten, genau wie vor der Revolution. Aber es kommen sehr viele Touristen her, wegen des Kunsthandwerks und der schönen Strände. Das soll in Zukunft noch verstärkt werden, wenn es nach dem Willen der mexikanischen Tourismusplaner geht. Gar nicht weit südlich von Puerto Angel entsteht ein von seinen Befürwortern so genanntes „Ferienparadies" für das nächste Jahrtausend. Seine Gegner nennen es einen Korruptionsskandal und Landbetrug ersten Grades. Und wie meistens in Mexiko scheint an beidem etwas dran zu sein. Die Rede ist von den Buchten von Huatulco an der Pazifikküste, die einem Gerücht zufolge vom Tourismusminister der Regierung de la Madrid, Antonio Enriquez Savignac, bereits 1969 entdeckt worden sein sollen. Der spätere Minister soll angesichts der Schönheit dieses Küstenstreifens vor Ergriffenheit sprachlos geworden sein, ein Phänomen, das bei mexikanischen Politikern höchst selten vorkommt.

Der Vizepräsident des mexikanischen Tourismusbüros hat das Projekt einmal so beschrieben: „Wir bauen hier das größte, beste und sensationellste Feriengebiet, das es jemals in Mexiko gegeben hat." Was dort in Huatulco entstehe, sei das Non-Plus-Ultra für den Feriengast der Zukunft. Acapulco und Cancun könne man im Vergleich dazu völlig vergessen. „Wenn, dann aber richtig, vor allem gigantisch." Nach dieser Devise wurde nicht nur Ende der sechziger Jahre das größte soziale

Wohnungsbauprojekt Lateinamerikas in Mexiko-City vorgestellt und der höchste Turm des Subkontinents, der Torre Latinoamericano, in der Hauptstadt errichtet. Nach diesem Muster entstanden Cancun und Acapulco und ganz sicher bis zum Anfang des kommenden Jahrtaudends Huatulco. Trotz Geschäftemacherei und aller sonstigen Schwierigkeiten haben die Mexikaner bis auf eines alle Projekte noch immer fertiggestellt. Und dieses eine steht als Denkmal des mexikanischen Gigantismus in Mexiko-City an der Avenida Insurgentes und gammelt vor sich hin: Nicht zu übersehen ist das riesige Gebäude, das einmal das „Hotel Mexiko" werden sollte und auf seinem alles überragenden Dach eine sich drehende Diskothek hat. Doch an diesem Projekt sind sie nun fast alle gescheitert, vor allem die Geschäftemacher und die Finanziers. Nun steht es seit Jahren unbenutzt und ist wahrscheinlich nicht einmal mehr ein lohnendes Spekulationsobjekt.

Anders in Huatulco. Da stecken die Regierung und der Präsident ganz persönlich dahinter. Miguel de la Madrid schafft sich, wie viele seiner Vorgänger auch, ein Denkmal. Das Touristenzentrum von Huatulco, das im Jahr 2018 endgültig fertiggestellt sein soll, erstreckt sich über neun malerische Buchten mit 33, zum Teil versteckten und kleineren Stränden über eine Entfernung von rund 30 Kilometern. Es soll einmal Hotels, Eigentums- und Mietwohnungen geben. Einige Buchten sollen so unberührt bleiben wie sie waren, als der Tourismusminister sie entdeckte. Damals standen auch noch viele Wälder, die mittlerweile abgeholzt wurden, auch wenn die Erbauer behaupteten, sie wollten besonders die Bäume erhalten. Mit den Bäumen verschwanden die Menschen und die Tiere, die einst hier lebten.

Unterdessen wird das Projekt Huatulco von seinen Betreibern in drei Bauabschnitte aufgeteilt. Der erste Abschnitt, die Erschließung von drei Buchten mit kompletter touristischer Infrastruktur, ist in etwa beendet. Santa Cruz, eine einst kleine verträumte Ortschaft, erkennt der Besucher nicht wieder. Die Straßen sind gepflastert, ein Sportboothafen ist entstanden, neue Geschäfte haben eröffnet. Schwere Baumaschinen transportieren Baugerät und so viel Zement durch die Gegend, daß im Herbst 1987 der Wert einer Aktie von Cementos Mexicanos, dem großen Zementhersteller, um acht Dollar nach oben schnellte. Natürlich gehört zum ganzen Komplex auch noch ein internationaler Großflughafen, der bereits in Betrieb ist.

Die Regierungsoffiziellen und der Cheftechniker vor Ort sind sich einig: So etwas Schönes ist für Touristen noch nicht geschaffen worden. 40 Vertragsgesellschaften arbeiten täglich mit 7000 Arbeitern, Technikern und Ingenieuren. Gleichzeitig wird das Hotel- und Servicepersonal geschult. Und im Jahre 2018 soll dieses gigantische Ferienzentrum funktionieren und damit 50 000 zusätzliche Arbeitsplätze zur Verfügung stellen. In der Tat nicht wenig in einem so finanzschwachen Bundesstaat wie Oaxaca, weshalb denn auch Präsident de la Madrid, im Volksmund „El Rey de Oaxaca", der König von Oaxaca, genannt wird, allerdings nicht nur aus Dankbarkeit. Denn einige, die es wissen könnten, fragen nicht laut, vor allem aber nicht in der Öffentlichkeit: Wie ist die Regierung an das Land gekommen? Was ist mit den Indianern, den Mixes, die dort lebten, geschehen? Offizielle Erklärungen zu diesen Fragen gibt es von der Regierung nicht. Auch nicht dazu, wer wieviel und warum an dem Projekt Huatulco verdient hat. In ein paar Zeitungsartikeln mutiger mexikanischer Journalisten war 1987 zu lesen, daß die Indianer vertrieben worden seien. Daß man ihnen „lächerliche Entschädigungssummen" für ihr Land angeboten und gedroht habe, sie zu enteignen, wenn sie das Geld nicht annehmen würden.

Vor mehr als 2000 Jahren, so ist es überliefert, erzählten die spanischen Indianer ihren kleinen Kindern, daß eines Tages die Binniguenda, die Halbgötter, aus dem Himmel herabsteigen und große Paläste bauen würden. Die mexikanischen Tourismusoffiziellen haben daraus eine neue Geschichte gemacht: Die Binniguenda, die Halbgötter, seien mit einem Flugzeug erschienen, hätten auf die Buchten von Huatulco gezeigt und ausgerufen: „Hier werden wir große Paläste bauen!" Und von diesem Tag an habe sich das ganze Leben der Zapoteken verändert. Keine Frage, so ist es. Die Indianer sprechen kaum noch über die erneute Landnahme der Mestizen. Sie sind eingeschüchtert und haben sich zum allergrößten Teil zurückgezogen. Zu ändern sei ja doch wieder einmal nichts mehr. Irgendwann, wenn die Touristen kommen, werden sie, wie an so vielen anderen Orten in Mexiko, hervorkommen und ihre handwerklichen Arbeiten eiligen und schlecht bezahlenden Touristen anbieten und für jene Folklore ganz am Rande sorgen, die für viele den Urlaub so unterhaltsam und unvergeßlich macht.

Die Nachkommen der Zapoteken und Mixteken kommen einmal im Jahr Ende Juli/Anfang August zum Lunes del Cerro zusammen. Sie treffen sich dann zu Tausenden in Oaxaca zu diesem Fest, das zu den eindrucksvollsten und berühmtesten dieser Art gehört. Danach ziehen sie sich wieder in die Berge und die Savanne zurück. Sie führen noch heute ein Leben, das weitgehend unbeeinflußt von der Zivilisation, aber ganz sicher von ihr bedroht ist. Manchmal kommen sie zu den Märkten in die Stadt und bieten ihr Kunsthandwerk an. Viele von ihnen sitzen dann auch vor der Klosterkirche Santo Domingo. Einst hatte diese Kirche 14 Altäre. Sie wurden alle in der Mitte des vergangenen Jahrhunderts, nachdem sie fast dreihundert Jahre unbeschädigt überstanden hatten, zerstört. In der Kirche befindet sich ein eindrucksvolles Aquarell, dessen Farben wunderbar leuchten. Dargestellt sind Menschen, die auf dem Platz vor der Klosterkirche feiern, mit vielen bunten Luftballons, unter einer erleuchteten Sternensäule. Santo Domingo gehört wohl zu den schönsten Kirchen der Welt. Im Barockstil der Kolonialzeit errichtet, sind ihre Gewölbe über und über mit Gold ausgelegt. Für viele Menschen Grund genug, nach Oaxaca zu kommen, ist der Stammbaum Marias aus vergoldetem Stuck. Der gesamte Innenraum der Kirche, die 40 Jahre lang, bis 1902, als Pferdestall diente, wurde von Künstlern aus der Region geschaffen.

In jüngster Zeit kommen die Indianer häufiger in die Stadt. Sie haben Hunger und keine Arbeit. Manche von ihnen hocken an den Straßenecken in der Nähe des Zócalos und warten auf ein Almosen. Manche fragen auch danach. Am Abend versammeln sie sich in kleinen Gruppen in der Nähe der Kathedrale und gehen zurück in ihre Dörfer. Am nächsten Vormittag sind sie wieder da. Von den Touristen auf dem Zócalo werden sie kaum beachtet, ihre Einnahmen sind gering. Ein wenig besser verdienen diejenigen, die durch Cafés ziehen und ihre handwerklichen Arbeiten und ihre Stoffe anbieten. Einer von ihnen fragt schüchtern: „Sie kommen von weit her?" – „Ja, aus Europa." Er wisse nicht wo das sei. Weiter weg als die Hauptstadt? Ja, sicher, sehr viel weiter. Versonnen schaut er den Besucher an und wendet sich ab. Zieht weiter. Frauen kommen mit schweren Lasten auf dem Rücken vorüber. Männer tragen Holzgestelle auf dem Rücken, die sie mit einem Stirnband halten.

Nicht nur, daß sich kaum jemand ernsthaft um die Indianer kümmert, nicht nur, daß sie von der überwiegenden Zahl der Großgrundbesitzer schlecht behandelt werden, sie haben nur in den seltensten Fällen jemanden, der ihre Interessen vertritt. In Oaxaca wurde 1986 die Geschichte von den beiden Rechtsanwälten erzählt, die sich wegen der eklatanten Menschenrechtsverletzungen der Indianer angenommen hatten. Eines Tages waren die beiden Anwälte verschwunden. Man hatte sie – anonym – zunächst bedroht. Erst telefonisch, dann schriftlich. Sie hatten weitergemacht und sich für die verfassungsmäßig verbrieften Rechte ihrer Klienten eingesetzt. Bis heute sind sie nicht wieder aufgetaucht. Auch ihre Leichen hat man nicht gefunden, obwohl anzunehmen ist, daß sie umgebracht worden sind. Von wem, wollte niemand auch nur vermuten. Kollegen, die die beiden gekannt haben, wollten keine Auskunft geben. Die ermittelnden Behörden vermochten nichts zu ermitteln außer der ohnehin bekannten Tatsache, daß die beiden nicht aufzufinden sind. Die Büros der Anwälte sind seit dieser Zeit verschlossen. Die Verfahren werden nicht weiter verfolgt, obwohl die Organisation Amnesty International wiederholt in ihren Jahresberichten auf zahlreiche Fälle von Menschenrechtsverletzungen gegen Indianer hingewiesen hat. Die katholische Kirche versucht, den Betroffenen so gut wie möglich zu helfen, doch es fehlt ihr vor allem an finanziellen Mitteln. Geblieben ist die Hoffnungslosigkeit der Indianer. Geblieben sind ihre alten Webmuster und geblieben ist die gebeugte Haltung, mit der sie durch die Stadt ziehen.

Wenn der Reisende Oaxaca in Richtung Südosten auf der Landstraße Nummer 190 verläßt, kommt er bald an das weitläufige Tlacolula-Tal, in ein riesiges, archäologisch noch weitgehend unerforschtes Gebiet. Er sieht die Erdhügel in den landwirtschaftlichen Nutzflächen, auf denen zumeist Bohnen und Mais angebaut werden. Wenn man in Begleitung von jemandem ist, der sich in dieser Gegend auskennt, kommt man bald an den Cerro Dainzu, eine etwa acht Meter hohe Pyramide, die nach Schätzung der Wissenschaftler wenigstens 1500 Jahre alt ist. Besonders sehenswert sind die Reliefs in den Sandsteinwänden, die leider aber zum Teil starke Beschädigung aufweisen. Erstaunlich an diesen Reliefs sind die Motive. Die meisten zeigen Ballspieler, die einen Helm tragen und die nordamerikanischen Touristen, die den Weg nach Dainzu finden, an das Baseball-Spiel erinnern. Nicht zu Unrecht. Arme und Beine sind mit Bandagen geschützt, ebenso die Halspartie. Wissenschaftler, die in der zweiten Hälfte der sechziger Jahre in Dainzu mit den Ausgrabungen begonnen haben, fanden heraus, daß es sich bei dem Ballspiel zu jener Zeit um ein religiöses Ritual gehandelt haben muß.

Schließlich wurden in Dainzu im Zuge der Arbeiten auch Reste eines Wasserleitungssystems gefunden. Wenn der Etat des mexikanischen Staates weitere Grabungen zuläßt, so ist nach Auffassung der Experten an diesem noch weithin unbekannten Ausgrabungsort mit weiteren Überraschungen zu rechnen. Es werden Hinweise erwartet, die bestätigen, daß lange Zeit vor den Zapoteken in Oaxaca bereits Olmeken siedelten, von denen die Forscher bisher noch recht wenig wissen.

Nicht weit von Dainzu entfernt liegt die Zapotekenstadt Monte Albán, wo bei Ausgrabungen die wahrscheinlich wertvollsten Funde in Mexiko gemacht wurden: Jade- und Goldschmuck, verziert mit Türkisen und Perlen, allerlei Gegenstände des täglichen Gebrauchs sowie Kristallgefäße. Die Hochzeit Monte Albáns lag um 600 vor

Christus, als die Zapoteken in einer Höhe von 2000 Metern auf einer Fläche von mehr als 40 Quadratkilometern diese Stadt errichteten, deren Architektur besonders beeindruckend ist. Die Stadt wurde, das ist noch nach so vielen Jahren deutlich zu erkennen, an die Landschaft angepaßt, so daß beispielsweise manche Tempel gleichsam mit den Felsen verschmolzen.

Wo Stephen seine Fische fängt und Mateo eine Posada hat: Puerto Angel

Nein, nein, sie wolle heute keine Fische, sagt die rundliche Nordamerikanerin hinter dem Tresen. Ihrem etwas jüngeren mexikanischen Mann ruft sie zu, er solle dem Stephen sagen, daß er morgen wiederkommen solle, vielleicht brauche man dann etwas. Nein, zu trinken wolle er heute nichts, meint Stephen ein wenig mürrisch und zieht weiter. Zwei Badeshorts hat er an, neigt den ein wenig ausgemergelt wirkenden Oberkörper leicht nach vorne und schlurft auf seinen staksigen, aber doch muskulösen Beinen über den breiten Sandstrand hinunter zum Meer. Stephen ist Fischer und lebt in Zipolithe. Zipolithe ist ein kleiner Ort direkt am Pazifischen Ozean ganz in der Nähe des einst bedeutenden Hafens Puerto Angel, im südlichen Bundesstaat Oaxaca. Stephen kam 1966 hierher und hat mittlerweile die 40 knapp überschritten. Seine langen, dünnen blonden Haare hängen ihm auf die Schultern herab. Das Gesicht und der Körper sind von Sonne und Salzwasser gegerbt. Fische und Kleintiere fange er, seitdem er hier lebe. Ja, ja, damit komme er gut durch. Er habe viele Kunden, und einer nehme ihm immer etwas ab. Er geht hinab zum Wasser, zieht sich seine Schwimmflossen an. In der linken Hand hält er ein kleines Netz und seine beiden selbstgefertigten Speere. Langsam geht er durch die an den Strand schlagenden Wellen tiefer hinein und schwimmt dann hinaus zu den Klippen ...

Mitte der sechziger Jahre war es, als die Hippies und Blumenkinder aus San Francisko, Los Angeles und San Diego den Süden Mexikos entdeckten und Zipolithe zu ihrem Platz erkoren, an dem sie ungestört leben wollten. Flower Power, the Power of Love, hier sollten sie verwirklicht werden, zur Musik von Jefferson Airplane und Eric Burdon, frei von den Zwängen, die damals auch in der angeblich so freien kalifornischen Gesellschaft herrschten. „Goin' down south", lautete die Parole, und Tausende zogen unter anderem nach Zipolithe. Sie bauten sich in subtropischem Klima ihre Palmen- und Strohdachhütten, spannten ihre Hängematten oder richteten ihre Zelte auf. Stephen war einer von ihnen, und er ist einer der wenigen, die geblieben sind und die von sich glauben, daß sie es geschafft haben, „rauszukommen aus all' dem Kram", wie er formuliert. „Natürlich hätten wir damals in Berkeley weitermachen können. Weitermachen mit dem Studium, weitermachen mit den Demonstrationen und weitermachen mit dieser Lebenshaltung ‚Trau' keinem über 30'. Aber ich konnte nicht mehr." Übrigens habe sein Fang heute nicht viel gebracht, die See sei sehr unruhig gewesen. „Das mögen die Fische nicht." Stephen sitzt gerne bei der Wirtin oben über dem Strand von Zipolithe. Wenn man so will, hat die Frau ein Restaurant mit angeschlossenem Hotel. Wenn man genauer hinschaut, besteht das Hotel aus einzelnen Stroh- und Palmhütten, die man billig mieten kann, ebenso wie die Hängematten. Es hat auch einige Schlafplätze im Freien, wo man nur eine Hängematte braucht. Oder man kann auch einen Zeltplatz mieten. Das Restaurant ist eigentlich auch keines. Es ist nach allen Seiten offen. An niedrigen Tischen sitzen die Gäste, trinken frischgepreßte Fruchtsäfte oder Tee. Manche essen mexikanische Spezialitäten – es gibt aber auch Spaghetti, andere schlürfen einen Kaffee und schauen aufs Meer, denn das ist der schönste Blick von hier oben herab.

Scheinbar endlos breitet sich der Strand aus. Im flimmernden Sonnenlicht ist seine Länge oder Breite nicht zuverlässig zu schätzen. Stephen interessiert sich auch nicht für die Beantwortung dieser Frage, weil er weiß, wie lange er von seiner Hütte etwas oberhalb des Strandes bis zum Wasser braucht: „Die Zeit für vierhundertfünfzig Schritte." Eine Uhr habe er nicht, wozu auch. Er merke, wann die Sonne aufgehe, sehe ihren täglichen Verlauf und schließlich dahinten – er zeigt über die Klippen und das Meer – ihren allabendlichen Untergang. Das genüge völlig zur Orientierung. Und dann habe er ja noch die Kunden und seine Fische.

Man rede viel untereinander über Pflanzen und Tiere, auch übers Geschäft, und hin und wieder kämen die Touristen, die in einem der Hotels oder den Posadas, den Gasthäusern, in Puerto Angel wohnten, herüber. Die erzählten dann, was es Neues gebe in den USA. „Die meisten kommen nämlich von dort", fügt Stephen hinzu. Und hin und wieder komme er auch nach Puerto Angel. Das seien knapp 30 Minuten zu Fuß, wenn er mal eine dringende Besorgung machen müsse. Taue kaufe er dann oder ein paar Krüge, zur Aufbewahrung der Vorräte. Stephen liest keine Zeitung, er hat kein Radio und sieht auch nicht fern: „Das fehlt mir längst nicht mehr. Das bestimmt schon viele Jahre nicht mehr meinen Tagesrhythmus. Das einzige, was ich tun muß, ist Fische jagen, davon lebe ich." Wie viele andere auch hat er in den sechziger Jahren in Berkeley Politik und Sozialwissenschaften studiert, und wie viele andere auch hat ihn der Vietnamkrieg des damaligen Präsidenten Lyndon B. Johnson ins politische Engagement und auf die Straße getrieben. Und das war auch nötig, meint er noch heute. Nur sei es für ihn eine persönlich ausweglose Situation gewesen: „Denn wenn du es ehrlich meinst und deine politische Überzeugung ernst nimmst, dich also auch radikalisierst, wirst du entweder an den Rand der Gesellschaft, in der du lebst, gedrängt, oder du mußt weggehen." Stephen ging nach Zipolithe, und jetzt will er hier nicht mehr weg. Die, die nach so vielen Jahren hier noch leben, hätten es wirklich geschafft, davon ist er überzeugt. „In zweierlei Hinsicht. Wirtschaftlich, vor allem aber persönlich." Hier seien eben ganz andere Dinge wichtig: „Du mußt niemanden aus dem Büro anrufen. Ich wüßte heute niemanden mehr, den ich anrufen müßte, weil die Leute, die ich kenne, hier leben. Und diese Landschaft natürlich." Das sei es nun, was er wolle: einen guten Fußmarsch von Puerto Angel entfernt leben, jenem kleinen Hafen, der in der zweiten Hälfte des vergangenen Jahrhunderts zu Mexikos wichtigsten Ausfuhrplätzen am Pazifischen Ozean gehörte und der heute „irgendwo" an der Küste Oaxacas vor sich hindöst. Ein wenig verschlafen und häufig ohne Wasser ...

Genau 71 Kilometer nördlich von Puerto Angel liegt Puerto Escondido, der „versteckte Hafen". Doch damit ist es längst vorbei, seit die Touristen, vor allem aber das mexikanische Fremdenverkehrsbüro entdeckt haben, welch idyllischer Platz Puerto Escondido ist und wie schön - noch immer - seine Strände sind. Heutzutage kann man von der Hauptstadt aus nach Puerto Escondido fliegen; mit dem Auto ist der kleine Ort mit seinen rund 2000 Einwohnern, der südlich von Acapulco liegt, entweder auf 264 Kilometern kurvenreicher Straße von Oaxaca aus oder über 420 Kilometer Landstraße - weniger kurvenreich - von Acapulco aus zu erreichen. Einst ein kleiner Fischereihafen in einer versteckten Bucht, umsäumt von dichtbewachsenen Hügeln, war der kleine Hafen ein wirkliches Versteck für Tramps und Urlauber, die sich abseits vom Touristenrummel eben eines Acapulco am Pazifik oder eines Cancun an der Karibik bewegen wollten. Damit ist es allerdings seit einiger Zeit vorbei, denn nun gibt es in Puerto Escondido auch alles das, was bisher so gar nicht fehlte, wodurch der kleine Ort so reizvoll war. Sechs größere bis große Hotels, mindestens ebensoviele Restaurants, der Flughafen sowie die üblichen Freizeit- und Sportanlagen. Das Meer und der herrliche Sandstrand sind noch geblieben. Wenn man erstmal ein wenig außerhalb ist, kann man immer noch einen Tag lang am Strand entlanglaufen, ohne auch nur einem Menschen zu begegnen.

Läuft man immer weiter nach Süden, kommt man, wie gesagt, nach 71 Kilometern in Puerto Angel an, einem Ort, für den nach Auskunft der meisten keine Gefahr besteht, daß er dasselbe Schicksal erleidet wie Puerto Escondido. Das beruhigt die meisten, allen voran Mateo, der mit seiner nordamerikanischen Frau zusammen mitten im Ort, aber doch nicht leicht zu finden, eine wunderbare „Posada“ betreibt. Das Gasthaus liegt, von der ungeteerten Straße aus kaum zu sehen, an einem Hang auf dem Weg nach Zipolithe und besteht aus mehreren kleinen, von Mateo und einigen Freunden selbstgebauten Holzhäusern, wobei das am höchsten gelegene ein Sonnendach hat, auf dem in Hängematten Freunde oder Bekannte in der fast unerträglichen Mittagshitze im Schatten von Palmen dösen. Nach und nach hat Mateo mit seiner Frau die Posada vergrößert und den Hang hinaufgebaut. Fast ist er schon ganz oben angelangt. Auf halber Höhe ist die Küche, in der nur Naturkost gekocht wird. Neben dem kleinen Haus, in dem zwei angestellte Mexikanerinnen arbeiten, die auch bei Mateo und seiner Frau wohnen, erhebt sich auf vier Pfosten eine hohe, palmengedeckte Dachkonstruktion, unter der drei große Tische stehen. Hier trifft man sich zum Essen und zum Reden, Bier gibt's auch. Die terrassenartige Konstruktion ist nach allen Seiten hin offen. Pflanzen aller Art wuchern, erstaunlich bei dem dauernden Wassermangel. „Ich habe genug Wasser“, erklärt Mateo. Er habe sich nämlich einen tiefen Brunnen gegraben und eine Motorpumpe gekauft, wodurch er ständig Wasser habe, auch wenn der Wasserspiegel einmal sehr tief sinke. „Nur können Sie, und da habe ich natürlich schon Glück gehabt, nicht überall in Puerto Angel Brunnen, graben. Weil es nicht überall Wasser gibt.“ Nur die Pumpe dürfe nicht kaputtgehen, wie das häufiger mit der von der Gemeindeverwaltung geschehe. „Wenn das passiert, stehen fast alle im Ort ohne Wasser da. Dann müssen sie auf die Tankwagen warten, und das kann ewig dauern“, erklärt Mateo.

Sein Vater kam in den vierziger Jahren aus Kolumbien nach Puerto Angel und heiratete hier eine Mexikanerin. Von seinem Vater wisse er, daß es vor allem in der ersten Hälfte dieses Jahrhunderts Tausende von Meeresschildkröten an den Küsten in der Nähe des Hafens gegeben hat. Ein Niederländer soll damals hergekommen sein und ein lukratives Geschäft aus dem Fang und Verkauf der begehrten Tiere gemacht haben. Obwohl auch die Fischer von Puerto Angel nicht schlecht verdient haben, hat er doch das beste Geschäft gemacht, weil nur er die Weltmarktpreise und die Absatzmöglichkeiten gekannt hat. Tag für Tag sind zu jener Zeit die Fischer mit völlig überladenen Booten vom Schildkrötenfang zurückgekehrt. Natürlich hat das unkontrollierte Abfischen und Schlachten der Tiere zu ihrer fast vollständigen Ausrottung geführt, so daß es heute vor Puerto Angel kaum noch Meeresschildkröten gibt. Mateo hat auch einen kleinen Motorkahn unten im

Hafen liegen und fährt schon mal zum Fang hinaus. Dann gibt es in der Posada immer einige Tage Fisch, zur großen Begeisterung der zumeist nordamerikanischen und europäischen Gäste, für die Mateos Posada seit einigen Jahren ein Geheimtip ist und die immer wieder kommen. So mache er denn auch keine Werbung, weil es sich herumgesprochen habe, daß man bei ihm in Ruhe gelassen werde. Ein Telefon gebe es nicht und auch keine anderen elektrischen Geräte, und registrieren lassen müsse sich auch niemand.

Mateo erzählt dann, was passiert, wenn in der Trockenzeit die Pumpe der Gemeinde ausfällt und natürlich das dringend benötigte Ersatzteil im Ort nicht zu beschaffen ist. Nun könnte ja jemand auf die Idee kommen, das Teil einfach in der nächstgrößeren Stadt zu kaufen und die Kosten abzurechnen. Ganz abgesehen davon, daß jedermann, der auch nur ein wenig mit mexikanischen Verwaltungsverhältnissen vertraut sei, die Vorstellung absonderlich fände, jemand könne überhaupt einen solchen Einfall haben, bestünde mit allergrößter Wahrscheinlichkeit auch gar keine Chance, die einmal entstandenen privaten Kosten dem Staat in Rechnung zu stellen. Denn in Mexiko, das sei nun wirklich ein unumstößliches Prinzip, seit dieses Land existiere, gebe man dem Staat nichts, man nehme von ihm, und zwar reichlich.

Also, was das leidige Pumpenersatzteil betreffe, gebe es überhaupt nur eine Möglichkeit: Der Gemeindevorstand oder ein von ihm Beauftragter schreibt einen Brief an die zuständige Kreisverwaltung und beantragt mit allem Respekt und größtmöglicher Höflichkeit das Ersatzteil, weil die Gemeinde, jedenfalls große Teile, ohne Wasser seien. Nun geschehe mit Sicherheit folgendes: Hat nach vielleicht vier bis fünf Tagen die Kreisverwaltung den Antrag erhalten, wird sie ihn befürworten und vielleicht nach weiteren vier bis fünf Tagen nach Oaxaca schicken. Dort sitzt die Regierung des Bundesstaates. Um nun das zentralistische mexikanische System endgültig zur Wirkung zu bringen, wird sie den Antrag an die zuständige Stelle in der Hauptstadt - nebst Befürwortung, versteht sich - weiterschicken. Ist das Schreiben zusammen mit allen Befürwortungen nach vielleicht drei Wochen bei der bearbeitenden Stelle in Mexiko-City eingetroffen, könne immer noch von einer zügigen Bearbeitung des Vorganges gesprochen werden, der, wir erinnern uns, durch die schlichte Tatsache ausgelöst wurde, daß in der Gemeindepumpe in Puerto Angel ein Ersatzteil kaputtging und daher ein Großteil der Einwohner ohne Wasser ist. Nach wie vor. Denn die Tanklastwagen, aus Oaxaca über eine äußerst kurvenreiche Straße über die Berge kommend, brauchen auch ihre Zeit. Also versorgt Mateo mit seinem Brunnen und seiner Pumpe einen Teil der Einwohner mit dem

Nötigsten. Ist das Pumpenersatzteil nach zwei Monaten mit Bahn und Lastwagen endlich in Puerto Angel eingetroffen, ist nicht nur die Freude, sondern auch die Überraschung groß. Möglicherweise ist dann die Trockenzeit bereits vorbei. Die Grundwasserspiegel steigen an, und man kann das Wasser wieder mit dem Eimer aus dem Brunnen holen.

Mateo erzählt, daß er wiederholt gefragt worden sei, ob er nicht das Bürgermeisteramt von Puerto Angel übernehmen wolle. Jedesmal habe er abgelehnt, und das werde er auch in Zukunft machen. Politik in Mexiko, meint er, Politik in Mexiko sei Geschäft. Nichts weiter. Die Politiker wollten nur verdienen. Das gelte nicht nur für den Präsidenten oder hohe Regierungs- bzw. Parteifunktionäre. Das gelte ebenso für die Gewerkschaften wie für die großen staatlichen Unternehmen. Und das sei auf Bundesstaatenebene nicht anders als in den kleineren Städten und Gemeinden: „Um die Menschen geht es denen nicht“, meint Mateo, der sich freut, wenn man ihn in Ruhe und Frieden seine Sachen machen läßt: „Ich will meine Posada ausbauen, den ganzen Hang hinauf. Ich will freundliche und zufriedene Gäste und für meine Familie und meine Hobbys mein Auskommen haben. Und dafür brauche ich die Leute nicht auszunehmen. Das wissen sie und kommen wieder.“ Natürlich kämen sie auch wegen des schönen Ausblicks und der Ruhe in seiner Posada. Vielleicht auch wegen des Klimas oder der sprechenden Papageien: „Alles zusammen wird es sein“, meint er dann lächelnd.

Von der hölzernen Pier aus, die in das nicht allzu breite Hafenbekken hineinragt, blickt man hinüber zum einzigen großen Hotel, oben auf dem gegenüberliegenden Hügel. Doch der ganze Luxus stehe still, hat Mateo erzählt, wenn es einmal kein Wasser gebe. Dann müßten sich nämlich die Wassertankwagen der Armee die schmale steile Straße hinaufquälen, und es komme schon mal vor, daß es einer nicht bis nach oben schaffe. Morgens übrigens und am frühen Vormittag werden auf der Pier Fische verkauft, an die Händler, aber auch an Privatkunden. Die wenigen Fischer, die es noch in Puerto Angel gibt, fahren früh hinaus und machen kein übermäßig großes Geschäft mit ihren kleinen Fängen. Doch zum Leben reiche es gerade, meint einer von ihnen. Andere fahren die Touristen, die kommen, mit ihren kleinen Booten in die Buchten an den südlich des Hafens gelegenen Steilküsten. Da gebe es hübsche kleine, versteckte Badeplätze und ein ausgezeichnetes Fischrestaurant, im Freien natürlich, oben auf den Klippen. Die Austern würden vom Gastwirt direkt aus dem Wasser geholt. Immer mehr Männer haben sich an diesem späten Nachmittag an der Pier eingefunden und schauen den Jugendlichen beim Aufbau eines Bodens für den abendlichen Tanz zu. Mateo hat schon gewarnt: „Da gibt's hinterher immer Krach und eine Prügelei, und meistens geht es um Frauen." Sie seien neben einem verletzten Ehrgefühl der Lieblingsgrund für einen Mexikaner, sich zu prügeln. Außerdem hätten sich noch die von der Marine angekündigt, was sich im Ort schnell herumgesprochen habe. Denn der kleine Marinestützpunkt, eine Kompanie Infanteristen ist hier mit wenigen Motor- und einigen Schlauchbooten stationiert, führt normalerweise ein vom Ort getrenntes Leben. Die meisten seien nicht von hier, lautete die kurze Erklärung dafür, warum man nicht besser miteinander stünde. Ein paar Unteroffiziere kämen aus dem Dorf, und die hätten sich über nichts zu beklagen.

Gegen sechs Uhr geht die Sonne unter. Die Wellen schlagen durch das „Tor des Meeres", wie jener dem Strand um etwa 50 Meter vorgelagerte Felsen heißt, in dessen Mitte sich in Höhe der Wasserlinie eine große Öffnung befindet, durch die die Wellen mit großem Druck und Getöse rollen. Stephen taucht öfter einmal hier draußen. Keine ungefährliche Sache, wie er zugibt. „Aber faszinierend."

In Puerto Angel, hinter der flachen Hügelkette, sind längst die Lichter angegangen und gegen acht Uhr kommt die Band, fünf junge Männer, die keineswegs vorhaben, mexikanische Folklore zu spielen. Nordamerikanischer und europäischer Rock und natürlich Salsa-Musik sind angesagt. Ein Tanzabend ohne Salsa ist ganz undenkbar, sonst tanzen die Mädchen hier überhaupt nicht. Es gibt reichlich zu trinken, und nach einigem verlegenen Hin und Her geht gegen neun Uhr die Tanzerei richtig los. Die Mädchen haben ihre Zurückhaltung abgelegt, die jungen Männer schon etwas getrunken. Über das Hafenbecken hinweg dröhnt die Musik aus den Lautsprechern. Manche Rückkopplungsgeräusche kommen den Musikern in die rhythmische Quere, doch das tut dem Spaß keinen Abbruch. Schließlich kommt es, es ist bereits kurz nach Mitternacht und der örtliche Polizist längst schlafen gegangen oder auch angetrunken, doch noch zur obligatorischen und von Mateo vorhergesagten Schlägerei. Den genauen Anlaß kennt niemand, eigentlich will ihn auch niemand richtig wissen, jedenfalls gibt's Prügel. Die Freunde des einen schlagen sich mit den Freunden des anderen. Irgendwann ist jeder so erschöpft, durchgeschwitzt, betrunken, daß die Schlägerei sozusagen einschläft. Zwei sind in das Hafenbecken geplumpst und haben sich schon frühzeitig auf den Heimweg gemacht, und die Mädchen, um die es doch ursprünglich gegangen war, sind längst gegangen. Wahrscheinlich mit anderen.

Mateo erzählt am nächsten Morgen, es sei keiner verletzt worden, und man wisse jetzt, daß sich ein Jugendlicher aus dem Ort heftig über einen Indio-Jungen, der mit einem Mädchen habe „abziehen wollen", aufgeregt habe. Er habe seine Freunde zusammengerufen und den Indianer verprügeln wollen. Das sei dann der eigentliche Grund der Schlägerei gewesen. Eigentlich kommt so etwas selten vor, jedenfalls in den Städten. Auf dem Land sei das etwas anderes. Mateo berichtet, daß die Indianer im Süden von den Mestizen noch immer schlecht oder miserabel behandelt werden, und schließlich, das sei ja das alte Problem, seien in den meisten Fällen die Mestizen die Land- oder Geschäftsbesitzer und verfügten damit über die Macht.

Der einzige Präsident in der nachrevolutionären Geschichte, der die Forderung der Bauern nach einer Landreform wirklich ernst nahm, war Lazaro Cardenas (1934–1940). Er hat das meiste Land an die Bauern verteilt, so daß am Ende seiner Regierungszeit nur zehn Prozent der Bauern kein eigenes Land hatten. Lazaro Cardenas gab etwas mehr als 800 000 Bauern gut 17,8 Millionen Hektar Land, und zwar nicht nur steinige und unfruchtbare Felder, wie es die damaligen Großgrundbesitzer gerne gesehen hätten. Spätere Präsidenten übrigens taten den Latifundistas diesen Gefallen. Präsident Luis Echeverría Álvarez (1970–1976) etwa vergab an knapp 51 000 Campesinos 2,5 Millionen Hektar Land, und es wird kolportiert, daß es sich nicht nur um fruchtbaren Boden gehandelt haben soll.

Problematisch aber ist die Situation in der Agrarwirtschaft noch aus einem anderen Grund: Der Artikel 27 der mexikanischen Verfassung aus dem Jahre 1917 sieht auch heute noch vor, daß Bodenqualität und -eignung den Umfang des Besitzes begrenzen, d. h. wenn ein Bauer über bewässertes Land verfügt, darf er nach diesem Paragraphen nicht mehr als 100 Hektar haben. Dennoch gibt es riesige Besitztümer. Die alten Großgrundbesitzerfamilien haben den 27. Verfassungsartikel schlicht umgangen, indem sie Teile ihres Besitzes oder Neuankäufe auf den Bruder oder die Cousine, auf einen Freund oder die Schwiegermutter überschreiben, tatsächlich aber weiter über ihren Grund und Boden verfügen. Im günstigsten Fall für die ehemaligen, zumeist indianischen Besitzer, pachteten die Hacienderos die ehedem verteilten Ländereien und kamen so doch wieder zu dem, was sich ihre Vorfahren einst angeeignet, die nachrevolutionären Reformer wieder verteilt hatten. Auf diese Weise sollen wenigstens 30 Prozent, des ursprünglich an die Kleinbauern verteilten Bodens wieder in die Hände der Hacienderos zurückgekommen sein.

Die Ergebnisse für die mexikanische Agrarwirtschaft sind, einmal abgesehen davon, daß sie in den achtziger Jahren in erster Linie für den Export in die USA produzierte, verheerend: Die Zahl der Bauern ohne

Land ist mehr als 70 Jahre nach der Revolution größer als 1915. Und viele von ihnen sind Indianer oder mindestens direkter indianischer Herkunft.

Mehr als 400 Indianerstämme existieren in Lateinamerika, und obwohl ihnen nach mühsamen und verlustreichen Kämpfen verfassungsmäßig die gleichen Rechte wie den Mestizen und den Weißen endlich doch zugestanden wurden und obwohl immer wieder Hilfsprogramme für sie beschlossen werden, leben sie immer noch unterdrückt und verachtet am Rande ihrer Gesellschaft, haben keine politische Macht und können auf dem schlechten Boden kaum überleben. Und noch immer sind sie, wie vor Jahrhunderten, Rassismus und Diskriminierung ausgesetzt.

Als die Spanier sich die neue Welt untertan machten, behandelten sie die Ureinwohner wie eroberte Völker. Wehrten sich die Indianer, dann bewerteten die Spanier das als Verrat. Und Verrat wurde mit dem Tode bestraft. Selbst heute noch gelingt es den Indianern aus diesem Grund und der Erfahrung millionenfachen Todes nicht, ihre Angelegenheiten nachdrücklich zu vertreten. In ihnen steckt immer noch die Befürchtung, als Rebellen grausam bestraft zu werden. Das Dilemma wird für sie aber dann besonders groß, wenn es um Land geht; denn für die meisten Indianer ist der Landbesitz gleichbedeutend mit dem Recht auf Leben.

Ein Indianerhäuptling in Ecuador, Luis Macas, hat dazu einmal gesagt: „Die Indianer müssen ihr eigenes Land und ihre eigene Autorität haben, damit sie ihre eigene Kultur, ihre eigene Sprache, ihre eigenen Ideen und ihre eigenen Organisationen entwickeln können." Eine Zeitungsnachricht: Die Süddeutsche Zeitung berichtet am 14. Juni 1973 unter der Überschrift „Indiorebellen besetzen Land" aus Mexiko: „Bei blutigen Zusammenstößen zwischen der Polizei und landhungrigen Bauern, die einen Großgrundbesitz besetzt hatten, sind bei Alamo im mexikanischen Bundesstaat Veracruz 13 Personen verletzt worden. Wie in Mexiko bekanntgegeben wurde, machte die von dem Großgrundbesitzer Jorge Legoretto herbeigerufene Polizei von der Schußwaffe Gebrauch. Alle Verletzten sind Bauern. 56 Landbesetzer wurden festgenommen. Sprecher der Bauern erklärten, das Land habe ihren indianischen Vorfahren gehört und sei ihnen widerrechtlich weggenommen worden."

Der Erzbischof von Oaxaca beklagte im Spätsommer 1985 in Mexiko-City, daß in seinem Bundesstaat schon die ersten Indianer an Hunger stürben ...

Etwas über Acapulco, Gerardos Familie und die Lotterie

Fernando erzählt, das Geschäft lasse Ende September/Anfang Oktober ziemlich nach: „Die paar Touristen, die dann noch hier sind, die machen's auch nicht mehr." Fernandos Berufskleidung ist die Badehose: „Mein Spitzname ist Tiger." Wieso denn das? Na, das wisse er auch nicht. Alle hätten hier am Strand ihre Namen: Eselskopf, Jaguar, Blindschleiche. Na ja, jeder eben. Fernando vermietet Surfbretter und wenn das mal nicht so gut geht, kann man bei ihm auch einen Joint bekommen. Von den Gringos, korrekt übersetzt sind das Bürger der Vereinigten Staaten von Amerika, von den Gringos nehme er für einen Joint sowieso mehr: „Erstens sind die ganz scharf auf so was, und zweitens haben die auch mehr Geld", fügt Fernando mit wichtiger Mine hinzu. Mit seinen 26 Lebensjahren nach 18 Jahren Leben am Strand hat er einen Blick dafür bekommen, wer woher kommt und wie er ihn einzuschätzen hat. Die meisten kämen aus den USA, das mache die Sache einfach: „Die Jungen saufen viel und wollen Wassersport treiben." Und reichlich laut seien sie alle.

Seine Tageseinnahmen, klagt Fernando, seien sehr unterschiedlich. Mehr als 30 US-Dollar verdiene er selten. Nicht schlecht, weiß er, wenn er an die Verdienste anderer oder an die denkt, die in den Slums hausen. „Davon gibt es auch bei uns in Acapulco genug, nur bekommt sie keiner zu sehen, ist ja klar." Draußen vor der Stadt, aber auch schon im alten Viertel lebten die Arbeitslosen und Bettler, dort wohnten auch viele Kellner aus den Hotels, die vielleicht drei Dollar am Tag verdienten: „Der Rest muß über den Tip reinkommen. Wenn das nicht klappt, können die zusammenpacken", weiß Fernando, der jahrelang selber in einer Hotelbar in Acapulco gejobbt hat: „Ich hab' solange geschuftet, bis ich mir vier Surfbretter leisten konnte, dann wollte ich mich selbständig machen." Das habe aber nicht geklappt, weil der Strand mit Surfbrettverleihern voll gewesen sei: „Die von der Stadt wollten mir keine Lizenz geben. Vielleicht hätte es doch geklappt, wenn ich denen einige tausend Pesos 'rübergeschoben hätte, aber da hab' ich mich doch lieber bei einem Surfbrettverleiher, der auch nur vier Bretter hatte, beteiligt."

Aus den gemeinsamen acht Brettern sind unterdessen vierzehn geworden. So schlecht könne also das Geschäft doch gar nicht gehen. Es gehe ganz gut, lautet die Antwort: „Nur diese Unterbrechungen bis Dezember, die sind einfach tödlich", klagt Fernando. Ansonsten sei alles klar: Er liebe die Wärme, das subtropische Klima und könne sich überhaupt nicht vorstellen, in Mexiko-City zu leben: „Bei dem Lärm und dem Dreck und mit so vielen Menschen? Ausgeschlossen!" Zur Schule sei er auch gegangen, aber nicht sehr lange. Er habe arbeiten müssen. Seine alten Herrschaften hätten schon immer in Guerrero, dem Bundesstaat, in dem Acapulco liegt, gelebt; oben, weiter hinein ins Land, in der Nähe der Hauptstadt Chilpancingo, von der selbst mancher Mexikaner noch nie etwas gehört hat, wie er zugibt.

In Acapulco wird nach wie vor gerne die Geschichte verbreitet, der Ort sei praktisch von einem Tag auf den anderen vom internationalen Jet Set aus seinem Dornröschenschlaf erweckt und in den touristischen Mittelpunkt der Welt gerückt worden. Das hört sich zwar ganz gut, wenn auch wenig originell an, hat aber den entscheidenden Nachteil, daß es nicht stimmt. „Der Platz, wo die Gräser stehen", das nämlich heißt Acapulco in der Sprache der Nahuatl, soll bereits vor der Eroberung durch die Azteken bewohnt gewesen sein, sagen mexikanische Fachleute. Fest steht jedenfalls, daß die letzten Herrscher vor der Eroberung durch die Spanier von den sieben Provinzen, die heute den Bundesstaat Guerrero ausmachen, Tributzahlungen erhielten. Als die Spanier sich nach der blutigen Unterwerfung in der Hauptstadt festgesetzt hatten, schickten sie sogleich eine militärische Expedition in Richtung Pazifikküste.

Das geschah im wesentlichen aus zwei Gründen: Sie hatten von Gold- und Silberminen gehört und waren außerdem auf der Suche nach einem pazifischen Hafen. 1531 entdeckte Hernán Cortés den Naturhafen von Acapulco und ließ dort Schiffe bauen. 1532 bereits schickte er zu weiteren Entdeckung von hier aus Mendoza über den pazifischen Ozean. Acapulco erhielt das Monopol für den Handels Spaniens mit den Philippinen. Die ersten spanischen Schiffe kamen 1565 von Manila an. Ungeheuer mühsam wurden dann die Waren auf Tragtierkolonnen bis nach Veracruz, das immerhin rund 900 Kilometer entfernt ist, geschafft. Von dort ging es wieder per spanischer Galeone weiter nach Europa. Mehr als zwei Jahrhunderte hielten die Spanier diesen Handelsweg aufrecht, obwohl ihnen Piraten vor der karibischen wie vor der pazifischen Küste heftig zusetzten und schwere Verluste zufügten. 1598 wurde Acapulco von Philipp II. das Stadtrecht verliehen. Ähnlich wie in Veracruz bauten die Spanier auch in Acapulco eine Festung zum Schutz der Schiffe und des Hafens: Fuerte de San Diego. Aber ebenfalls ähnlich wie in Veracruz erfüllte die Festung ihren Auftrag nur unzulänglich, 1776 wurde sie während eines schweren Erdbebens teilweise zerstört. Die Anlage ist heute ein Museum und liegt wie fast alle wichtigen Gebäude an der Costera Miguel Alemán, einer Allee parallel zum Pazifik, die an der Marinebasis beginnt und hinter dem Jachthafen an der Playa Honda aufhört. Die wirtschaftliche Bedeutung Acapulcos ließ Ende des 17./Anfang des 18. Jahrhunderts entscheidend nach, als die neuen Handelswege aus dem Orient nun um das Kap der Guten Hoffnung nach Spanien führten und der äußerst beschwerliche Landtransport zwischen Acapulco und Veracruz für die Spanier entfiel. Als die Spanier Mexiko verließen, wurde Acapulco zu einer armen, heruntergekommenen Stadt, aus der die Menschen weggingen. Wenn in der Folgezeit einmal ein Schiff im Hafen festmachte, dann höchstens eines auf dem Weg von San Francisco nach Panama. Unberührt schlummerte der Hafen in der landschaftlich wunderschönen Bay von Santa Lucia vor sich hin. An die Quebrada-Felsen schlugen die Wellen des Pazifiks, und niemand ahnte etwas von den berühmten Springern, die eines fernen Tages sich aus einer Höhe von 40 Metern von diesem Felsen hinab zwischen die engen Klippen stürzen sollten.

Der Bundesstaat Guerrero existiert offiziell erst seit Oktober 1849. Sowohl im Unabhängigkeitskrieg als auch in den Jahren unmittelbar nach der mexikanischen Revolution spielte Guerrero eine wichtige Rolle: General Alvaro Obregón, jener Mann, der Präsident Venustiano Carranza ermordete, suchte in Guerrero Schutz. Auch der General ist später umgebracht worden, und zwar im Juli 1928 im Restaurant „La Bombilla" in der Hauptstadt.

Eigentlich fand die Hafenstadt, die heute rund 170 000 Einwohner hat, erst wieder Anschluß an die wirtschaftliche Entwicklung des Landes durch die Eröffnung einer großen Autostraße nach Mexiko-City im Jahre 1927. Sechs Jahre später eröffnete das Hotel Mirador, das es noch heute gibt, in den Klippen von La Quebrada seinen Betrieb mit zwölf Zimmern. Allerdings dauerte es fast weitere 50 Jahre, ehe Acapulco zu einem Touristenzentrum entwickelt wurde. Das geschah während der Regierungszeit des Präsidenten Miguel Alemán, Anfang der fünfziger Jahre. Der Vorgang ist präziser mit den Worten beschrieben, daß es durch Präsident Alemán geschah, und zwar keineswegs, wie es in der in Mexiko so reichen Legendenbildung heißt, weil Alemán die Gegend um Acapulco herum so sehr liebte. Vielmehr steckten finanzielle, geschäftliche Interessen hinter dem Entwicklungsplan Acapulcos.

Niemand wird bestreiten, daß der Ort in einer wirklich wunderbaren Landschaft liegt, aber für einige sind ganz andere Dinge interessant. Doch wer wieviel an dem Aufbau Acapulcos verdient hat und noch immer verdient, bleibt selbstverständlich ein mexikanisches Geheimnis. Acapulco wurde jedenfalls ein über alle Maßen touristischer und natürlich finanzieller Erfolg, bis auf den heutigen Tag. Fernando allerdings erzählt, daß sich langsam leichte Grauschleier über den Erfolg gelegt haben, die zwar noch nicht ausschlaggebend sind, eines nahen Tages aber wirksam werden könnten, mit höchst negativen Auswirkungen. Das Stichwort heißt Dreck.

Die Verschmutzung des Meerwassers in der Bucht von Acapulco hat offenbar so bedrohliche Ausmaße angenommen, daß schon keine genauen Daten mehr veröffentlicht werden und sich die Regierung in Mexiko-City um das Problem kümmert. Die Verschmutzung des Meerwassers ist leicht zu beschreiben: Abfälle, Detergenzien, Haus- und Industriemüll fliegen oder fließen in die Bucht. Es müßten unbedingt Maßnahmen eingeleitet werden, forderten Fachleute und Umweltschützer 1986 und wiesen daraufhin, daß dringend eine Kläranlage gebaut werden müsse, um das Schlimmste zu verhindern. Die Dachorganisation der mexikanischen Umweltschutzverbände forderte „die Einsammlung, Abtransportierung und Vernichtung des Mülls". Fernando sagt zwar, der Abfall sei noch nicht bis zu den Stränden vorgedrungen, doch sauberer sei es in den letzten Jahren jedenfalls nicht geworden. Immer häufiger treten Augen- und Hautkrankheiten auf. Die mexikanischen Umweltschützer wollen festgestellt haben, daß rund 30 Prozent der Touristen jährlich an solchen Infektionen erkranken. Und nach einem Treffen der Umweltschutzorganisationen aus den drei Bundesstaaten Morelos, Guerrero und Oaxaca stellten diese die Frage, wie der nationale und internationale Tourismus geschützt werden könne, wenn so viele Menschen allein nach einem Ferienaufenthalt in Acapulco erkrankten.

Die King-Laboratorien im texanischen San Antonio haben im Auftrag der um die Sauberkeit des Meeres Besorgten im August 1986 festgestellt, daß sich auf 100 Milliliter Wasser, die zehn Meter vor der Küste vor einem großen Hotel entnommen wurden, 200 fremde Organismen fanden, die normalerweise nur in menschlichen Abfällen gefunden würden. Der hohe Prozentsatz dieser Bakterien im Meerwasser ist nach Auffassung von Fachleuten nur deshalb möglich, weil es an Kläranlagen fehlt. Andere Untersuchungen haben diese Studie unterdessen bestätigt. Ein weiteres Problem besteht in der Müllvernichtung. Täglich werden im Stadtgebiet von Acapulco rund 1000 Tonnen Müll produziert. Da es aber nur 40 Fahrzeuge für den Abtransport gibt, ist die Stadtverwaltung mit diesen Mengen völlig überfordert. Denn mindestens 125 Müllwagen wären nötig, um das Problem zu lösen. Und obwohl die örtliche Tourismusbehörde seit längerer Zeit versucht, die Stadt durch verschiedene Maßnahmen und Kampagnen sauberer zu machen, hat offenbar der Verwaltungs- und Kompetenzwirrwarr dafür gesorgt, daß es zu befriedigenden Ergebnissen nicht kam.

Das Ministerium für Stadtentwicklung und Umwelt stellte schließlich viele Milliarden Pesos zur Verfügung, um die Bucht von Acapulco und die Stadt zu reinigen. Bei den Reinigungsbemühungen stellte sich außerdem noch heraus, daß eine Zellulose produzierende Fabrik den Rio Papagayo, aus dem das Trinkwasser für die Haushalte und Hotels entnommen wird, mit seinen ungereinigten Abwässern verdreckt. Der damalige Stadtentwicklungs- und Umweltminister kündigte daraufhin an, man wolle die Fabrik schließen und ferner mindestens 65 Kilometer neue Abwasserleitungen und eine Kläranlage bauen. Besonders besorgt zeigten sich neben den Anwohnern und Reiseveranstaltern auch die Betreiber der Hotels, die erhebliche Geschäftseinbussen befürchten. Wie ernst die Lage in der Bucht von Acapulco ist, zeigen unter anderem die Äußerungen jener Verantwortlichen, die in Oaxaca bei Huatulco das riesige neue Tourismuszentrum errichten: Dort will man auf jeden Fall durch entsprechende Einrichtungen das vermeiden, was in Acapulco geschehen ist.

Fernando meint, bislang würden die Hotels an ihren Stränden für den Abtansport des Mülls sorgen. Doch sie könnten ja nicht auch noch das Wasser waschen. Und im übrigen, fügt er hinzu, kämen die Touristen ja noch, und bis die was merkten, sei das Problem sicher gelöst und jeder zufrieden. Er glaube nicht, daß er in nächster Zeit weniger einnehmen werde. Noch reiche sein Verdienst aus, um seiner Familie genügend hinauf nach Zumpango del Rio in der Nähe der Hauptstadt von Guerrero zu schicken. In der Tat, nach wie vor funktioniert die Tourismusfabrik Acapulco mit ihren fast 200 Hotels, Appartmenthäusern und Wohntürmen voller Eigentumswohnungen. Und auch das alte Hotel Mirador ist meistens ausgebucht; abends ist es besonders gut besucht, wenn von 21.30 Uhr bis kurz nach Mitternacht jede Stunde die wagemutigen Springer sich vom La Quebrada-Felsen in die Wellen stürzen. Dann ist die Terrasse des Mirador gedrängt voll, und ein gutes Geschäft für alle Beteiligten ist wieder einmal gesichert.

Gerardo arbeitet wie Fernando unten am Strand. Allerdings vermietet er keine Surfbretter. Er bedient in einem der vielen kleinen, nach allen Seiten hin offenen Strandrestaurants. Wacklige Holztische stehen im Sand, die Stühle sind klein und unbequem, doch die Preise niedriger als in den vornehmen Hotels. Am Nachmittag trifft man sich hier, bestellt sich ein mexikanisches Fischgericht oder auch mal Austern. Wenn man Glück hat, weht einem der Seewind nicht den Sand auf den Plastikteller. Geld tauschen kann man hier auch, zu einem etwas günstigeren Kurs als an der Hotelkasse. Umgerechnet wird nur auf Dollarbasis. Denn der Dollar ist die Währung, die zählt. Mit etwas anderem braucht der Tourist erst gar nicht zu kommen. Gerardos dringendster Wunsch ist, in die Hauptstadt, einmal nach Mexiko-City zu kommen. Was er denn da machen würde? Er habe da Freunde, und mit denen würde er dann mal richtig losziehen. Überall hin. Und er würde sich ein Paar amerikanische Sportschuhe kaufen. Ob es die denn nicht in Acapulco genauso gebe? Doch sicher, nur seien die hier erstens sowieso teurer, und zweitens würde er sie sich in Mexiko unter der Hand besorgen. Nein, ein richtig festes Einkommen habe er in seinem Restaurant nicht. Eigentlich müßte er pro Tag so knapp zwei Dollar bekommen. „Das haut aber nicht so richtig hin, weil die Chefin manchmal meint, ich verdiene soviel mit den Trinkgeldern, daß ich das andere ja nicht brauche." Viel sagen könne man da nicht: „Es gibt halt sehr viele, die aus Guerrero nach Acapulco kommen und Arbeit suchen. Und ich will meine behalten." Er habe oben in Guerrero eine große Familie, die bekomme das meiste von seinem Verdienst. „Die lebt in einem Dorf in den Kaffeeplantagen, und nicht alle haben immer Arbeit."

Zweieinhalb Autostunden von Acapulco entfernt nach Guerrero hinein liegt der Ort Zumpango del Rio. Die Hauptstraße ist geteert, die Nebenstraßen nicht. Wenige Laternen werfen ein schwaches Licht auf die Gassen. Die Häuser sind niedrig und aneinandergedrängt. Längst sind die Männer und Jugendlichen von der Arbeit zurück. Die Fiesta hat noch nicht begonnen. Vor der Kirche auf dem kleinen Platz sind ein Markt und eine Art Kirmes aufgebaut. Tanz soll auch stattfinden, hat Gerardo angekündigt.

Das Haus seiner Familie liegt gar nicht weit von der Kirche entfernt an einer recht steil ansteigenden verschlammten Straße. Die schmalen Häuser sind ein wenig erhöht auf Steinsockeln gebaut, damit in der Regenzeit das die Straße hinunterstürzende Wasser nicht hineinläuft. Seine Casita, wie er sie nennt, ist gleichfalls schmal, aber recht tief. Gerardo begrüßt im vorderen großen Raum, in den man direkt von der Straße aus eintritt, die Familie. Die alte Mutter, der Vater ist gerade nicht da, die neun Geschwister zwischen sieben und 24 Jahren – sechs sind Jungen –, eine Tante und eine Cousine aus der Nachbarschaft, seine Schwiegermutter und schließlich seine Frau: Elf Menschen wohnen in den drei Räumen. Küche, Toilette und Innenhof nicht mitgerechnet. Einige Katzen, Hunde und Hühner haben sich mittlerweile dazugesellt. Die Mädchen drängeln sich vor einem Spiegel und bürsten sich die langen schwarzen Haare. Die Mutter geht nicht mit zur Kirmes: „Ich gehe zur Messe", sagt sie mit Bestimmtheit.

Gerardos Frau zieht sich in das Zimmer der Schwestern zurück. Gerardo soll ihr folgen, bedeutet sie ihm. Er sagt ihr, daß sie noch warten möge. Erst müsse er alle begrüßen, sie solle sich schon mal fertig machen. Der Vater ist inzwischen auch gekommen. Er war noch mit Kollegen zusammen, es ging „um eine Sache auf der Plantage". 7000 Tonnen Kaffee bringt eine Ernte im Bundesstaat Guerrero, da müßten die Männer ganz schön ran, sagt Gerardos Mutter nicht ohne Stolz. Wie lange Gerardos Vater schon in den Feldern arbeitet, weiß er nicht mehr und wie wenig er verdient, will er nicht sagen: „Wir kommen aus, und für die Fiesta heute abend reicht es auch", lautet seine Antwort.

Im Vorraum, der praktisch das Zentrum des Holzhauses bildet, steht ein großer Holztisch. Ein paar Stühle drumherum. In den Ecken Truhen. An den Wänden Nägel, an denen Handtücher und Kleidung aufgehängt sind. Der Fußboden ist aus festgestampfter Erde. Das Dach sei dicht, erklärt Gerardo: „Wir haben Ziegel besorgt, das gibt es hier noch nicht so oft." In der Küche ein Lehmherd mit zwei offenen Feuerstellen. Wieder Nägel an den Wänden, Pfannen und Töpfe sind daran aufgehängt. In Krügen werden die Vorräte aufbewahrt. Ein alter Kühlschrank steht in der Ecke. Seit einiger Zeit habe man Strom im Haus, daher auch die Glühbirnen, die von der Decke baumeln. Das Plumpsklo ist im Hof. Gerardos Vater treibt seine Familie an: Nun wolle man aber endlich los. Der Weg die Straße hinab wird fast zu einer Rutschpartie. Hingefallen ist niemand, aber als alle unten auf dem Kirchenvorplatz angekommen sind, haben sie reichlich verdreckte Schuhe. Noch hat der Tanz nicht begonnen, aber die Kirmes- und Marktstände sind schon geöffnet. Hunger und Durst haben alle. Also gibt es zu abendlicher Stunde „refrescos", das sind entweder Fruchtsäfte oder Coca Cola, und Tacos mit verschiedenen Gemüsen oder Huhn, mit Käse oder mit kleingehacktem Rindfleisch. Gerardo glaubt, daß fast alle aus dem Dorf gekommen sind, denn Kirmes ist „nicht jeden Tag." Er freut sich ganz besonders, weil er die meisten Leute ja nicht so häufig sieht. Da gäbe es viel zu erzählen. Gerardos Frau ist die ganze Zeit schweigend neben ihm hergegangen. Gerardo sagt, er sei Ende 20. Gerardos Mutter berichtet, seine Frau sei 19. Die beiden seien seit drei Jahren verheiratet. Ja, meint die alte Frau, die beiden mögen sich auch, aber die Entscheidung, daß geheiratet wird, hat letztendlich Gerardos Vater getroffen: „Zusammen mit dem Vater von ihr."

Das Familienleben und die -strukturen der Landbevölkerung, allen voran der indianischen, haben sich in den vergangenen Jahrhunderten kaum verändert. Nach wie vor bildet die Familie, wie groß sie immer ist, für alle Lebensgrundlage und Schutz. Das Leben ist hart und schwer und durch die wirtschaftlichen Krisen noch sehr viel schwieriger geworden. Also müssen alle noch mehr arbeiten, und das bezieht sich in erster Linie auf die Männer und Jugendlichen. Die Rolle der Frau hat sich nicht verändert. Geburtenkontrolle gibt es keine. Die Gesundheit, das Schicksal der Familie, die Geburt von Kindern und der Tod liegen in Gottes Hand. Den Haushalt besorgen die Frauen und Mädchen, das wirtschaftliche Überleben müssen die Männer sichern. Daß Gerardo so spät geheiratet habe, sagt seine Mutter fast entschuldigend, habe wohl eher an seiner häufigen Abwesenheit gelegen. Was die alte Frau damit meint, erklärt Gerardo so: Er habe eben viel in Acapulco gearbeitet und einfach keine Zeit gehabt, sich nach einer Frau umzuschauen. Normalerweise heiraten die Jungen mit knapp 20 Jahren, die Mädchen sind zwischen 14 und 16 Jahre alt. Übrigens: Auch in den Städten ist eine junge Frau aus einer Familie der Mittel- und Oberschicht mit 25 Jahren längst verheiratet. Wenn nicht, wird's schwierig werden.

Das Problem auf dem Land ist, daß wegen der sich weiter ausbreitenden Armut viele junge Männer den Schutz ihrer Familien verlassen und in die Stadt gehen, was in der täglichen Praxis zumeist Mexiko-City heißt. Andere ziehen gleich ganz nach Norden über die Grenze in die Südstaaten der USA und verdingen sich dort als Landarbeiter. Manche wandern sogar bis hinauf nach Chicago, wo sie in den Schlachthöfen arbeiten. Gehen sie aber nach Mexiko-City, bleiben sie zwar im selben Land und damit im selben Sprachraum, doch ist der Wechsel in jeder Hinsicht beträchtlich. Vor allem durch die Landflucht ist die Zahl der Hauptstadteinwohner zwischen 1970 und 1980 von 7,5 auf 15,0 Millionen gestiegen. Ende der achtziger Jahre leben rund 20 Millionen Menschen in Mexiko-City. Längst reicht das Stadtgebiet, für seine Bewohner nicht mehr aus, und so haben sich die immer neu entstehenden Slums bis hinein in den Bundesstaat von Mexiko ausgedehnt. Dort leben die zugewanderten Menschen auf engstem Raum, müssen sich neuen Lebensbedingungen anpassen. Viele der alten Traditionen gehen verloren. Die Jungen träumen vom großen Geld, die Mädchen von einer glücklichen Heirat. Beiden ist gemeinsam, daß aus ihren Träumen meistens nichts wird.

Einer von ihnen ist Pedro, der mit 17 Jahren aus Puebla in die Hauptstadt kam. Pedro hat nicht das große Geld gemacht. Er sei aber auch nicht gescheitert, sagt er stolz. Pedro verkauft Lose. Dazu muß man wissen, daß die Mexikaner an das Glück in der Nationalen Lotterie ebenso glauben wie an ihre Schutzheilige, die Jungfrau von Guadelupe. Und sicherlich mehr als 50 000 kaufen dienstags und freitags ihr „Cachito", das Lotterielos. Pedro und ein Heer von Losverkäufern freut das. Ein Freund meinte zum Phänomen der Lotterie in Mexiko einmal: „Wenn die Mexikaner ihrer Regierung so vertrauen würden, wie der Lotterie ... Aber das wäre ja Wahnsinn!" Die Nationale Lotterie besteht in Mexiko seit mehr als 200 Jahren. Sie wurde 1770 vom Vizekönig Marqués Carlos Francisco de Croix mit gar nicht schlechten Absichten ins Leben gerufen. Von den Gewinnen sollten soziale Einrichtungen geschaffen und Waisen unterstützt werden. Alte Losverkäufer berichten, sie wüßten genau, das sich das Spiel eigentlich gar nicht verändert habe. Das System, weiß auch Pedro, sei nun wirklich einfach: „Du kaufst ein Ticket und hast damit bei der zweimal pro Woche stattfindenden Auslosung die Chance, Geld zu gewinnen." Um mehr geht es gar nicht. Am letzten Freitag eines jeden Monats, fügt Pedro noch hinzu, gebe es noch einmal mehr Geld zu gewinnen. „Einen Extrabonus."

Der Preis für ein Los lag Anfang 1987 bei 200 Pesos am Dienstag und 250 Pesos am Freitag. Der maximale Gewinn lag bei zwei bis zweieinhalb Millionen Pesos, was zu der Zeit noch recht viel Geld war. Nun gibt es aber noch spezielle Lotterien, bei denen die Lose bis zu 3000 Pesos kosten. Da könne man aber auch viel mehr gewinnen, verrät Pedro verheißungsvoll.

Er hat einen ziemlich festen Kundenkreis. Ihm ist aufgefallen, daß sich die Leute nur bestimmte Seriennummern kaufen, die offenbar eine besondere Bedeutung für sie haben: „Viele kaufen immer dieselben Serien." Und dann gibt es Leute, die haben sich zu einer Lotteriegruppe zusammengeschlossen: „Jeder zahlt eine bestimmte, aber immer selbe Summe in einen Topf ein, und jeden Dienstag und Freitag werden dann dafür Lose gekauft. Gewinnt die Gruppe, wird der Gewinn unter den Mitgliedern aufgeteilt." Wenn dann der große Auslosungsmoment kommt im Gebäude El Moro im Zentrum der Hauptstadt an der Plaza de la Reforma Nummer 1, ist der große Saal meistens brechend voll. Jeder wartet gespannt darauf, daß seine Nummer als die ausgerufen wird, die gewonnen hat. Die meisten gehen enttäuscht nach Hause. Die kleinen Bälle, mit denen die Gewinnummern ausgelöst werden, haben nur wenigen Glück gebracht. Nicht einmal, stöhnt eine Frau, die letzten Zahlen ihrer Seriennummer stimmten mit dem Gewinnlos überein: „Dann hätte ich wenigstens 120 000 Pesos gewonnen." Ende

1987/Anfang 1988 waren das noch rund 80 Dollar. Nach jeder Auslosung beginnt für Pedro wieder der allgemeine Wettlauf beim Verkaufen der Lose.

Wo die Meeresschildkröten verschwunden sind: Coatzacoalcos

Eigentlich wisse man überhaupt nichts, sagt Ivan Restrepo. Er ist Direktor des Zentrums für Umweltschutz, eines privaten Instituts in der Hauptstadt, das sich mit den Problemen der Umweltverschmutzung und des Umweltschutzes befaßt. Und wenn man Direktor Restrepo fragt, worüber er denn eigentlich überhaupt nichts wisse, dann erklärt er: „Wir wissen nicht, welche Langzeitauswirkungen die Umweltverschmutzung auf die menschliche Gesundheit hat. Wir wissen nicht, wie viele Bauern an Krebs sterben werden. Wir wissen nicht, was mit den Fischern passieren wird, wenn sie nicht länger ihre Fänge verkaufen können. Und wir wissen nicht, was mit jenen Kindern geschehen wird, die nur einen Kilometer entfernt von Coatzacoalcos täglich zur Schule gehen."

Coatzacoalcos, ein Karibikhafen im Süden Mexikos, ist zweifellos die am meisten verschmutzte und vergiftete Stadt des Landes. Mexikanische Wissenschaftler belegten schon im Frühherbst 1986 im Rahmen einer ausführlichen Studie, daß die Stadt zu den verdrecktesten Gebieten der Welt gehört, wahrscheinlich sogar an der Spitze steht. Und die Gebiete links und rechts des gleichnamigen Flußes – insgesamt rund 8000 Quadratkilometer – sind nach der Studie sowohl durch die Ölindustrie als auch durch die Anwendung von Pestiziden so sehr geschädigt worden, daß Fachleute zweifeln, ob es der Natur selbst bei völliger Einstellung der derzeitigen Produktionsverfahren gelingen würde, eine Regeneration zu erreichen. Im Umweltschutzzentrum, das unter der Leitung von Direktor Restrepo die ersten drei von insgesamt 15 geplanten Bänden über die Umweltschäden im Golf von Mexiko veröffentlichte, kam man zu dem Schluß: Drastische Maßnahmen zur Begrenzung und Einstellung der Verschmutzung müßten durchgesetzt werden, sonst wird das gesamte Gebiet rund um den Fluß Coatzacoalcos innerhalb kurzer Zeit völlig zerstört sein.

Dr. Alejandro Toledo, der ebenfalls im Institut arbeitet, hält die Zerstörung in bestimmten Gebieten und Flußabschnitten durch die Abfälle der Erdölindustrie, der Betriebe und Privathaushalte sowie durch Pestizide für so weit fortgeschritten, daß die Natur zu Selbstregeneration nicht mehr fähig sei. Man müßte sowieso, wenn man darauf hoffte, sofort mit der Reinigung des gesamten Geländes beginnen. Da davon keine Rede sein kann, zeigen sich verheerende Auswirkungen: Früher eine der größten Touristenattraktionen, sind die Meeresschildkröten von den Ufern des Flusses Coatzacoalcos und der Karibik verschwunden. Strände, Marschland und Uferstreifen sind über Hunderte von Kilometern mit einer dicken Dreckschicht überzogen. Zugvögel, die jahrhundertelang in dieser Gegend auf ihrem Weg nach Süden oder nach Norden Station machten, kommen schon lange nicht mehr. Seltene Vogelarten, die unter Naturschutz standen, sind verschwunden. Einige, nur vor den südlichen mexikanischen Küsten anzutreffende Fischarten, sind ausgestorben. Überhaupt haben sich die Menschen daran gewöhnt, daß regelmäßig große Mengen toter Fische angeschwemmt werden. Die Umweltverschmutzung hat außerdem viele einheimische Insekten- und Pflanzenarten vernichtet; das ökologische Gleichgewicht ist schon längst aus den Fugen geraten. Alejandro Toledo erklärt: „Die Beziehungen zwischen Flora und Insekten beispielsweise sind wichtig für das Ökosystem und seine Kapazität, die vom Menschen angerichteten Schäden wieder auszugleichen. Allerdings macht uns die Tatsache zu schaffen, daß mehrere 1000 Hektar Sumpfland zerstört wurden, darunter viele Mangrovenwälder."

Bis zu einer Höhe von 15 Metern türmen sich die Berge, die sich überwiegend aus schwarzem Industrieschlamm gebildet haben. Als Folge der hohen Konzentration von Industriegiften ist das Wasser, und zwar sowohl das Trink- wie das Flußwasser, so verschmutzt, daß man es nicht mehr gefahrlos trinken kann. Salmonellenvergiftungen beispielsweise treten bei den 1,5 Millionen Einwohnern der Region besonders häufig auf. In vielen Gemeinden ist der Konsum von verseuchtem Wasser aber an der Tagesordnung, weil es einfach kein anderes gibt. In bestimmten Bereichen, haben die Experten festgestellt, ist die Umweltverschmutzung ebenso hoch wie in der Hauptstadt. In Coatzacoalcos steigt jährlich die Anzahl der Infektionskrankheiten, die Zahl der Augenerkrankungen nimmt besonders stark zu. Als die mexikanischen Fachleute 1986 ihre ersten Untersuchungsergebnisse veröffentlichten, stellten sie unter anderem fest, daß die Probleme in der Hauptstadt durch entsprechende Kontrollen relativ leicht in den Griff zu bekommen seien. Anders verhalte es sich jedoch an der Küste: Dort seien die Schäden durch eine Kombination verschiedener Ursachen so weit fortgeschritten, daß man überhaupt nicht mehr voraussagen könne, was geschehen werde, wenn man die tägliche Zerstörung der Natur stoppen würde. Armando Baez, einer der Autoren des Untersuchungsberichtes, formulierte das Problem so: „Die Ausbeutung der Erdölquellen, die Errichtung von Raffinerien und anderer Industriekomplexe hat in ihren unmittelbaren Auswirkungen die gesamte Region beschädigt." Das Ökosystem aus Wasser, Land und Atmosphäre sei stark in Mitleidenschaft gezogen worden. Das gelte mittlerweile auch für den Menschen.

Die Bevölkerung von Coatzacoalcos lebt unter einem selbstgemachten Vulkan. Die Petrochemie zerstört mit ihren unkontrolliert in die Luft, ins Wasser und in die Erde eingeleiteten Produktionsabfällen die Lebensgrundlage der Bevölkerung. Im Institut beklagt man: „Über Jahrzehnte hinweg haben wir Millionen Hektar Wald zerstört und unsere Verantwortung für die Natur und ihre Erhaltung ignoriert. Sicher, unser wirtschaftliches Wachstum hat zugenommen, aber entwickelt haben wir uns nicht. Die große Mehrheit der Mexikaner lebt weiterhin in Armut und Abhängigkeit."

Begonnen wurde mit der Erdölförderung in der Gegend von Coatzacoalcos um die Jahrhundertwende, doch zu den jetzigen, fast unlösbaren Problemen hat erst die Entwicklung in den vergangenen 25 Jahren geführt. Nach und nach setzte der Ölboom ein, erdölverarbeitende Industrien siedelten sich völlig unkontrolliert an, die Einwohnerzahl der Stadt stieg von rund 80 000 Ende der sechziger Jahre auf rund 500 000 in der zweiten Hälfte der achtziger Jahre. Menschen und Industrien warfen ihren Müll ins Wasser oder aufs Land. Ausgedehnte Sumpfgebiete verschwanden, dazu kam der Einsatz von chemischen Substanzen in der Landwirtschaft. Der Weg in die Katastrophe ist 25 Jahre später noch immer nicht aufgehalten. Die Wälder starben – bald gab es auch keinen Maisanbau mehr. Die Viehwirtschaft und der Anbau exportfähiger Agrarprodukte mit Hilfe von Pestiziden führten zu einer gewaltigen Bodenerosion. Die Pestizide gaben gemeinsam mit dem Industriemüll den Flüssen und küstennahen Gewässern den Rest: Viele Fisch- und Kleintiersorten wurden ausgerottet. Tausende von Fischern wurden arbeitslos, und mit der Arbeitslosenrate stieg die Kriminalität. Die Mehrheit der Bevölkerung ist mittlerweile krank. Für Restrepo vom Institut ist die Botschaft von Coatzacoalcos klar: „Industrielles Wachstum ohne Umweltschutz führt ins Desaster." Und der Wissenschaftler wirft der staatlichen Erdölgesellschaft PEMEX vor, sie verfüge zwar über qualifizierte Techniker und Ingenieure, habe jedoch keinerlei Verantwortungsgefühl für die Natur.

Wie ernst die Lage ist, zeigte bereits 1985 eine erste Reaktion der Regierung: Die stellte damals 20 Million Dollar für ein allgemeines Großreinemachen in Coatzacoalcos zur Verfügung. Eine Reihe von Maßnahmen wurde durchgeführt, allerdings war keine darunter, die bis zu den Ursachen der Umweltverschmutzung vordrang. „Zu wenig und zu spät", kritisierten Fachleute die Regierungsbemühungen. Denn wenn man der Verschmutzung durch die Petrochemie ein Ende setzen wolle, müsse man zunächst einmal investieren. Reinemachen allein reiche nicht aus ...

Die Flüsse Coatzacoalcos und Tonala sind Kloaken. Es gibt keine Küstenregion auf der Welt, in deren Gewässern der Anteil von Hydrogenkarbonaten so hoch ist wie hier: zehnmal so hoch wie im Normalfall. Das gleiche gilt für Schwermetalle. Pestizide wie DDT sind ebenfalls in hoher Konzentration im Wasser anzutreffen, ebenso wie Sulfate in der Luft, wenn sie denn diese Bezeichnung überhaupt noch verdient. Die Autoren der Studie meinten im September 1986, sie hätten aufgezeigt, wo die Probleme lägen, nun sei es an den Verantwortlichen, zu handeln. Man dürfe das Land und den Boden nicht vernichten, und man dürfe angesichts dieser Katastrophe auch nicht vergessen, daß 60 Prozent der mexikanischen Bevölkerung weder Fleisch zu essen noch Milch zu trinken hätten. Da sei es doch wohl an der Zeit, den Boden produktiv zu nutzen und ihn nicht zu zerstören. Merkbar geändert hat sich seitdem in Coatzacoalcos und Umgebung nichts. Die Meeresschildkröten sind noch immer verschwunden, und die Menschen leben weiterhin unter einem selbsterrichteten Vulkan. Lediglich die Zahl derer, die sich für ihre Ernährung weder Fleisch noch Milch leisten können, ist weiter gestiegen.

Coatzacoalcos ist eine sterbende Stadt. Aus der einstigen „Boom-Town", besonders in den siebziger Jahren, ist ein Gemeinwesen geworden, in dem verbitterte Menschen im Dreck leben und von dem der ehemalige Bürgermeister Juan Osorio López sagt: „Keiner von uns hatte ja wahrhaben wollen, daß die guten Zeiten einmal aufhören könnten. Die Leute strömten aus dem ganzen Land in die Stadt, wie damals beim Goldrausch in Kalifornien. Doch dann kam der Kollaps." Diese Zeiten sind vorbei und auch die, als die Fischer allmorgendlich ihre vollen Netze aus den Fluten zogen und den frischen und sauberen Fisch auf den Märkten anboten. Doch ebenso wie die Fische ist der Ölboom, der sie vernichtet hat, verschwunden, und Coatzacoalcos steht vor den gleichen Problemen wie einst die Städte auf der anderen Seite des Golfes von Mexiko im US-Bundesstaat Louisiana, in denen auch niemand glauben wollte, daß es mit dem Ölreichtum eines Tages vorbei sein könnte.

Mexikos Deviseneinnahmen hingen bis Ende 1987 zu 70 Prozent von den Erdölverkäufen ab. Die Katastrophe trat ein, als die Preise in jenem Jahr in den Keller stürzten und die Regierung ein Drittel ihrer Erdölerlöse – ungefähr neun Milliarden US-Dollar – verlor. Die Krise verschärfte sich, und besonders hart wurde Coatzacoalcos getroffen. Die Arbeitslosenrate ist seitdem auf gut 30 Prozent gestiegen.

Die weitläufigen und ergiebigen Erdölfelder in der Nähe waren in den siebziger Jahren entdeckt worden. Der Boom begann, die Preise stiegen in schwindelerregende Höhe. Mexiko gehörte bald zu den Ländern, die den ölhungrigen Industriestaaten alle erdenklichen Mengen lieferten, allerdings auch zu horrenden Preisen: Als die OPEC-Preise noch bei 34 US-Dollar pro Barrel lagen, verlangte die staatliche Ölgesellschaft PEMEX auf dem internationalen Markt bereits 40 Dollar und bekam sie auch. Der damalige mexikanische Präsident José López Portillo teilte angesichts der blendenden Einnahmesituation – Mexiko verdiente aus Ölverkäufen zwischen 1976 und 1982 wenigstens 61 Milliarden US-Dollar – seinen Landsleuten mit, sie hätten sich nun bitte sehr an die Verwaltung des Reichtums zu gewöhnen.

Aber es kam noch besser. Nach dem Motto „Wo schon viel ist, kommt noch mehr dazu“ standen ausländische Investoren vor den Bürotüren der zuständigen mexikanischen Beamten Schlange: Man witterte ein gutes Geschäft und wollte Mexiko Geld leihen. Tanker, Raffinerien und petrochemische Industriekomplexe wurden geplant und errichtet. Millionen verschwanden auf unbekannten Wegen in unbekannten Taschen. Milliarden flossen auch nach Coatzy, wie die Einwohner von Coatzacoalcos in einem unverständlichen Anflug von Zuneigung manchmal ihre Stadt nennen. Schon bald wurden nahezu alle petrochemischen Exporte über den Hafen abgewickelt, und 40 Prozent der nationalen Rohölausfuhren wurden hier ebenfalls verschifft. Innerhalb weniger Jahre entstanden mehr als 50 erdölbezogene Industrieanlagen entlang des Flusses Coatzacoalcos. Kein Wunder, daß die Stadt bald als „Boom-Town“ galt, in der schnell viel Geld zu machen sei. Männer aus dem ganzen Land strömten herbei. Sie verließen ihre kleinen Farmen und ihre Familien, zogen in elende Behausungen und schufteten in Schichten in den Fabriken. Die Händler kamen und die Prostituierten. Viele neue Geschäfte und Hotels entstanden. Das Geld lag auf der Straße, erinnert sich die Agentin einer Reiseagentur. Und heute? Heute werden schon mal Flüge von der Hauptstadt hierher gestrichen, weil es nicht genügend Passagiere gibt. Damals war das ganz anders. Wenn nicht gearbeitet wurde, dann wurde eben gefeiert. Einen Grund gab es eigentlich immer. Coatzacoalcos ist heute eine stille, noch immer stinkende Stadt geworden.

Miguel de la Madrid trat sein Präsidentenamt 1982 an und fand ein wirtschaftliches Desaster vor: Das Land war praktisch pleite, hatte außerdem mindestens 84 Milliarden US-Dollar Schulden. Hinzu kam, daß der Ölpreis auf dem Weltmarkt innerhalb der nächsten vier Jahre bis unter 10 US-Dollar pro Barrel fiel und die Regierung de la Madrid den Anstieg der Verschuldung zwar bremste, aber doch auf über 103 Milliarden Dollar schraubte. Im gleichen Zeitraum begann behutsam eine Art wirtschaftlicher Aufräumaktion. Präsident López Portillo und PEMEX hatten am Stadtrand von Coatzy, Laguna del Ostione, einen riesigen Industriekomplex geplant. Er wurde ersatzlos gestrichen. Und die Planungen für den petrochemischen Komplex auf der anderen Seite des Flußes in Morelos wurden auf die Hälfte gestutzt.

Die sozialen Auswirkungen dieser Politik und ihrer Folgeerscheinungen sind zum Teil verheerend: Zwar behaupten die Offiziellen von PEMEX, es habe keine Entlassungen gegeben, das bedeutet aber nichts. Tausende von PEMEX-Arbeitern nämlich, die über Jahre hinweg mit Kurzzeitverträgen beschäftigt worden waren, stehen nun ohne Arbeit da, weil ihre Verträge nicht verlängert wurden. Natürlich sind sie nicht entlassen worden, aber Arbeit haben sie trotzdem nicht mehr. Ähnlich geht es Tausenden in der Zulieferindustrie, die ausschließlich für PEMEX arbeitete. Ein Schiffahrtsagent schimpft: „Die Geschäfte sind den Bach hinuntergegangen." 1982 machten im Hafen 2200 Schiffe fest. 1986 waren es nur noch 1300.

An eine Rückkehr der „guten alten Zeiten" glaubt niemand mehr, obwohl die Preise für Erdöl seit dem absoluten Tiefstand 1986 Ende 1987 wieder auf das Doppelte gestiegen waren. Für neue Investitionen aber hat die Regierung unter anderem wegen der immensen Auslandsverschuldung kein Geld. Es gibt aber noch einen anderen Grund, warum Investitionen in der Erdölindustrie nur noch selten und dann zu Modernisierungszwecken vorgenommen werden: Die Regierung de la Madrid hat mit einigem Erfolg 1986 und 1987 begonnen, die Abhängigkeit von den Deviseneinnahmen aus dem Ölgeschäft etwas zu verringern und andere Bereiche zu fördern. So stiegen 1986 die Exporte im Nichterdölbereich um runde 30 Prozent und im ersten Halbjahr 1987 gar um 40 Prozent.

In Coatzacoalcos herrscht eine resignierte Stimmung, Geschäfte und Restaurants sind leer. Im Büro der Gewerkschaft spielen die arbeitslosen Männer Domino. „Wenn wir ein wenig mehr an die Zukunft gedacht und vorausschauender geplant hätten, ginge es uns heute besser", sagt ein Vertreter der Handelskammer und fügt hinzu: „Es gibt hier nämlich noch mehr als nur Erdöl." Woran der Mann denkt, ist klar: an die archäologischen Funde aus der Zeit der Olmeken, die das mexikanische Hochland vor mehr als 2000 Jahren bewohnt haben. In den internationalen Touristenführern steht noch immer, daß es sich bei

Coatzacoalcos um „einen an Bedeutung gewinnenden Umschlagplatz für Agrar- und Erdölprodukte“ handelt und daß es vier Hotels gebe. Wenn der Wind weht, stinkt die Stadt, die an einem toten Fluß liegt. Die Einwohner sagen, schuld am Tod des Flusses sei PEMEX gewesen. Die hätten den ganzen Dreck immer und immer wieder hineingeworfen. PEMEX erwidert, das sei ungerecht, denn man sei nicht allein verantwortlich. Hunderte von Industrieunternehmen hätten ihren Teil auch beigetragen. Hector Martinez, der Manager eines Fischrestaurants erklärt, er müsse seinen Fisch aus dem Nachbarbundesstaat Tabasco importieren, weil „es hier keinen mehr gibt“. Jeder habe schuld, sagt Señor Martinez. Sein Restaurant ist leer: „Als hier noch das Geld regierte, hat sich niemand darum gekümmert, was geschah. Heute ist es zu spät.“

Wenn ein weißer Elefant 700 Prozent mehr kostet als geplant: Das Atomkraftwerk Laguna Verde und einiges mehr über Umweltprobleme

Es ist der 19. November 1984, morgens um 5.45 Uhr. Wenige Minuten später ist für die Bewohner von San Juanico Ixhuatepec nichts mehr so, wie es einmal war: An diesem frühen Morgen brechen mehrere gewaltige Explosionen los und fegen über die im Norden der Hauptstadt gelegene, 22 000 Einwohner zählende Ortschaft hinweg. Jahre später erinnerte sich Señor Jesús Corona an jenen 80 000-Liter-Tank, der plötzlich auf seinem Haus, oder genauer gesagt auf dessen Resten lag. Mehr als zwei Kilometer weit hatte der Explosionsdruck den Tank geschleudert. Jesús Corona war an diesem Morgen glücklicherweise nicht daheim. Er war mit seiner Familie in einem städtischen Krankenhaus, um bei der Niederkunft seiner Tochter dabeizusein. Das Baby, am Morgen der Katastrophe geboren, daran glaubt Jesús Corona fest, „hat uns das Leben gerettet". Mindestens 875 Menschen kamen ums Leben, mindestens 2000 wurden zum Teil schwer verletzt. Was war geschehen? An einem der Tanks auf dem Gelände der PEMEX-Raffinerie von San Juanico war ein Leck entstanden. Niemand hatte es bemerkt, Benzin lief aus. Es kam zur Explosion. Jesús Corona erinnert sich auch noch daran, daß der riesige Tank in Stücke zerlegt werden mußte, ehe er von den Trümmern seines Hauses abtransportiert werden konnte. Was damals genau geschah, erfuhr die Öffentlichkeit nicht. Einmal mehr nicht. Denn Unglücksfälle in der mexikanischen Erdölindustrie sind an der Tagesordnung und in kaum einem Fall hat der staatliche Ölkonzern PEMEX, eines der größten Unternehmen dieser Art auf dem amerikanischen Kontinent, das wahr gemacht, was nach solchen oder ähnlichen Unglücken von den Offiziellen immer wieder versprochen wird: Es wird eine Untersuchung und die Veröffentlichung der Ergebnisse geben.

Ende Oktober 1986: Im Golf von Mexiko steht ein 200 Meter hoher, pechschwarzer Rauchpilz. Seit mehr als einer Woche steht die PEMEX-Bohrinsel Abkatun 91 in Flammen. 267 000 Liter Rohöl verbrennen täglich oder strömen aus den geborstenen Leitungen ins Meer. Das war bereits die zweite Katastrophe dieser Art innerhalb von sieben Jahren. 1979 war Ixtoc I explodiert, pro Tag flossen mehr als eine halbe Million Liter Erdöl ins Meer. Die Nachrichten über den Unfall auf Abkatun 91 waren dürftig, wie immer in solchen Fällen. Die Insel lag 72 Kilometer vor der mexikanischen Karibikküste. Die Unglücksursache sowie die Zahl der Opfer waren unbekannt. Der staatliche Ölkonzern PEMEX gab, ebenfalls wie immer, keine Informationen heraus. Bekannt war zu diesem Zeitpunkt nur, daß die Förderstelle Luna II, auf dem Festland gelegen, sechs Wochen lang bis zum 7. Oktober 1986 gebrannt und mindestens 400 Hektar Ackerland verseucht hatte. 33 Menschen kamen ums Leben. Die Zahl der Verletzten war nicht zu erfahren. Wenige Tage, nachdem Luna II gelöscht worden war, kam es auf der Förderstelle zu einer schweren Explosion. Mehr teilte PEMEX nicht mit, eine Gesellschaft, die der viertgrößte Erdölproduzent der Welt ist. Schließlich gab es doch noch eine Meldung, über das Wetter, zum Unglück auf Abkatun 91: Im Golf von Mexiko herrsche so schlechtes Wetter, daß die Lösch- und Eindämmungsarbeiten äußerst schwierig seien. Es gehe eine sehr schwere See mit Stürmen. Weder könnten derzeit die geborstenen Ventile ersetzt, noch könne das Feuer mit Chemikalien gelöscht werden.

Knapp sechs Wochen später veröffentlichte zum Jahresende 1986 die Gewerkschaft der mexikanischen Erdölarbeiter ein Memorandum über die Unfälle in der staatlichen Ölindustrie, das von der Wochenzeitung „Proceso" veröffentlicht wurde. Danach sind zwischen 1982 und 1986 bei Unfällen verschiedenster Art mindestens 172 Arbeiter von PEMEX und 843 Angestellte von Vertragsgesellschaften ums Leben gekommen. Und genau in jener ersten Dezember-Woche, als die Erdölarbeitergewerkschaft die Zahlen publizierte, kam es zu der schweren Explosion von Salamanca im Bundesstaat Guanajuato mit vier Toten und sechs Verletzten. Wieder versprachen die PEMEX-Oberen, sie würden den Unfall umgehend untersuchen lassen. Wie in fast allen Fällen wurde auch daraus nichts. Der Proceso-Artikel las sich wie die Horrorgeschichte eines Industriezweiges, der immer wieder von sich behauptet, er befolge nicht nur die allgemeinen Sicherheitsbestimmungen, sondern achte auch besonders auf die Sicherheit der Arbeiter. 1984 starben 55 Arbeiter bei 12 069 Unfällen. Die Zahl der Verletzten wurde nicht bekanntgegeben. 1985 starben 46 Arbeiter bei 12 330 Unfällen. Die Zahl der Verletzten wurde nicht bekanntgegeben. Ohne daß die Zahlen für 1986 veröffentlicht wurden, steht für Experten fest: Der grauenvolle Trend hält an. Wobei nach wie vor unklar bleibt, aus welchen Gründen es zu so vielen Unfällen kommt. Die Vermutungen reichen von Sabotage bis zu nachlässiger und schlechter Wartung. Die mexikanische Tageszeitung „El Universal" beispielsweise veröffentlichte am 12. Oktober 1986 einen Artikel über Unfälle, die von PEMEX niemals gemeldet worden waren. Fachleute und Gewerkschafter räumten ein, daß sich das Verhalten der PEMEX-Leitung angesichts der Häufung der Unglücke vielleicht ändern könnte. Jedenfalls wurde offiziell zu dem Feuer auf der Bohrinsel Abkatun 91 wenige Wochen danach mitgeteilt, die Not- und Rettungsausrüstung auf der Plattform sei nicht einsatzbereit gewesen. Und auch das Alarmsystem habe nicht funktioniert. Außerdem seien die Arbeiter nicht ausreichend geschützt gewesen. Allerdings: An den Sicherheitseinrichtungen und -bestimmungen wurde nichts geändert.

Señor Jesús Corona in San Juanico Ixhuatepec sagt, er sei mit PEMEX und dem Staat zufrieden. Die hätten sein Haus wieder aufgebaut. Zwar nicht ganz, aber immerhin soweit, daß er mit seiner Familie wieder habe darin wohnen können: „Schöner wäre es natürlich gewesen, sie hätten hier alles fertig gemacht, aber ich bin doch ganz zufrieden." Für jeden Toten habe es zwei Millionen Pesos Entschädigung gegeben. Seine Nachbarin habe 1,4 Millionen Pesos erhalten, weil sie Verbrennungen zweiten Grades bei der Explosion erlitten habe. Aber ein Schock sei die Explosion schon gewesen. Übrigens fand er sie schlimmer als das Erdbeben knapp ein Jahr danach, am 19. und 20. September 1985. „Und die Kinder... Einige von ihnen sind noch heute in psychologischer Behandlung. So viele Jahre nach der Explosion." Und viele Menschen seien auch weggezogen. Und jetzt fühle er sich eigentlich ganz sicher, wenn es da nicht die Fabrik gebe, die Alkohol produziert. Die könne eines Tages auch explodieren ...

Unfälle sind es auch, die Homero Aridjis umtreiben, den Schriftsteller, Ex-Diplomaten und Gründer der Gruppe der 100, jener Künstler, die den Schutz der mexikanischen Umwelt auf ihre Fahne geschrieben haben. Eine Fahne, das kritisieren sie, die die Regierung Mexikos noch immer nicht zu hissen bereit ist. Homero Aridjis und Vertreter von zwei anderen Umweltschutzorganisationen trafen sich in der ersten Januarwoche 1987 mit Präsident Miguel de la Madrid, weil sie mit ihm etwas Wichtiges zu besprechen hatten. Ihre Sorge nämlich, es könne im Atomkraftwerk Laguna Verde zu einem schweren Unfall kommen. Dann sei die Regierung dafür verantwortlich zu machen, davon ist Homero Aridjis überzeugt. Laguna Verde. An wohl kaum einem Projekt werden die Probleme eines Landes wie Mexiko so deutlich sichtbar wie an diesem.

Im Jahr 1970 trägt sich die damalige mexikanische Regierung mit Plänen zur Einführung der Atomenergie in Mexiko. Der Entwurf für ein eigenes Atomkraftwerk wird in Auftrag gegeben. Noch ist der Ölboom nicht ausgebrochen, und Strom ist knapp. Die Namen Three Miles Island und Tschernobyl sind noch Fremdworte. Wenig später, trotz des mittlerweile einsetzenden Ölbooms, beschließt die mexikanische Regierung, ein eigenes Atomkraftwerk zu bauen. Rund 500 Millionen US-Dollar hatte das Projekt kosten sollen. So die ursprüngliche Planung.

Ende 1987 war das Kraftwerk nicht nur 700 Prozent teurer als vorgesehen, man war mit Planung, Bau und Fertigstellung von Laguna Verde auch um elf Jahre hinter den ursprünglichen Planungen zurückgeblieben. Selbst für mexikanische Verhältnisse eine Rekordleistung. Laguna Verde liegt nördlich der Hauptstadt Veracruz im gleichnamigen Bundesstaat an der feuchtwarmen Karibikküste, rund 280 Kilometer von der Hauptstadt entfernt. Sollten irgendwann einmal beide Reaktoren der Firma General Electric laufen, werden drei Prozent der mexikanischen Haushalte von hier ihren Strom beziehen. Angesichts der schlimmsten wirtschaftlichen Krise, die Mexiko seit 50 Jahren erlebt, wurde Laguna Verde, dieses 3,5 Milliarden-Dollar-Objekt zu einem politischen Streitobjekt. Juan Eibenschütz, Chef der Staatlichen Strom-Kommission (CFE), gab unumwunden zu: „Und falls mir heute jemand die Frage stellen würde, ob ich, um die endgültigen Kosten wissend, so ein Projekt noch einmal empfehlen würde, müßte ich dem Fragesteller sagen: Wahrscheinlich nicht."

Immerhin – als Miguel de la Madrid die Präsidentschaft 1982 übernahm, gab es Pläne für 20 Atomkraftwerke zu je 20 000 Megawatt. Seinerzeit waren bereits zwei Milliarden Dollar in Laguna Verde investiert worden, viermal soviel, wie in den Projektplänen ausgewiesen. Nahezu alle Experten sind sich einig: den tatsächlichen Preis wird kaum jemand einmal erfahren. Denn verdient haben zu viele an diesem „Weißen Elefanten": Die Regierung und örtliche Parteifunktionäre, Planer und Architekten, Vertragsfirmen und Bauunternehmer und nicht zuletzt General Electric, die US-amerikanische Firma, die die Reaktoren gebaut hat. Besonders nach der Atomkatastrophe von Tschernobyl im Mai 1986 hat sich in Mexiko eine Koalition von Laguna-Verde-Gegner gefunden, die auch für die unangefochten herrschende Partei der Institutionalisierten Revolution eine Überraschung darstellt. Umweltschützer, Politiker von Oppositionsparteien, Bauern und die Bischöfe der katholischen Kirche haben nicht nur protestiert, sie demonstrierten sogar auf Straßen und Plätzen in Mexiko-City wie vor Ort.

Doch die Regierung führte Gegenmaßnahmen durch: Sie startete eine Anzeigenkampagne Pro-Laguna-Verde und lud Bauern, Arbeiter, Geschäftsleute und Gewerkschafter aus dem Bundesstaat Veracruz zur Baustelle ein. Juan Eibenschütz sagt zu den Befürchtungen der

Atomkraftwerkgegner: „Niemand kann eine Garantie dafür abgeben, daß keine Risiken bestehen. Aber die Risiken eines Atomkraftwerkes sind geringer als die jeder anderen Industrieanlage." Trotz aller Anstrengungen: Die Regierung vermochte die wachsende Zahl der Gegner nicht zu überzeugen. Der zentrale Punkt ihrer Kritik sind die beiden Siedewasserreaktoren, deren Betrieb problematisch sei, und außerdem liege das Kraftwerk nur 18 Kilometer von einem nach wie vor aktiven Vulkan entfernt. Hinzu kommt: Instandhaltungs- und Servicearbeiten bei den staatlichen Unternehmen sind denkbar schlecht. Immer wieder wird das niedrige Niveau in diesem Bereich bei den nationalen Luftfahrtgesellschaften und im Wohnungsbau beklagt, vor allem aber beim staatlichen Ölkonzern PEMEX, der in Mexiko über das absolute Energiemonopol verfügt. Ein früherer Direktor der Staatlichen Strom-Kommission sagte zu diesem Thema einmal: „Die Instandhaltung läßt in Mexiko viel zu wünschen übrig. Ich glaube schon, daß beispielsweise Laguna Verde als Projekt und unter Konstruktionsgesichtspunkten mit vergleichbaren Kraftwerken in den USA mithalten kann. Meine Zweifel und Sorgen beginnen, wenn ich an die technische Überwachung und an die Instandhaltung denke."

Dennoch floß im Sommer 1987 angereichertes Uran in den ersten Reaktor. Die Testphase begann. Der zweite Reaktor soll erst irgendwann in den neunziger Jahren in Betrieb genommen werden, wenn es überhaupt jemals dazu kommen sollte. Denn renommierte US-Wissenschaftler haben bereits im Spätherbst 1986 auf die Gefahrenquellen der beiden Reaktoren hingewiesen, jedoch gleich die Bemerkung hinzugefügt, daß es in erster Linie um viel Geld gehe. Einer der Experten, Robert Pollard, Ingenieur für Sicherheitsfragen in Atomkraftwerken, ging soweit: „Ein Unfall wie in Tschernobyl könnte jederzeit hier passieren." Und man könne nichts tun, um das zu verhindern, wenn man diesen Reaktor-Typ einsetze. Jorge Young Larranaga war zwischen 1965 und 1974 Planungschef der mexikanischen Strom-Kommission. Er vertritt mittlerweile die Auffassung, daß Mexiko weder über die technischen Kapazitäten zur Betreibung von Laguna Verde verfüge noch könnten sie sobald erlangt werden. „Die Produktion von Nuklear-Strom unterliegt bestimmten Risiken", erklärt der Wissenschaftler. „Nach Three Miles Island und Tschernobyl wissen wir, daß angesichts der Fehler, die durch Menschen gemacht werden, eine risikolose Nukleartechnologie unmöglich ist." Und da Señor Larranaga jemand ist, der sich in der mexikanischen Stromproduktion auskennt, hat seine Erkenntnis große Bedeutung: „Sicherheitsgarantien in anderen Kraftwerken des Landes gibt es ebenfalls nicht."

Über die Jahre hinweg hat sich auch lokaler Widerstand organisiert. Einer der Sprecher ist Juan Bozzono Barnes: „Die Anti-Atomkraftbewegung gibt es nicht nur in der Hauptstadt oder bei uns in Veracruz, wo wir besonders betroffen sind. Tatsächlich existiert sie mittlerweile in 24 Städten Mexikos." Señor Bozzono und seine Organisation setzen sich noch immer für eine Stillegung des Projektes ein: „Wir werden denen niemals glauben, daß Laguna Verde sicher ist, und wir sagen der Regierung nur eines: Ihr erster Fehler ist gewesen, anzunehmen, sie würden die Veracruzanos kennen. Da haben sie sich aber geirrt, denn die Menschen hier werden nicht darauf warten, daß sie getötet werden."

Der Schriftsteller Homero Aridjis weiß das und ergänzt: „Man muß einfach fragen, was die Regierung da eigentlich treibt? Sie lassen uns in dem Glauben, man würde unsere Bedenken ernst nehmen; tatsächlich ist das aber gar nicht der Fall." Und ganz besonders wütend wird er, wenn er daran denkt, daß es „für die ein gutes Geschäft ist, die kümmern sich doch nicht um die Menschen in Veracruz." Allen Umweltschützern ist gemeinsam, daß sie wenig Hoffnung haben, ihre Anliegen durchsetzen zu können: „Wir wissen, daß wir eine korrupte Regierung haben. Jedermann weiß das. Das haben die letzten Betrügereien bei der Wahl im Bundesstaat Sonora gezeigt. Und wenn Sie wissen, daß die Regierung korrupt ist, wie können Sie dann annehmen, daß sie sich um die Sorgen der Menschen in Veracruz kümmern wird?" fragt Homero Aridjis.

Er hat tatsächlich keinen Grund, optimistisch zu sein; seit vielen Jahren kümmern sich in der Hauptstadt mindestens drei Organisationen um die Umweltschutzprobleme. Allerdings haben sie nur denkbar geringen Erfolg. Die staatlichen Stellen sind nur in den seltensten Fällen kooperativ. Materialien werden selten an die Umweltschützer weitergegeben. In den meisten Fällen sind die Fakten und die Erklärungen falsch, zumindest aber beschönigend.

Die Experten kennen die immense Verschmutzung durch die rund 130 000 Industriebetriebe, die sich in den letzten Jahrzehnten im Gebiet von Mexiko-City und im angrenzenden Bundesstaat Mexiko angesiedelt haben. Mindestens 383 000 Tonnen verschiedenster Industrieabsonderungen werden von ihnen jährlich in die Luft geblasen, und es ist so gut wie allen bekannt, daß wenigstens 1000 Fabriken sofort geschlossen und umgesiedelt werden müßten, weil sie zu jenen gehören, die den meisten und gefährlichsten Dreck produzieren. Geschehen ist selbstverständlich nichts, denn wer hätte sie umsiedeln sollen und wann? Eigentümer ist in den meisten Fällen der Staat, der auch für die Industriean- und umsiedlung zuständig ist. Einen geeigneten Zeitpunkt hätte es aber gegeben. Jene Wochen nach den Erdbeben im September 1985. Tatsächlich hatte sich die Regierung des Präsidenten de la Madrid auch - und das sogar öffentlich - dazu entschlossen: Die schlimmsten Dreckschleudern müßten aus dem Stadtgebiet weggesiedelt werden. Zwei Ersatzgebiete - sogenannte Industrieparks - wurden für diese Aktion ausgewiesen. Dabei blieb es, und die Fabriken blieben dort, wo sie schon immer waren und wo sie weiter unbehindert und unbestraft ihren Dreck produzieren.

Ein anderes Problem ist der alltägliche Müll. Der Streit beginnt schon bei der Menge: Die Stadtverwaltung behauptet, pro Tag gebe es 11 200 Tonnen Müll. Die Umweltschutzorganisationen halten dagegen, daß es knapp 20 000 Tonnen seien. Wissenschaftler der Universität haben ausgerechnet, daß beides nicht stimmt: Es sind 14 200 Tonnen. Das ändert am Problem gar nichts: In den ärmeren Bezirken der Stadt liegt der Müll herum, stinkt vor sich hin, ist allen Witterungseinflüssen ausgesetzt, modert oder wird angezündet, jedenfalls wird er nicht abgeholt. Unterdessen haben sich sogenannte Müllbanden organisiert, die sich um das Problem kümmern und damit viel Geld verdienen. Eigentlich weniger die einzelnen Mitglieder der Gangs als vielmehr ihre Chef, die, wenn man so will, die Fürsten des Mülls sind. Sie lassen nichts und niemanden an sich heran und regieren auf den Müllkippen nach absolutistischem Muster. Selbstverständlich stecken sie mit der Müllabfuhr und der lokalen Polizei unter einer Decke, weil alle ganz gut am Geschäft des andern verdienen, und daran, bitte sehr, soll sich auch gar nichts ändern. Alles, was auf den Müll kommt, unterliegt der Kontrolle der jeweiligen Gang der jeweiligen Müllkippe. Alles, was nicht auf den Müll kommt, unterliegt der jeweiligen Gang in der jeweiligen Gegend, die von ihr, nur müllmäßig versteht sich, beherrscht wird. Ein Eindringen in dieses System ist unmöglich. Es existiert unangefochten und ist eine Institution, wie fast alles in Mexiko. Nur zur Problemlösung trägt diese Institution nicht bei. Im Gegenteil, sie verhindert sie mit.

Viele Mexikaner hatten am 14. Februar 1986 den Eindruck gewonnen, nun würde sich die Regierung doch endlich ernsthaft, vor allem aber mit Ergebnissen um den Schutz der Umwelt kümmern: Präsident de la Madrid hatte nämlich an jenem Tag seinen 21 Punkte umfassenden Aktionsplan vorgestellt. Die allgemeine Enttäuschung ließ nicht lange auf sich warten und brauchte nur deshalb ihre Zeit, weil jeder Interessierte erst einmal nachschaute, was denn nun eigentlich drin stand in dem Plan. Einiges Vernünftiges, wie sich unter anderem zeigte: 800 neue Autobusse mit neuartigen, die Luft weniger verschmutzenden

Motoren sollten angeschafft werden. Man muß allerdings dazu sagen, daß 70 Prozent des Wagenparks des städtischen Busunternehmens Ruta 100 in einem zentraleuropäischen Land keine Chance hätten, auch nur auf den Hof des technischen Überwachungsvereines fahren zu dürfen. Was sie täglich in Mexikos Straßen an Dreck ausstoßen, wird vorsichtshalber gar nicht mehr gemessen. Kraftstoffsparende Motoren gibt es in Mexiko nicht. Dafür wurde, ebenfalls als ein Teil des präsidentiellen Plans von Mitte des Jahres 1986 an besonders bleiarmes Benzin angeboten und als Erfolg der Forschung und des Umweltbewußtseins des staatlichen Erdölkonzerns PEMEX angepriesen. Ein Beitrag für mehr Umweltschutz.

Die neuen Benzin- und Supersorten Nova Plus und Extra Plus waren noch keine vier Monate in den Tanks der staatlichen Tankstellen, da meldeten sich die ersten Wissenschaftler mit handfesten Bedenken. Erstens: So bleiarm wie von PEMEX behauptet seien die neuen Sorten gar nicht. Sie lägen mit ihrem Bleigehalt deutlich über vergleichbaren Qualitäten auf dem amerikanischen Kontinent. Zweitens: Man habe den Bleianteil im Benzin schlicht durch eine Erhöhung des Anteils von Hydrogenkarbonaten gesenkt, und das sei nun die Höhe: Nicht nur daß Hydrogenkarbonate krebsverursachend seien, sie steigerten auch den Ozongehalt in der Luft, und zuviel Ozon in den unteren Schichten der Atmosphäre verursache Erkrankungen der Augen wie der Atemwege. Lungenschäden bei jüngeren Menschen sind eine weitere Folge. Da es aber in Mexiko kein Gesetz gibt, daß die Emissionen von Kraftfahrzeugen regelt, kann jeder jedes Gerät führen, gleich, in welchem technischen Zustand es sich befindet, ob es qualmt, rußt oder stinkt, Hauptsache es fährt. Ein solches Gesetz wäre nach Ansicht von Fachleuten dringend nötig, da der Verkehr der Hauptverursacher der Luftverschmutzung ist. Doch selbst wenn es eine solche gesetzliche Regelung endlich gäbe, bliebe die mexikanische Frage zu beantworten: Wer sollte sie durchsetzen? Denn wieder einmal würde mehr Geld an der Umgehung der Gesetze verdient als an ihrer Durchsetzung. Es gehe immer wieder ums Geld, klagen Homero Aridjis und andere Umweltschützer. Und da sei man eben machtlos. Da helfe auch kein Ausbau der U-Bahnlinien und das Pflanzen von 12 Millionen Bäumen, um aus der verstaubten und verdreckten Hauptstadt doch noch ein wenig Grün herauszuzaubern. Es gehe halt ums Geld …

Ist der mexikanische Macho auf dem Rückzug?

Der Kellner in der Bar León in der Calle Brasil kennt alle seine Gäste: „Die kommen alle immer wieder hierher. Mal mit ihren Frauen. Mal mit ihren Chicas, ihren Freundinnen." Und spät kämen sie immer. Denn vor 22 Uhr sei sowieso nichts los. Der Kellner in der Bar León erzählt den Neuankömmlingen immer wieder davon, aber die meisten kennen das schon. Sie sind zufällig oder durch den Tip eines Bekannten an die Bar León geraten, in der man vor allen Dingen am Freitag- und Samstagabend ein Stück Mexiko beobachten kann, wenn man nicht zuviel Rum mit Cola trinkt, das obligatorische Getränk in der Bar. Von einem bestimmten Zeitpunkt an übrigens auch für die Ober. Und wenn so gegen drei oder vier Uhr morgens die Letzten hinaus in die dunkle Calle Brasil wanken oder geführt werden, dann ist dann und wann auch ein Kellner der Bar unter den Angetrunkenen.

In der Bar wird Musik gemacht, und zwar von zwei Gruppen im Wechsel. Gespielt werden Salsa und Rumba und andere lateinamerikanische oder karibische Rhythmen. Musikwünsche werden immer erfüllt, manchmal Geburtstagsglückwünsche ausgesprochen. Eine richtige Tanzfläche gibt es eigentlich nicht. Hinten, in der einen Ecke, stehen die Tische nicht ganz so eng, da ist Platz zum Tanzen, und ansonsten bewegt man sich in den nicht sehr breiten Gängen zwischen den Tischen, was den unschätzbaren Vorteil der raschen gegenseitigen Kontaktaufnahme hat. So haben sich, meint der Kellner, schon viele hier kennengelernt. Einige für eine Nacht, andere für länger. Es habe aber auch schon heftige Prügeleien gegeben, wenn einer versucht habe, die „Chica", die Freundin, des anderen auszuspannen. In letzter Zeit sei das seltener vorgekommen, aber er könne sich an eine Schlägerei erinnern, bei der einer der Beteiligten nicht nur seine Freundin, sondern auch sein Gebiß verloren habe: „Was, glauben Sie, hat ihm mehr Kopfzerbrechen bereitet?"

Der Kellner will beobachtet haben, daß besonders an den Wochenenden immer mehr Frauen ohne Männer kommen: „Drei, vier sitzen dann an einem Tisch und machen Bekanntschaften, und glauben Sie nicht, daß die alle nur älter sind. Keineswegs, es sind auch ganz junge darunter." Das habe es vor zehn oder 15 Jahren noch nicht gegeben. „Hier hätte sich keine Frau ohne männliche Begleitung alleine reingetraut.“ Aber von Nachteil sei das, so wie es jetzt ist, eigentlich nicht, gibt er zu: „Denn dadurch kommen ja auch mehr Männer, und wir sind immer gut besucht.“

Sicher trifft seine Beschreibung vormaliger und jetziger Verhältnisse in der Bar León zu. Sie hat aber auch Bedeutung für das, was sich in der städtischen mexikanischen Gesellschaft tut - die Strukturen und Verhältnisse in den Landgebieten sind sehr viel traditioneller und verwurzelter - und was von einigen jüngeren Mexikanern bereits mit dem Satz umschrieben wird, der mexikanische Macho befinde sich auf dem Rückzug. Aber eigentlich gehen Frauen immer noch nicht alleine weg, erzählte mir einmal eine in der Hauptstadt bekannte Journalistin. Sie ist Anfang 30. Schon gar nicht zum Tanzen oder zum Essen: „Unvorstellbar eigentlich, daß sie in eine Bar geht.“ Die Männer begleiten die Frauen, wobei man darauf achten solle, wie sie es tun. Wenn ein Mann mit seiner Frau über die Straße geht, könne man immer wieder sehen, daß er sie am Oberarm packe, „richtig packe“ oder gar von hinten am Hals und sie über die Fahrbahn führe. Das ist nicht nur eine Form von Machismo, denn man könne gewiß sein, daß die Frau auch ohne den Mann den Weg auf die andere Straßenseite sicher finden würde, es ist auch ein ganz eindeutiger Hinweis darauf, daß die beiden schon länger zusammen sind, sich gut kennen und vielleicht sogar schon miteinander leben: „Wenn sie verheiratet sind. Sonst ist das auch in der Stadt noch immer ein Problem mit dem Zusammenwohnen. Schließlich zeigt sich an diesem Beispiel noch etwas sehr mexikanisches: Der Mann zeigt sich in der Öffentlichkeit mit der Frau, mit der er verheiratet ist oder die er heiraten wird, weil er, seine Eltern oder die Eltern des Mädchens es so beschlossen haben.“

Wer einen Mexikaner nach der Entstehung oder nach den Gründen für den Machismo fragt, erhält meistens zunächst die ganz allgemeine Antwort, daß das mit der Geschichte, mit der spanischen Eroberung zu tun habe. Schaut man ein wenig genauer hin, stimmt das schon mit dem Rückgriff auf die Geschichte. Nur war die Vergangenheit eben nicht ganz allgemein der Grund, vielmehr waren es die spanischen und die indianischen Verhältnisse, die aufeinander trafen, wobei die indianischen den spanischen in dieser Auseinandersetzung unterlagen. Hernán Cortés, der Konquistador, stand für Spanien. La Malinche, seine indianische Geliebte, stand für die Besiegten. Cortés stand für die Männer, La Malinche für die Frauen. Männer sind stolz und brutal, ehrlich und entscheidungsfreudig, respektheischend und siegreich. Frauen sind sanft und ergeben, dem Manne zugeneigt und ihm hörig. In diesem Sinne ist, so hat es einmal der mexikanische Schriftsteller

Octavio Paz formuliert, Malinche geradezu das Symbol der verführten und vergewaltigten Frau, und natürlich ist sie auch und noch immer für die Mexikaner das Symbol des Verrats, weil sie sich von Cortés hat verführen lassen. Aber diese Frau ist die Mutter der Mexikaner, betont Octavio Paz. Der Vater ist abgehauen. Die Kinder sind ohne ihn bei der Mutter aufgewachsen. Trotz seiner Abwesenheit ist der Vater weiter der unumstrittene Herrscher. Die Schlußfolgerung liegt nahe: Der Macho stellt sich deshalb so trotzig dar, weil er ein Waise ist.

In der Bar León würde diese Erklärung des mexikanischen Machismo allgemeine Heiterkeit auslösen, weil man dort davon überzeugt ist, und das reicht als Begründung, daß die Frauen es doch gar nicht anders wollten. „Sie haben doch auch ihren Spaß daran", meint der Kellner achselzuckend und schließt noch die Frage an, was denn Cortés nun mit dem Machismo zu tun habe? Doch ist die Realität bereits anders, als der Ober sie sieht.

In einer Nebenstraße im Stadtteil Santa Fe. Elena, 34 Jahre alt, bewohnt mit ihren vier Kindern, zwischen vier und elf Jahren alt, ein schmales, einstöckiges Haus, das nach hinten einen kleinen Hof und einen Brunnen hat. Fließendes Wasser gibt es nicht. Also ist auch das Klo im Hof. Eine Stromleitung soll irgendwann einmal verlegt werden. Der elfjährige Sebastian und die neunjährige Tochter gehen in die Schule, was in Santa Fe nicht die Regel ist. Die beiden Vier- und Fünfjährigen sind noch nicht soweit. Einen Vater gibt es nicht. In dieser Hinsicht ist Elena kein Einzelfall. Es gibt zwar keine Statistiken, doch man schätzt, daß zwei Drittel der mexikanischen Familien keinen Vater haben. Daß Elenas Mann abgehauen ist, und zwar bald nach der Geburt des Jüngsten, war für sie keine Überraschung. Sie hat es nicht gewollt, aber damit gerechnet. Vielen Frauen in Santa Fe ist es so ergangen. Und eben nicht nur in Santa Fe.

16 Jahre alt sei sie gewesen, als sie ihn kennengelernt habe, auf der Straße in Santa Fe. Er sei damals 21 gewesen, habe wirklich gut ausgesehen und einen Job gehabt, an der PEMEX-Tankstelle. Sie war 18, als sie heirateten. Die Eltern waren auch einverstanden. Am Anfang, so in den ersten Jahren, sei eigentlich auch alles ganz gut gegangen. Er habe ganz gut auf der Tankstelle verdient, und sie sei mit der Mutter auf den Markt gezogen und habe Süßigkeiten verkauft. Als der Älteste geboren wurde, sie war damals 25 – „also schon ganz schön alt" –, sei es ihnen finanziell nicht schlecht gegangen; und das war auch noch so, als die Tochter geboren wurde. Elena erinnert sich, daß sich danach etwas änderte. Ihr Mann kam spät nach Hause. Immer häufiger kam er später,

und später, und er habe mehr Geld ausgegeben. Anfangs habe sie gedacht, er gehe mit den Kollegen in eine der Cantinas, aber als er das erste Mal zwei Nächte hintereinander nicht nach Hause gekommen sei, habe sie gewußt, daß er bei den Frauen war. Er gab Geld für Prostituierte aus. Mit der Mutter zum Markt habe sie ja nicht mehr gehen können, wegen der beiden Kinder, und das hätte auch nicht genug Geld gebracht. Ihre Schwester habe ihr dann eine Stelle bei Ausländern, bei Amerikanern, besorgt. Dort ging sie jeden Morgen um neun hin und arbeitete bis nachmittags halb fünf. Die arbeitslose Cousine paßte auf die Kleinen und das Haus auf. Als ihr Mann erfuhr, daß Elena arbeitete, gab's Krach. Das sollte sie nicht. Sie sollte daheim auf die Kinder achten und das Haus in Ordnung halten. Dabei war sie doch nur arbeiten gegangen, weil das Geld, das ihr Mann brachte, nicht ausreichte. Er werde schon dafür sorgen, das sei schließlich seine Sache. Elena mußte die Stelle aufgeben.

29 Jahre alt war sie, als der jetzt Fünfjährige geboren wurde. Ein gutes Jahr später kam der Kleine zur Welt. Einige Wochen später war der Vater verschwunden. Seitdem hat Elena nie wieder etwas von ihm gehört. Eine Arbeit hat sie wieder, wieder bei Ausländern. Und mit den umgerechnet 90 Dollar, die sie monatlich verdient, und der Hilfe ihrer Familie kommen sie und die Kinder ganz gut aus. Nein, scheiden lassen wolle sie sich nicht. Aber zurückkommen solle er auch nicht mehr. Elena hatte sich gefreut, als ihr Mann damals nicht mehr zu den Prostituierten gegangen sei. Sie hatte ihm auch nichts nachgetragen. Auch Vorwürfe hatte sie ihm keine gemacht. Er war wieder da, und damit war es gut. Aber daß er dann einfach ganz weggegangen ist, das nimmt sie ihm übel. Nicht, weil er nichts gesagt hat oder weil er sie verlassen hat, nein, das nicht. Wegen der Kinder, die nun ohne einen Vater aufwachsen müssen. Dann hätte er lieber weiter zu den Frauen gehen sollen, aber er wäre wenigstens für seine Kinder dagewesen, meint sie. Das hätte sie schon hinbekommen und irgendwie ertragen.

Und noch etwas zu einer nicht existierenden Statistik: Sicherlich sehr groß ist auch die Zahl der Familien, in denen der Vater nur eine gelegentliche Erscheinung ist, und zwar nicht etwa, weil er so angestrengt arbeitet, sondern weil er eine Nebenfrau, eine Freundin, eine Chica eben, hat, und der muß er seine knapp bemessene Zeit auch widmen. Wer einmal am späten Nachmittag in eines der eleganteren Restaurants im feinen Einkaufszentrum der Hauptstadt, der Zona Rosa, geht, wird dort, wie übrigens auch im „Opera“ in der Calle Cinco de Mayo, viele Pärchen sitzen sehen. Herren, etwas angegraut an den Schläfen und in der Mitte der fünfziger, aber auch Enddreißiger und Vierziger, die dort mit ihren Chicas, zumeist deutlich jüngeren, blendend aussehenden und gut gekleideten Frauen zu Mittag essen. Anschließend, nach zwei bis drei Stunden, gehen die beiden wieder in ihre jeweiligen Büros. Am Abend - nach Büroschluß - trifft man sich wieder. Wann, hängt allerdings sehr von den Umständen ab. Und die können so aussehen: Die Familie F.: Er, Ende 40, ist Abteilungsleiter bei einer großen Bank, mit guten Aussichten, bald Chef von zwei - nicht ganz unwichtigen - Abteilungen zu werden. Die Familie F. ist am Abend beim Vizedirektor der Bank, übrigens einem guten, man sagt innigen, Freund des stellvertretenden Finanzministers, zum Essen eingeladen. Gegen 20 Uhr. Die Gäste werden also nach mexikanischem Brauch nicht vor 21 Uhr erwartet. Da Señor F. sein Büro wegen dringender Angelegenheiten nicht vor 19 Uhr verlassen konnte, bleibt für die Freundin, 27 Jahre, die ein von ihm finanziertes Appartement in der Nähe des Hotels Presidente Chapultepec bewohnt, vor dem Essen beim Vize-Chef der Bank keine Zeit mehr. F. trifft sich mit seiner Ehefrau, sie ist Mitte vierzig, sie haben zwei Söhne, daheim. Sie freut sich, ihren Mann zu sehen, denn selbstverständlich weiß sie von der Nebenfrau. Man geht gut gelaunt zum Essen und kehrt gegen 24 Uhr zurück. Señor F. bleibt in dieser Nacht daheim, kann noch seine zurückkehrenden 19- und 22jährigen Söhne begrüßen und denkt an den morgigen Tag, der erstens früh, um sechs Uhr, beginnt und zweitens für den Abend kein Essen bei einem Vorgesetzten vorsieht. Also wird er sich seiner 27jährigen Freundin widmen können und ebenfalls spät heimkommen.

Diese außerehelichen Verbindungen sind in Mexiko bei denen, die es sich leisten können, die Regel. Niemals jedoch würde Señor F. mit seiner Chica zu einem offiziellen Anlaß erscheinen. Jeder weiß natürlich, daß er eine Nebenfrau hat. Aber das macht eigentlich nichts. Denn die anderen Männer in seiner Gesellschaftsschicht haben auch eine, und die Ehefrauen, die es auch wissen, nehmen es hin, weil der Mann ja immer wieder kommt und die Familie zusammen bleibt. So wachsen die meisten Jungen im Grunde ohne ihre Väter auf und werden wie diese. Selbstverständlich gehören bestimmte Attribute dazu: Alkohol und Zigaretten, möglichst früh ein Motorrad oder ein Auto, später Geld, Macht als Funktionär, einen guten Namen sowieso, wenigstens aber einen akademischen Grad. Mit Frauen wird geschäkert, man will informieren und ist also auch laut. Beeindrucken und gefallen will man, aber auch als Mann für voll genommen, respektiert werden. Dieses Verhaltensmuster hat unter anderem seine Ursache in der für Mexikaner sehr komplizierten und vertrackten Tatsache, daß ihnen Sicherheit und Autorität fehlen. Hinzu kommt, daß sie kaum ein natürlich entwickeltes Zugehörigkeitsgefühl haben. Um noch einmal an Octavio Paz zu erinnern: Es mangelt an Identität. Oder anders formuliert: Die Suche nach ihr dauert noch immer an. Während das geschieht, wird zum Nächstliegenden gegriffen, zum Hilfsmittel der Kompensation. Man zeigt sich, man verkleidet sich. Wenn man sich zeigt, zeigt man sich also männlich. Wenn man sich verkleidet, zieht man eine Uniform an. Und die nun ist – wahrscheinlich aus dem eben genannten Grund – in Mexiko überaus beliebt. Auf Paraden, von denen es reichlich gibt, oder auf Empfängen, von denen es noch mehr gibt, sind sie unübersehbar: Die Uniformierten. Die Armee und die Feuerwehr, die Garde und die Kirche, die verschiedenen Polizeien und der Zoll. Und wer nicht zu Empfängen oder Paraden geht, kann sie auch im täglichen Leben tragen, der Respekt vor einem Uniformierten ist sicher.

Wer in der Hauptstadt wohnt und verkabelt ist, kann den mexikanischen „Movie-Channel" empfangen, einen Kanal, in dem täglich mehrere der wunderbaren alten mexikanischen Filme gezeigt werden. Mit der schönen aber scheuen, schwarzhaarigen, rassigen Angebeteten und mit dem stolzen, draufgängerischen „Charro", dem Cowboy. Er ist in allen diesen Filmen eine ungemein prächtige Erscheinung und „muy mexicano", sehr mexikanisch. Und selbstverständlich ist er ein Macho, denkt auch gar nicht daran, das zu verbergen; ganz im Gegenteil. Seine Söhne, die er, das steht jetzt schon fest, eines Tages mit der ach so begehrten, glutäugigen Schönheit haben wird – im Film –, sie ist im übrigen die Tochter eines alten und stolzen Hacienderos, der sich noch an seine jungen Jahre als Charro erinnert – sollen natürlich auch „muy macho", richtige Machos, werden. Das Ergreifende an dieser Darstellung des Charros ist, daß es ihn so unnatürlich hoch zu Pferd, mit Pistolen und dem riesigen, breitrandigen Sombrero nur im Film und bei Festveranstaltungen für Touristen gibt. Denn eigentlich gibt es den Charro, so wie er aus dem Kino bekannt ist, siegend, singend, saufend, liebend und die Frauen verteidigend, nicht.

Vielleicht gab es ihn einmal für kurze Zeit. Die Cowboys auf den Haciendas sind zwar ohne jeden Zweifel „muy macho", doch sehen sie weder so aus, wie die im Kino, noch haben sie das Geld und die Zeit, sich so herauszuputzen. Aber, da ist eben noch der Hang zur Kostümierung. Und es ist gar keine Frage, daß diese Filme, die es haufenweise gibt und bei denen man so wunderbar dahinschmelzen kann, mit Begeisterung gesehen werden. Und ältere Mexikaner erinnern sich beim Anblick dieser laufenden Bilder an eine Zeit, von der ihre Enkel sagen, daß sie die gar nicht miterlebt haben können oder daß sie es so gar nicht gegeben habe. Das löst bei den Alten, das wird nicht überraschen, helle Empörung aus. Denn das wisse man doch nun ganz bestimmt, ein stolzer und tapferer Mexikaner geht keinem Streit aus dem Weg. Niemals. In diesem Sinne seien die Charros beispielhaft. Wie gesagt, im Kino und in Uniform.

Nun ist dieses mexikanische Männerverhalten grundsätzlich nicht auf jene Gesellschaftschichten beschränkt, die über Geld und Macht verfügen. Die geschilderten Beispiele gelten insofern schon für mehr oder weniger alle Mexikaner, als sie nach wie vor die Frauen in zwei Klassen einteilen: Es gibt gute und schlechte Frauen. Und das nun wiederum heißt nichts anderes als „Meine Frau ist gut und alle anderen zunächst einmal nicht." Um diese Kette fortzusetzen: „Meine Frau war, als wir heirateten, natürlich Jungfrau, sie ist sehr keusch, treu und eine ganz hervorragende Mutter. Das kann man gewiß nicht von allen Frauen sagen", meint der so Sprechende und schaut sich in der mexikanischen Frauengesellschaft um, von der er annimmt, so viel zu wissen. Seine Schlußfolgerungen sind daher auch ganz einfach: Alle Frauen, die nicht mehr ihre Jungfräulichkeit besitzen, sind schlechte Frauen. Und dazu gehört natürlich auch seine Geliebte. Noch viel schlechter ist sie, wenn sie mit ihm auch noch uneheliche Kinder hat, was in der Praxis die Beziehung zu ihr nicht stört und auch nicht die zu seiner Ehefrau. Die finanzielle Belastung wird nur größer. Und es gibt sogar noch eine Steigerung des Schlechten: Prostituierte sind nun etwas ganz Schlimmes und Frauen, denen Sex auch noch Spaß macht, die sind nun wirklich die allerschlechtesten. Womit wir, historisch gesehen bei jener Malinche sind, die sich Hernán Cortés hingab. Eine Frau ohne Tugenden!

Und eben darüber, sagt der mexikanische Familienvater, habe er zu wachen: über die Tugend seiner Ehefrau, um genau zu sein. Und Gnade Gott demjenigen, der die Tugend seiner Frau oder seiner Töchter bezweifelt. Eine solche Beleidigung, und schon der Zweifel würde als eine solche aufgefaßt, könnte nicht einfach so stehen gelassen werden. Satisfaktion täte Not und würde im Zweifelsfall auch gefordert.

Um noch einmal auf jene unsäglichen mexikanischen Charro-Filme zurückzukommen: Besonders spannend und unterhaltsam wird es natürlich immer dann, wenn der Charro beginnt, um eine Frau, *die* Frau natürlich, zu werben. Wie das geschieht, ist ein weiterer Hinweis auf das Frauenbild der mexikanischen Männer, oder jedenfalls der meisten. Da ja außer der eigenen jede andere Frau nun einmal schlecht ist, in diesem Falle aber noch gar keine eigene Dame zur Hand ist, sondern ja erst eine „genommen" werden soll, ist das Dilemma groß. Also geht es damit los, daß der Charro ihr den Hof macht. Das darf selbstverständlich nicht mit zuviel Tempo, aber auch nicht zu langsam geschehen. Erobert er sie sofort, kommt sie bei ihm in den Verdacht, sie sei ein lockeres Frauenzimmer. Ist der Charro zu langsam, denkt sie, daß er eigentlich überhaupt kein richtiges Interesse habe; beim Publikum entsteht der Eindruck, daß es sich gar nicht um einen richtigen Charro handeln könne, weil der niemals so langatmig vorgehen würde. Aber letzteres ginge sowieso nicht, weil dann auch der Film kein Publikumserfolg würde. Was also ist zu tun? Geschicklichkeit ist bei beiden erforderlich und noch wichtiger: Sie hat bitte sehr anzuerkennen, daß alle wichtigen Fragen der künftigen Beziehung von ihm und niemand anderem sonst entschieden werden. Und so geschieht es: Er besingt sie, er kniet vor ihr. Sie gibt schließlich scheinbar widerstrebend nach. Die beiden heiraten – Ende des Films.

Das Verhalten vieler mexikanischer Männer ist genauso. Danach kann eine Frau, das ist für sie unvorstellbar, nicht darüber entscheiden, wie der Mann sich zu ihr zu verhalten habe, wie die Beziehung aussieht. Sie ist seine Frau und die Mutter seiner Kinder. Im günstigsten Fall sollten es Söhne sein. Und dann gibt's da ja noch die Freundin, die Chica. Übrigens, keine Frage: Die emanzipierte Frau, und sie gibt es auch in Mexiko immer häufiger, ist ganz klar in seinen Augen nicht eine gute, sondern eine schlechte Frau, und zwar eine ganz schlechte ... Natürlich weil sie sich den traditionellen Rollenzuweisungen nicht beugt. Das hat nun mehrere Ursachen, eine wesentliche liegt sicher in den vielfältigen Beeinflussungen, die von den USA nach Mexiko übergreifen, vor allem in den großen Städten. Immer mehr junge Frauen studieren, auch im Ausland. Immer mehr wollen Berufe ergreifen, das gilt für das Management in Banken oder anderen Großunternehmen wie für den akademischen Bereich. Das gilt für den Journalismus und, wenn auch noch immer in begrenztem Umfang, auch für die Politik, wenngleich es Frauen offenbar besonders in den Gewerkschaften sehr viel schwerer haben, sich gegen männliche Konkurrenten durchzusetzen als beispielsweise in der Regierungspartei. Mit dem neuen Verhalten vieler Frauen hat sich nicht nur die Situation für sie selbst geändert, sondern sehr häufig auch das Verhalten der Männer, mit denen sie zu tun haben. Die beiden besten und wichtigsten Journalisten in der außenpolitischen Redaktion der linksliberalen Tageszeitung „La Jornada" sind Frauen. Eine Frau ist Leiterin der Auslandsredaktion beim Wochenmagazin „Proceso". Zwar ist Mexikos erste Staatsanwältin Ende 1985 ihres Amtes enthoben worden, weil ihre männlichen Kollegen die Ablösung ganz entscheidend betrieben haben, da sie eine Frau auf diesem Posten nicht akzeptieren konnten. Dennoch sind diese Beispiele Hinweise darauf, daß etwas in Bewegung geraten ist, das den Machismo langsam aber stetig zum Rückzug zwingt. Und wie alles, so geht in Mexiko eben auch dieser Prozeß sehr schleppend voran. Zum großen Ärger vieler mehr und mehr emanzipierter Frauen, die längst ihre Unterwürfigkeit abgelegt und eine gehörige Portion Selbstbewußtsein angelegt haben.

Eines ist jenen Frauen, die mit großer Selbstverständlichkeit und häufig unter erheblichen Schwierigkeiten mit der Männerwelt ihre Auffassungen durchzusetzen versuchen, bereits gelungen: Sie haben die Vorstellungswelt des mexikanischen Machos gehörig durcheinandergebracht. Denn wer ist nun die gute und wer die schlechte Frau, falls er einmal an eine geraten sollte, die ihm zwar gefällt, die er sogar „erobern" möchte, die ihm aber deutlichst zu verstehen gibt: „Paß mal auf, mein Lieber, hier geht's lang." Denn sie ist nicht mehr jene klassische Mutter, die ihrem lieben Gatten alle Seitensprünge und jede Chica verzeiht. Sie ist auch nicht mehr jene Frau, die niemals ein sexuelles Selbstverständnis entwickeln konnte, weil es die Männerwelt nicht zuließ. Daß dies den Frauen, die sich so emanzipieren, in einem auch noch sehr katholischen Land schwerfallen muß, versteht sich. Jedenfalls gibt es in den größeren Städten die Antibabypille, und das hat, zum Leidwesen zunächst einmal der Machisten, zu einem freieren Sexualleben vieler, vor allem jüngerer Frauen geführt. Die Schwierigkeiten, die für die Frauen daraus erwachsen, sind aber erheblich.

Einerseits werden sie von traditionell denkenden Mexikanern, Männern wie Frauen, nicht nur kritisiert, sondern geringschätzig als Frauen zweiter Klasse betrachtet. Das hat sich zwar bei der jüngeren städtischen Bevölkerung etwas gelegt, doch gibt es keinen Zweifel daran, daß „auch die jungen Herren aus dem sogenannten guten Hause" gerade mit jenen Frauen Probleme haben, die sich nicht nach den kon ventionellen Spielregeln richten. Hinzu kommt, daß vor allem manche jüngere Mexikaner der Meinung sind, wenn sie schon an „so eine" gerieten, dann brauchten sie für Prostituierte ja kein Geld mehr auszugeben. So war das aber von den Frauen nicht gemeint, und es kommt schon mal vor, daß sie ihren Freund wegen seines Machogehabes sitzen lassen. Häufig ist der auch reichlich entsetzt, wenn er entdeckt, daß er an „so eine" geraten ist, die nicht seinen Vorstellungen folgen will und schon gar nicht daran denkt, genau das zu tun, was „der gnädige Herr" zu entscheiden beliebt.

So gibt es im Mexiko der achtziger Jahre immer mehr Frauen, die nicht nur einem Beruf nachgehen, studiert haben und mehrere Sprachen sprechen. Sie haben auch eigene Wohnungen; „Singles“ würde man zu ihnen in den USA sagen. Zudem sind sie nicht unbedingt darauf aus, einen ihrer männlichen mexikanischen Landsleute zu ehelichen. Das ist, wie gesagt, in den ländlichen Gegenden ganz anders. Da hat sich am Machismo nichts geändert, und da wird sich auch in absehbarer Zukunft nichts ändern.

Wenn auch der Macho vielleicht seinen Rückzug angetreten hat, so ist und bleibt vorläufig die mexikanische Gesellschaft eine Männergesellschaft. Mit allerdings zum Teil skurrilen Ausformungen. Es sind die großen Cliquen, die an den Freitag- und Samstagabenden in die Cantinas, die Diskotheken, die Tanzsäle und die Bars ziehen, und natürlich haben die meisten der jüngeren Männer, wie in anderen Ländern auch, ihre Chica. Die Eltern wissen das und können und wollen auch gar nichts dagegen unternehmen, denn zum einen zieht ganz Mexiko am Freitagabend los und zum anderen, da ist der Junge nun ganz wie der Vater: Er kann doch nicht ohne Freundin sein. Dennoch, und da ist der junge Herr ganz anders als sein Vater in jungen Jahren, will er nicht nur, daß sie seine Freundin ist, er will mehr, und sie will das auch. Das aber scheitert an den Eltern. Wenn die nämlich die beiden jungen Leute daheim in einem Raum antreffen würden, das Theater wäre nicht auszudenken, und die Beziehung der beiden wahrscheinlich mindestens für einige Zeit unterbrochen, wenn nicht gar beendet.

Was also ist zu tun, damit man doch tun kann, was man schon lange will? Zunächst einmal hört man sich im näheren Freundeskreis um. Vielleicht gibt es jemanden, dessen Eltern für einige Zeit verreist sind und zu dem man gehen kann. Vielleicht gibt es jemanden, der sogar allein wohnt und zwar nicht nur zur Untermiete in einem Zimmer – was in Mexiko sowieso höchst selten der Fall ist –, der vielmehr eine eigene Wohnung hat. Und dann gibt's ja noch die Möglichkeit, daß man im Bekannten- oder Freundeskreis einen Ausländer mit einer genügend großen Wohnung hat, zu dem man nach der Disko, der Bar oder der Cantina gehen kann. Wenn der junge Mann dann seine Freundin in den frühen Morgenstunden vorm heimatlichen Haus abliefert, kommt man eben vom Tanz, und das ist für die Eltern in Ordnung. Wird die Tochter allerdings eines Tages schwanger, weil sie die Antibabypille nicht genommen hat, bricht ein Unwetter über sie und ihren Freund herein. Insgesamt aber steigt, immer auf die Hauptstadt und die Großstädte des Landes bezogen, die Zahl der jungen Frauen, die die Pille nehmen. Auch die Zahl der Abtreibungen hat seit Beginn der achtziger Jahre deutlich zugenommen.

Cecilia Toussaint beispielsweise, eine in Mexiko überaus bekannte

Rocksängerin, sagt von sich selber, daß sie bestimmt keine Feministin sei. Sie sei eben eine Frau, die Rock singe, aber einfach sei das Leben für sie nicht, ganz im Gegenteil. Sie sei schließlich auch Mutter einer Tochter, mit der sie allein lebe. Sicher ja, Liebe sei was Tolles und mit jemandem zusammenzuleben auch, aber jedesmal werde es für sie schwieriger. Also lebe sie allein mit ihrer Tochter. Cecilia Toussaint lebt nicht im Luxus. Die Gagen im inflationären Mexiko sind nicht so hoch wie in den USA oder in Westeuropa, und außerdem zieht sie lieber mit ihrer Gruppe in die großen Tanz- und Veranstaltungssäle, von denen es reichlich gibt. Manchmal arbeitet sie ein bißchen fürs Fernsehen. Dann spielt sie in den „Telenovelas" mit, so heißen in Mexiko die Seifen-Opern, und wird dafür kritisiert. Aber das sei eben ihre Arbeit und sie müsse leben und von der Rockmusik ginge das häufiger eben nicht. Und schließlich müsse auch sie ihre Miete bezahlen. Es gibt Tage, an denen sie das Geld dafür einfach nicht aufbringt.

Unter welchen Schwierigkeiten sich die Frauen in der mexikanischen Männergesellschaft behaupten müssen, zeigte im Sommer 1987 ein Kulturereignis. Aufgeführt wurde im gewaltigen Palacio de las Bellas Artes, dem Palast der Schönen Künste direkt neben der Alameda, „Donna Giovanni" in der Inszenierung von Jesusa Rodriguez, nach der Musik von Wolfgang Amadeus Mozart. Man muß vorausschicken, daß diese Arbeit der weit über die Grenzen Mexikos hinaus bekannten Regisseurin und Schauspielerin bereits im Jahr zuvor auf dem Wiener Theaterfestival, in den USA und in Kanada bejubelt worden war und Jesusa Rodriguez sich gemeinsam mit ihrer Truppe anschickte, nach der Aufführung in Mexiko-City auf eine Europatournee zu gehen. Selten wahrscheinlich hat eine Aufführung in Mexiko so pünktlich begonnen wie an jenem Samstag Ende Juni 1987. Der Palast war brechend voll. Mexikos Kulturszene war erschienen und die, die immer „in" sein wollen. Ein Spektakel war zu erwarten mit viel nacktem Fleisch, mit viel Witz und Charme, mit viel Kreativität von einer überwiegend aus Frauen bestehenden Gruppe. Die Erwartungen wurden nicht enttäuscht. Das Publikum war begeistert, die Medien zurückhaltend bis schweigsam. Die Kulturbürokraten des PRI sahen sich nicht in der Lage, trotz des immensen Publikumserfolges eine zweite oder gar eine dritte Vorstellung zu ermöglichen.

Bezeichnenderweise hatte die Premiere von „Donna Giovanni" 1985 in Wien und nicht in Mexiko stattgefunden, wobei den Kulturfunktionären ein erfolgreicher „Don Giovanni" mit einem männlichen Regisseur lieber gewesen wäre. Nur, das gab's eben schon viele Male und eine „Donna Giovanni" halt noch nicht. Jesusa Rodriguez meinte nach den vielen großartigen Kritiken im Ausland: „Es ist irgendwie merkwürdig, daß wir das Stück in Mexiko nicht häufiger spielen können. In Europa ist man überwiegend begeistert. In unserem eigenen Land aber scheint man an unserer Arbeit nicht interessiert zu sein." Man könne das bereits am Interesse der Presse ablesen, fügte sie hinzu: „Wir haben im Ausland mehr als 150 Pressekonferenzen gegeben. Das hier ist die erste in Mexiko." Insgesamt sei die Oper, so wie sie sie inszeniert hätten – ohne Belcanto eben, sehr erotisch, mit viel Witz, ohne ein großes Orchester, statt dessen mit einem Piano, mit Charme, Angriffslust und Eleganz – mittlerweile an vier verschiedenen Orten in Mexiko gezeigt worden. Allerdings sei das Interesse sehr gering gewesen. Kein Zweifel, Frauen, die sich selbst organisieren, etwas erarbeiten, verunsichern die mexikanische Kulturbürokratie sehr. Sie treffen noch auf ein anderes Phänomen. Mexikanische Künstler, die im Ausland erfolgreich sind, möglichst in den USA, können des Erfolges daheim nahezu sicher sein. Wenn sie sich nicht provokativ verhalten, wenn sie nicht gegen den Strom schwimmen. Tun sie das doch, kann man daheim zwar wegen des Erfolges im Ausland nicht über sie herfallen, aber unterstützt werden sie auch nicht.

Zwei Frauen: Rosario Ibarra de Piedra und Elena Poniatowska

Geboren wurde sie am 24. Februar 1927. Sie sagt, sie habe keine Probleme damit, über ihr Alter zu sprechen. Sie studierte Schauspiel, Gesang und Tanz und hat 1950 einen ihrer Professoren geheiratet. Vier Kinder haben sie: Maria Rosario, Claudia Isabel, Carlos und Jesús. Seinetwegen lebt Rosario Ibarra de Piedra seit elf Jahren in der Hauptstadt, getrennt von ihrer Familie in der im Norden gelegenen Stadt Monterrey. Denn Jesús ist seit dem 18. April 1975 verschwunden. An jenem Tag rief er seine Mutter morgens um sieben Uhr an, danach hat sie nichts mehr von ihm gehört. Señora Ibarra de Piedra sagt, ihre Kinder seien alle Rebellen gewesen, auch damals in der Studentenbewegung: „Sie haben die mexikanische Regierung in Frage gestellt." Als ihr Sohn Jahre später verschwand, habe sie gedacht: „Wenn ich in die Hauptstadt gehe, werde ich ihn schon bald finden. Und ich dachte, wenn ich ein bißchen bei den Oberen insistiere, wird das schon Erfolg haben."

Doch das genaue Gegenteil trat ein: Alle Türen waren verschlossen. Señora Ibarra de Piedra stieß auf absolutes Schweigen. Nach wie vor tappt sie über den Verbleib ihres Sohnes im dunkeln. Nach wie vor kämpft die Frau, die mittlerweile in Mexiko-City fast jeder kennt, um ihren Sohn: „Ich kenne zwar Millionen Menschen, aber meinen Schmerz trage ich in mir."

Alles im Leben dieser früheren Hausfrau aus dem Bürgertum Monterreys hat sich nach dem Verschwinden ihres Sohnes geändert.: „Ich werde den Kampf niemals aufgeben", sagt die Frau, die, ohne Mitglied zu sein, für die Revolutionäre Mexikanische Arbeiterpartei (PRT) 1981 als erste Frau in der Geschichte des Landes für das Amt des Präsidenten kandidierte. Natürlich war auch diese Wahl im mexikanischen System für die kleine, trotzkistische Oppositionspartei nicht zu gewinnen, dennoch: Señora Ibarra de Piedra hat einen Sitz im Abgeordnetenhaus. 1986 war sie auch eine der Kandidatinnen für den Friedensnobelpreis. Die unermüdliche Suche nach ihrem Sohn hat ihr jedenfalls den Respekt und die Bewunderung von Millionen Mexikanern eingetragen, und sogar ihre politischen Gegner räumen ein, daß die Señora, die leicht Witz und Charme mit Wut und Stärke vereinbaren kann, jemand sei, mit der man sich gut auseinandersetzen könne. Sie ist sicherlich die berühmteste Frau Mexikos.

„Mein Sohn und eine ganze Reihe seiner Freunde gingen zur Guerilla, weil sie dachten, alle demokratischen Möglichkeiten in Mexiko seien ausgeschöpft. Tausende dachten damals, der bewaffnete Kampf sei die einzige Möglichkeit, nachdem die Regierung keinerlei Dialog mit ihren Kritikern zuließ." Sie fügt hinzu, daß diese Einschätzung zwischen 1968 und 1971 ja offenbar auch stimmte, wenn man sich an die Massaker erinnert, die in diesen Jahren geschahen. Die Regierung habe im Vorgehen keinen Zweifel an ihrer Absicht gelassen: „Die Guerilla sollte vernichtet werden. Und genau das ist bis 1973 geschehen", erklärt Señora Ibarra de Piedra und fügt hinzu, daß allein in jenem Jahr im Bundesstaat Guerrero, einer Hochburg der Guerilla, 378 Menschen verschwanden und Hunderte mehr im ganzen Land. Die damalige Regierung erklärte, sie alle seien bei militärischen Auseinandersetzungen ums Leben gekommen. Viele von ihnen jedoch sind gefoltert und dann getötet, andere verschleppt worden. 1978 verschwanden in Mexiko mindestens 1500 Männer und Frauen aus politischen Gründen. 55 politische Gegner des PRI gingen ins Exil, viele versteckten sich bis zum heutigen Tag.

Das mexikanische Parlament beschloß während der Regierungszeit des Präsidenten López Portillo am 24. September 1978 eine Amnestie für politische Gefangene, für Flüchtlinge und Exilanten; entsprechende Bestimmungen wurden in den mexikanischen Bundesstaaten erlassen, in denen Menschen aus politischen Gründen festgehalten wurden. Es gab sicher mehr als 500 politische Häftlinge zu jener Zeit, denen offiziell Gewaltverbrechen vorgeworfen wurden. Tatsächlich aber waren sie wegen ihrer politischen Meinungen oder Handlungen eingesperrt worden.

Drei Jahre vor der Amnestie war Jesús Ibarra de Piedra verschwunden. Zeitungen berichteten, er sei im Militärkomplex Nummer Eins interniert worden. Señora Ibarra fuhr hin: Zwei Monate lang suchte sie die verschiedensten Menschen auf, bis sie jemanden fand, der ihr bestätigte: „Ja, Ihr Sohn war hier im Camp." Daraufhin wandte sie sich an den damaligen Präsidenten Luis Echeverría. Sie wollte, erzählt sie 1987, seinerzeit ihren Jungen vor Gericht gestellt sehen, damit seine Unschuld bewiesen werde. Spezifiziert worden seien die Beschuldigungen nie, obwohl damals in den Zeitungen viel über seine angeblich kriminellen Handlungen gestanden habe.

Señora Ibarra: „Ich wandte mich an den Präsidenten mit der Forderung, sie sollten die Schuld meines Sohnes beweisen. Und sollte er sich schuldig gemacht haben, nun gut, dann verurteilt ihn. Aber präsentiert wenigstens die Anschuldigungen."

1977 formierte sich dann eine Gruppe von Frauen, die begann, nach den Verfolgten, Geflüchteten und Verschwundenen zu suchen. 1978, in jenem Jahr, in dem das Amnestiegesetz erlassen wurde, bildeten die Frauen ein nationales Komitee gegen die Unterdrückung. Für Señora Ibarra war es eine Zeit intensiver Aktivität und Reisen. Die Gruppe wandte sich an Amnesty International und an die Vereinten Nationen; Bauern, christliche Vereinigungen, Gewerkschaften und Parteien sprachen ihre Solidarität aus. Sie fuhr nach Europa und in die USA und brachte auf zahlreichen Veranstaltungen ihr Anliegen vor: „Viele Menschen hatten gar keine Ahnung, was eigentlich in Mexiko los war."

Eine politische Frau ist Rosario Ibarra de Piedra nach ihren eigenen Worten schon immer gewesen. Natürlich habe sie sich zunächst und vor allem über Ungerechtigkeiten aufgeregt, an Demonstrationen teilgenommen und ihren Kindern bei den Studentenprotesten in der Universität von Monterrey beigestanden. Doch Parteimitglied ist sie nirgendwo geworden, betont sie, auch nicht im trotzkistischen PRT. Was ihr aber dort zusage, sei neben der Kameradschaft die Idee und der Vorsatz, weiter für die mexikanische Revolution zu kämpfen. „Sie halfen mir sofort, als ich begann, nach meinem verschwundenen Sohn zu suchen." Der Kampf für die Freiheit der Verschwundenen sei auf lange Sicht auch einer für ein demokratisches System, denn solange es noch spurlos Verschwundene in Mexiko gebe, könne es auch keine Demokratie geben: „Ich kämpfe als Frau gegen die Unterdrückung und Verfolgung. Das ist mein Thema. Und da habe ich eben auch keine Zeit für Parteiarbeit, auch wenn mich der PRT seinerzeit zu seiner Präsidentschaftskandidatin machte, was mich sehr überrascht hat, natürlich." Sie nahm, fügt sie hinzu, selbstverständlich an.

Sie erinnert sich, daß sich in jenem Jahr 1981 viele wunderten, wie man sich als Frau für das Präsidentenamt bewerben könne, ohne Mitglied in der Regierungspartei, dem PRI, zu sein. Dennoch, sie versuchte es einfach. Señora Ibarra nutzte die Kandidatur für ihr Anliegen: Den Einsatz für die Verschwundenen und den Kampf gegen die Unterdrückung in Mexiko. Dazu hat sie einmal in einem Interview gesagt: „Man würde, nahm ich damals an, sicherlich bald herausgefunden haben, daß sie mir meinen Sohn weggenommen haben. Ich wußte, daß das große Aufmerksamkeit erregen würde, denn schließlich ist Mexiko ein wichtiges Land, auf das viele Menschen schauen." Kein Zweifel, die Präsidentschaftskandidatur, obgleich völlig aussichtslos, machte Señora Ibarra in Mexiko noch bekannter. Ihre Überlegungen zu dieser Angelegenheit hat sie einmal so formuliert: „Es ist eigentlich eine traurige Sache, bekannt zu sein, nur weil man die Mutter eines Verschwundenen ist. Man ist wichtig, weil man einen Sohn verloren hat. Ich würde es vorziehen, die unbekannteste Frau der Welt zu sein, wenn ich dafür alle meine Kinder bei mir hätte."

Nein, als Feministin würde sie sich nicht bezeichnen. Sie setze sich für die Verschwundenen ein. Doch habe sie große Sympathien für die Frauenbewegung, überhaupt für Frauen, die sich für Frauen einsetzen, die das ihr ganzes Leben lang tun, für mehr Gleichberechtigung kämpfen und die in diesem wirklichen Macho-Land auch einigen Erfolg gehabt haben. Die Frauenbewegung sei in Mexiko wahrnehmbar stärker geworden. Zentren für die Opfer von Vergewaltigungen würden eingerichtet, man kümmere sich um die weiblichen ausländischen Arbeitskräfte, von denen es den meisten wirklich miserabel ginge. Schließlich würden Frauen in vielen Bereichen unterdrückt, ausgebeutet, denn die Männer „schauen auf uns herab" und sie erkennen weder „unsere Arbeit noch unsere Bedürfnisse" an.

Sie glaubt fest daran, daß sie ihren Sohn Jesús finden und wiedersehen wird: „Wenn dieser Glaube nicht wäre, könnte ich nicht weitermachen. Es gab Gefangene, die erst nach zehn Jahren entlassen wurden. Das letzte Mal habe ich 1985 etwas über meinen Sohn gehört. Ein Entlassener schwor mir, er habe Jesús im Gefängnis gesehen. Ich habe keinen Zweifel, daß es so war." Eines Tages werde sie ihn sehen. Bis dahin werde sie noch mehr arbeiten und noch mehr kämpfen, vor allem gegen die Ungerechtigkeiten in Mexiko: „Wenn ich in das Gesicht der Mutter eines Verschwundenen schaue, weiß ich, daß meine Arbeit noch lange nicht beendet ist. Das wird natürlich hart, da bin ich sicher, aber ich bin bereit, das auf mich zu nehmen."

Elena Poniatowska, eine der bekanntesten Schriftstellerinnen und Journalistinnen Mexikos, sagt über Rosario Ibarra de Piedra: „Ich bewundere ihren Mut, denn sie hat einen Sohn verloren, aber sie blieb eben nicht die Frau, die in ihren vier Wänden nichts tat, sie suchte überall nach ihrem Sohn, und sie wurde eine politische Führerin. Sie hat diese furchtbare persönliche Tragödie in einen politischen Kampf umgewandelt. Um das zu können, muß man wirklich eine Persönlichkeit sein." Diese Frau bedeute für Mexiko sehr viel. Vielleicht weiß Elena Poniatowska besser als andere, wovon sie spricht, wenn sie ihre Bewunderung für Rosario Ibarra de Piedra ausdrückt, denn der Bruder „der Poniatowska", wie sie in Mexiko genannt wird, hat an den Studentendemonstrationen 1968 in Mexiko teilgenommen. Er wurde von der brutal vorgehenden Polizei verhaftet und ins Gefängnis gesteckt. Mit ihrem bereits erwähnten Buch „La Noche de Tlatelolco", Die Nacht von Tlatelolco, hat sie 1970 nationale Berühmtheit erlangt.

15 Bücher hat sie insgesamt geschrieben, unter anderem eines über die Geliebten des Malers Diego Rivera. 1987 ging sie dann mehr ins Detail: Sie arbeitete an einem Buch über Tina Modotti, die italienische Fotografin, die, natürlich, könnte man fast hinzufügen, die Geliebte Diego Riveras war.

1954 begann Elena Poniatowska ihre journalistische Laufbahn bei der Zeitung „Excelsior", nachdem sie in Frankreich, den USA und Mexiko studiert hatte. Und, was in Mexiko besonders zählt: Sie war die erste Mexikanerin, die den Journalistenpreis der Vereinigten Staaten von Amerika erhielt.

Sie wurde 1933 in Paris geboren. Ihr Vater war Franzose polnischer Herkunft, ihre Mutter Mexikanerin. Elena Poniatowska hat das einmal als „reichlich verquere Familienverhältnisse" beurteilt. Wenn man sich überlege, daß einer ihrer gar nicht so entfernten Vorfahren, Stanislaus August Poniatowski, von Katharina der Großen zum König von Polen gemacht worden sei – und das nur, weil er ihr Geliebter gewesen war und Katharina ihn habe loswerden wollen. Ihre Familie habe nie gewollt, daß sie die Geschichte erzähle, aber sie sei doch logisch und obendrein sei Katharina die Große doch eine wirklich phantastische Frau gewesen, mit einem sehr erotischen Leben.

Mit neun Jahren kam die Poniatowska während des Zweiten Weltkrieges nach Mexiko. Sie lernte Französisch und Englisch, Sprachen, in denen sie sich fließend unterhalten kann. Sie ist eine Frau, die einmal von sich behauptete, sie habe in ihrem Leben nie selbst eine Entscheidung getroffen, wahrscheinlich, weil sie dazu nicht in der Lage sei. Sie könne daher auch nicht, wie viele andere Schriftsteller, sagen, daß sie schon als Kind geschrieben habe. Denn eigentlich sei es so gewesen, daß sie sich gar nicht sehr ums Schreiben gekümmert habe, weil sie die Aufsätze über Napoleon oder Jeanne d'Arc auf dem französischen Lyzeum wirklich wenig interessiert hätten.

So begann sie 1954 beim „Excelsior" in der Redaktion für Gesellschaftliches. In Lateinamerika ist dieser Teil – meistens sind es täglich gleich mehrere Seiten – wahrscheinlich der wichtigste einer Zeitung, auf den alle ganz verrückt sind. Wer morgens in einem mexikanischen Frühstücksrestaurant gesessen hat, der weiß, daß die Mehrzahl der Gäste, so sie Zeitung lesen, zunächst nachschaut, wer mit wem, wie lange und wo und natürlich wer nicht, wer geheiratet hat und mit welchen Trauzeugen in welcher Kirche, in welcher Kleidung... Aber warum sie dort angefangen habe zu arbeiten, kann Elena Poniatowska nicht sagen. Natürlich, sie habe auch als Kind Phantasien gehabt, aber sie habe dadurch zu wenig in der Realität gelebt. Doch vielleicht seien gerade ihre Phantasien der Ursprung ihres Schreibens ... Sie hat einmal gesagt: „Als ich nach Mexiko kam, war ich sehr schockiert und beeindruckt von den Menschen, die überhaupt keine Möglichkeiten und keinen Zugang zu gar nichts besitzen. Diesen Leuten wollte ich eine Stimme geben." Zuerst habe sie das gar nicht bewußt getan, später änderte sich das: „Zum Beispiel 1968. Die demonstrierenden Studenten und Priester hatten keinerlei Zugang zu den Zeitungen. Und mit dem Erdbeben war es ähnlich. In meinem Fall betrieb ich einen denunzierenden Journalismus, denn der Protest machte deutlich: Die Regierung hatte die Schuld."

In einer politischen Partei sei sie nicht. „Ich habe keine Zeit dazu. Ich müßte mir die Zeit stehlen. Die würde mir dann beim Schreiben fehlen. Ich will aber schreiben, und zwar nicht mehr für Zeitungen, sondern Bücher, Bücher, Bücher." Wenn sie nicht zu einer alten, hysterischen Hexe würde, wolle sie schreiben, schreiben, schreiben. Sie fühle in sich eine Verpflichtung zu schreiben ...

Sie sagt nicht, daß sie wahrscheinlich auch keine für sie geeignete Partei als politisches Betätigungsfeld fände, selbst wenn sie die Verpflichtung zum Schreiben nicht in sich spürte. Die Poniatowska kommt zwar aus einer Familie des Bürgertums und gehörte sicher zu den behüteten Töchtern, doch schon früh hatte sie das Gefühl, nicht dazuzugehören. Ihre Arbeiten machen deutlich, daß sie sich meistens um das gekümmert hat, was sie nicht kannte, was ihr neu war, was eben nicht zu ihrer gesellschaftlichen Klasse gehörte. In einem längeren Gespräch mit einer mexikanischen Journalistin hat sie dazu einmal folgendes gesagt: „Wenn ich die Chance hätte, einer anderen Welt angehören zu können, würde ich versuchen, sowohl der neuen als auch der mir gewohnten Welt anzugehören. Damit meine ich, in der nicht-bourgeoisen Gesellschaft zu leben, alles bisherige zu denunzieren, alle Privilegien. Ich sehe das nicht klar, aber ich habe auch nicht den Mut, es zu tun."

Das sei so, erklärte sie, als wenn man ein Missionar oder eine Nonne werden wolle. Sie hätte es jedenfalls nicht getan. Deshalb habe sie wahrscheinlich ständig in einer Art Krise gelebt und niemals wirklich eine Entscheidung getroffen, weil sie immer neugierig darauf gewesen sei, was auf beiden Seiten geschehe. Politisch gesehen sei das völlig falsch. Man müsse sich entscheiden: „Ich hätte es tun sollen." Aber ganz genau wisse sie es eigentlich auch nicht. Schreiben sei schließlich auch politisch.

Elena Poniatowska glaubt, daß die Mexikaner in einer Demokratie leben, weil es in diesem riesigen Land so viele Gegensätzlichkeiten gibt. Jeder könne auch so viele gegensätzliche Erfahrungen machen. Es gebe so viele verschiedene Interessen und so viele Gruppen, die zueinander in Opposition stünden. Sie ist unsicher, wenn sie daran denkt, ob es in absehbarer Zeit zu einer Veränderung des politischen Systems kommen könne. Die Linke sei sehr schwach und uneinig, so ähnlich wie im spanischen Bürgerkrieg. Da sei auch jeder gegen jeden gewesen, und es habe keine Einigkeit existiert. Das sei auch in Mexiko so, die Parteien hätten Angst voreinander und kämen zu keinem Ergebnis. Es fehlt an Ideen und konkreten Programmen. Man müsse sich nur die lateinamerikanische und die mexikanische Linke ansehen. Was hätten sie anzubieten? Wo blieben die praktischen Zielsetzungen?

Sie, die sich als Feministin sieht, glaubt, daß aus der Eruption des 68er Studentenprotestes in Mexiko so etwas wie die Möglichkeit zum Aufbau einer neuen Gesellschaft entstanden ist. Damals forderten die Studenten, daß die Elite-Universitäten abgeschafft werden müßten. Für die Poniatowska sind die Studenten und die Erdbebenopfer insofern wichtig, als durch beide Gruppen eine Form des Protests geboren wurde, den es vorher nicht gegeben hat. Doch natürlich fühlen sich ihrer Meinung nach die Menschen sehr unsicher, wegen der großen Arbeitslosigkeit, wegen des enormen Hungers, der im Land existiere, wegen des Analphabetentums: „Es gibt viele Mexikaner, die nicht essen, es gibt viele, die nicht genug essen, und ich denke, es wird noch schlimmer."

Beatriz Paredes Rangel, Gouverneurin

Die erste Politikerin, die in der nachrevolutionären Geschichte Mexikos ein wichtiges politisches Amt übernahm, hieß Griselda Álvarez. 1979 wurde sie, bereits über 60 Jahre alt, zur Gouverneurin des an der Pazifikküste gelegenen Bundesstaates Colima gewählt. Die Kandidatur und Wahl von Frau Álvarez war für die meisten politisch Interessierten eigentlich keine große Überraschung. Ihr Vater war schon Gouverneur von Colima gewesen, ihr Großvater ebenfalls. So hatten sich die entscheidenden Herren des Partido Revolucionario Institucional umgeschaut und zwei Sachverhalte festgestellt: Einmal war es an der Zeit, einen Gouverneursposten mit einer Frau zu besetzen, und außerdem war niemand dafür geeigneter als Frau Álvarez, Mitglied einer bewährten Gouverneursfamilie. Und so wurde Frau Álvarez Kandidatin des PRI und, da das eben gleichbedeutend ist mit einem Wahlsieg, auch Gouverneurin. Glücklicherweise stellte sich heraus, daß sie nicht nur aus der richtigen Familie kam, sondern auch, daran ließen selbst ihre Gegner keinen Zweifel, eine ungewöhnlich fähige Politikerin war.

Beatriz Paredes Rangel war erst 33 Jahre alt, als sie im Januar 1987 das Amt des Gouverneurs im kleinsten und ärmsten Bundesstaat, in Tlaxcala, übernahm. Präsident Miguel de la Madrid Hurtado, PRI-Chef Jorge de la Vega Domínguez, der mächtige Vorsitzende der Arbeitergewerkschaft, Fidel Velázquez, und sechs Gouverneure anderer Bundesstaaten kamen in die kleine Hauptstadt Tlaxcala, um an der feierlichen Amtseinführung der jungen Politikerin teilzunehmen. Sie versprach, sich für die Rechte jener Frauen einzusetzen, die in den Fabriken für das Wohl der Menschen schufteten, und sie versprach, den kleinen, hinter der Entwicklung zurückgebliebenen Staat zu modernisieren, ohne dabei die Identität der Einwohner zu verletzen. „Ich verspreche, ständig dialog- und gesprächsbereit mit allen Gruppen unserer Gesellschaft zu sein“, erklärte Beatriz Paredes den Anwesenden.

Die Kandidatur, Wahl und Amtsübernahme der 33jährigen ist für viele Frauen in Mexiko ein Zeichen dafür, daß sich langsam etwas ändert, vielleicht sogar Entscheidendes, zum Vorteil der Frauen, die bis 1953 nicht einmal das Wahlrecht hatten. „Beatriz ist schon etwas Besonderes“, meinte vor kurzem Elena Urrutia, die an einer Hochschule in der Hauptstadt über Frauenfragen in der mexikanischen Gesellschaft forscht. Ihre Karriere sei insofern bedeutsam, als sie noch sehr jung sei und aus sehr bescheidenen Verhältnissen stamme, eben ganz anders als die erste mexikanische Gouverneurin, die aus der traditionellen Politikerklasse hervorgegangen war. Beatriz Paredes wurde 1953 als die Tochter eines armen Bauern in Tlaxcala geboren. Ihr Vater, mittlerweile fast 90 Jahre alt, ist ein bodenständiger Mann, der seinen Grund und Boden nie verlassen hat.

Keine Frage, der Politikerin fehlte eine Voraussetzung, die für den politischen Erfolg in Mexiko an sich unabdingbar ist: Der richtige Familienname, was mit guten Beziehungen gleichzusetzen ist. Dennoch hat sie es sehr früh sehr weit gebracht. Ihre Bewunderer, ihre Kollegen, aber auch ihre Kritiker stimmen überein: Sie hat's allein geschaft. Und sie teilen auch die Einschätzung der Gouverneurin über sich selbst, als Politikerin sei sie eben ein Naturtalent. Das zeigte sich bereits während ihrer Schulzeit in dem armen Dorf, in dem sie aufwuchs: Sie war die beste Rednerin und Organisatorin: „Die Menschen in Tlaxcala reden eben gerne", meinte sie einmal dazu. Es sei ihr einfach zugefallen.

Sie hat als Kind und Jugendliche die Probleme der Landbevölkerung täglich erfahren. Und natürlich weiß sie, wie der PRI, ihre Partei, zum Teil mit den Bauern umgesprungen ist. Sie redet darüber nicht. Schließlich ist sie Mitglied dieser Partei, und ohne sie, daran gibt es keinen Zweifel, wäre sie niemals Gouverneurin geworden. Immerhin: Mit 21 Jahren saß sie bereits im Parlament ihres Bundesstaates. Danach machte sie erst einmal ihren Hochschulabschluß in Soziologie. Ihre weiteren politischen Erfahrungen sammelte sie anschließend als Abgeordnete in der Nationalversammlung und als Mitarbeiterin im Ministerium für Landwirtschaftsreform.

Sie vermeidet es, als Feministin aufzutreten, was in der nach wie vor von Männern beherrschten mexikanischen Gesellschaft sicherlich auch ein entscheidendes Handicap wäre. In erster Linie ist sie Politikerin; aber zu sagen, sie sei keine Feministin, wäre dennoch ungenau.

Die mexikanischen Frauenbewegungen identifizieren sich mit ihr. Aber ihre politische Karriere wäre sicher rasch beendet, wenn sich Beatriz Paredes Rangel als einzige wichtige Politikerin unter Männern zur Feministin erklärte. Stattdessen hebt sie lieber hervor, daß sie sich für die Verbesserung der Lebensbedingungen aller einsetzen will. Elena Urrutia beschreibt sie so: „Sie ist ohne Zweifel eine sensibilisierte Frau, die um die Probleme der Frauen weiß." Denn man dürfe nicht übersehen, daß manche Frauen in Machtpositionen kämen und sogleich vergäßen, daß 90 Prozent ihrer Geschlechtsgenossinnen eben gar keine Macht haben.

Anfang der siebziger Jahre, Beatriz Paredes war knapp 20 Jahre alt, entstanden in Mexiko die ersten Frauenorganisationen in der Mittelklasse und in der Oberschicht. Diese Frauen hatten, so urteilten mexikanische Soziologen, ein ausgeprägtes Klassenbewußtsein. Die beherrschenden Themen waren seinerzeit: Abtreibung, Vergewaltigung, Pornographie und lesbische Frauen. Völlig unbeachtet blieb damals die Lage der Frau in den unteren Gesellschaftsschichten. Die Probleme der Frauen auf dem Land, der schlichte Kampf um Brot und Wasser, das Fehlen von menschenwürdigen Unterkünften, das Fehlen sanitärer Einrichtungen, der dominierende Machismus der Männer, mangelhafte soziale Einrichtungen, schlechte oder gar keine Schulausbildung für die Kinder, keine Geburtenkontrolle; alle diese Probleme der Frauen in den Landgebieten waren für die Frauenbewegung jener Zeit keine Themen. Ebenfalls Anfang der siebziger Jahre begann Mexikos Weg in eine wirtschaftliche Krise, die ihren ersten Höhepunkt 1982 hatte, als die Regierung zahlungsunfähig wurde. Viele Frauen, die bis zu diesem Zeitpunkt noch in einem sehr traditionellen mexikanischen Sinn Hausfrauen gewesen waren, mußten nun, aus einer wirtschaftlichen Not heraus, mit dieser zweifellos von der Mehrheit gewollten Tradition brechen und sich eine Arbeitsstelle suchen.

Es ging nämlich 1982 für viele mexikanische Familien in den Städten wie auf dem Land ums nackte Überleben. An dieser Situation hat sich seitdem nur insofern etwas geändert, als die Lage für viele noch schlimmer geworden ist. Es gibt zwar unterschiedliche Zahlen, doch kann man nach zuverlässigen Angaben davon ausgehen, daß sich zwischen 1970 und 1985 der Anteil der Frauen in der arbeitenden Bevölkerung verdoppelt hat: Rund 30 Prozent aller regelmäßig beschäftigten Einwohner sind Frauen. Hinzu kommt, was für die Veränderung der mexikanischen Gesellschaft in den kommenden Jahren von erheblicher Bedeutung ist: 80 Prozent aller jüngeren Frauen, die über eine abgeschlossene Berufsausbildung verfügen, wollen auch einen Beruf ausüben. Und viele dieser Frauen verfügen eben über ein ausgeprägteres Selbstbewußtsein als die Generation vor ihnen.

Das heißt nun nicht, daß die mexikanische Gesellschaft keine Männergesellschaft mehr wäre. Trotz vieler schneller sozialer Veränderungen haben Männer vor allem im politischen und wirtschaftlichen Bereich ihre Vormachtstellungen behalten, wahrscheinlich sogar ausgebaut. Deswegen muß eine Politikerin wie Beatriz Paredes noch immer bei der Wahl ihrer Worte, wenn sie über die Rolle der Frauen in der Gesellschaft ihres Landes spricht, vorsichtig sein, um die Männer nicht zu verärgern. Der alte, mächtige Vorsitzende der mexikanischen Arbeitergewerkschaft, Fidel Velázquez, aber hat die Gouverneurin im Sommer 1987 besucht und hinterher gesagt: „Es ist der Mühe wert, mit ihr für die Gleichberechtigung in Mexiko zu kämpfen." Sie sagt jedenfalls: „Die Männer in der Politik sind meine Genossen. Ich respektiere sie. Einige mag ich sehr. Einzelne bewundere ich." Sie betrachte sich als eine völlig normale Person, die ihre Ängste, ihren Spaß und ihre tristen Momente habe. Natürlich sehe sie, daß die politische Arbeit ihre ganze Zeit in Anspruch nehme, sagt die unverheiratete 33jährige und fügt hinzu, daß eine solche Entscheidung, einmal für die Politik getroffen, natürlich das ganze Leben bestimme und beeinflusse.

Wenn Beatriz Paredes über politische Sachverhalte spricht oder diskutiert, vermeidet sie mit Sorgfalt das Wort „Diskriminierung". Statt dessen spricht sie davon, daß Frauen in vielen Bereichen als weniger erfahren und fähig bezeichnet werden. Es gebe in Mexiko männliche Politiker, formuliert sie, die sich sehr für die Gleichberechtigung der Frauen in der Politik einsetzten und viel dafür täten, doch gebe es eben auch Männer, fügt sie vorsichtig hinzu, die einen ganz anderen Standpunkt hätten. „Wenn man bedenkt, daß im mexikanischen Abgeordnetenhaus und im Senat zusammen nur zwölf bis 15 Prozent Frauen sitzen, so wird deutlich, daß Frauen eben nicht denselben Status wie Männer haben", kritisiert sie. Doch befinde sich die mexikanische Gesellschaft jedenfalls in einer Hinsicht im Umbruch: Viel mehr junge Frauen gingen heute zur Schule. „Sie wollen sich einmischen und beteiligt werden", fügt Beatriz Paredes hinzu.

Beatriz Paredes hat übrigens niemals ein Wort über ihre Wahl am 16. November 1986 verloren. Diese Wahl war insofern nicht bemerkenswert, als sie als PRI-Kandidatin natürlich gewann. Doch die Beteiligung war trotz bestehender Wahlpflicht nicht besonders hoch. „Weil", wurde einmal mehr bei einer mexikanischen Wahl kritisiert, „die Ergebnisse immer die gleichen sind: Der PRI gewinnt, egal, ob man abstimmt oder nicht." Es gibt keine mexikanische Hauptstadtzeitung, die im November 1986 nicht über den Wahlkampf und das Ergebnis ausführlich berichtete. Immer wieder drangen Nachrichten aus Tlaxcala in die Hauptstadt, die höhere PRI-Funktionäre schon seit langem nicht mehr in Aufregung versetzen, die kleineren Oppositionsparteien jedoch empören und politisch interessierten Mexikanern die Zornesröte ins Gesicht treiben. Drei Vorwürfe wurden gegen die Wahl von Beatriz Paredes erhoben: Die Wahlbeteiligung war sehr gering. Es gab Fälschungen oder Betrügereien bei der Auszählung. Wähler wurden von PRI-Aktivisten bedroht. Übereinstimmend berichteten Politiker rechter wie linker Oppositionsparteien, die Wahlbeteiligung habe bei höchstens 50 Prozent, wahrscheinlich jedoch eher bei 20 oder 30 Prozent gelegen. Dazu hatte der örtliche PRI-Funktionär, der für die Wahlbeteiligung und -ergebnisse zuständig war, nicht mehr zu sagen als: „Die Menschen haben sich massiv an der Wahl beteiligt und von ihrem Bürgerrecht Gebrauch gemacht. Es überrascht uns nicht, daß die Opposition eine weniger gute Meinung über die Wähler und deren Beteiligung hat.“ Mehrheitlicher Tenor in den Tagen nach der Wahl war jedoch in Tlaxcala: „Die Leute gehen nicht mehr zur Wahl, weil sie einfach bedeutungslos geworden ist.“ „Der große Gewinner hieß: Wahlenthaltung.“ – „Es gibt kein Vertrauen mehr bei der Mehrheit der Wähler zum PRI.“

Für mexikanische Verhältnisse war diese Wahl dennoch recht friedlich abgelaufen. Einzelne Zusammenstöße wurden zwar gemeldet, doch gab es nur wenige Verletzte und offenbar keine Toten. Allerdings fehlten in manchen Wahllokalen die Urnen. Anderswo gab es nicht genügend wasserfeste Tinte. Sie ist das untrügliche Zeichen dafür, daß man gewählt hat. Hat man sie nicht am kleinen Finger, hat man also augenscheinlich noch nicht gewählt. Fehlt die Tinte, hat man keinen schwarzen Finger.

Beatriz Paredes hat sich also einerseits allein nach oben gearbeitet, ist andererseits schon bald der Schützling des PRI und Fidel Velázquez' geworden. Und an solchem Schutz kommen die anderen kaum vorbei. Wie groß ihr Ansehen innerhalb des PRI ist, zeigte ein im Sommer 1987 in der linksliberalen Tageszeitung „La Jornada“ erschienener Artikel. Er gehört in die Reihe der bezahlten Veröffentlichungen, die hin und wieder in allen mexikanischen Zeitungen erscheinen und Personen oder Aktivitäten der Regierung lobend herausstellen. Alle Zeitungen müssen diese scheinbar journalistischen Arbeiten abdrucken, die in manchen Fällen von der Wirklichkeit recht weit entfernt sind oder sogar überhaupt nichts mit ihr gemeinsam haben.

Letzteres kann man auch von der Eloge in „La Jornada“ auf Beatriz Paredes sagen, die schließlich die Gouverneurin des kleinsten und ärmsten Bundesstaates ist. Den Schreiber des Artikels scheint das aber nicht gestört zu haben. Er beginnt mit einem Lob auf die Landschaft: „Von Norden bis Süden, von Osten bis Westen erhebt sich Tlaxcala im Grün des Mais, der Gerste und des Gemüses. Seine weiten Flächen, seine Täler und Schluchten locken die Bauern zur ertragreichen Ernte. Es regnet intensiv, und mit dem Regen wachsen Hoffnung und Vertrauen in die Aktionen jener Frau, die ihre Regierungsmitglieder antreibt: Beatriz Rangel, die Gouverneurin von Tlaxcala, läßt keinen ruhigen Moment zu. Sie macht überraschende Besuche, will Ergebnisse inspizieren und Fortschritte sehen." Und so geht es immer weiter. Am Schluß heißt es dann: „... denn hier gibt es keine Bettler. Es gibt sie einfach nicht. Denn in Tlaxcala arbeitet man oder man arbeitet."

Die Japaner kommen ...

Als die Präsidentenmaschine der Vereinigten Staaten von Mexiko mit der Bezeichnung „TPF-727-001 Presidente Carranza“ Ende November 1986 auf dem Flughafen von Tokio aufsetzte, begann Präsident Miguel de la Madrids wirtschaftspolitisch sicher wichtigste Auslandsreise: Reiseziele waren Japan und China. De la Madrid machte seinerzeit in der japanischen Hauptstadt überhaupt keinen Hehl aus seinem Anliegen, als er im Verlauf eines Treffens mexikanischer und japanischer Geschäftsleute unter anderem ausführte: „Mexiko hat während meiner Regierungszeit alle seine finanziellen Verpflichtungen erfüllt. Wir hoffen daher, daß die internationale Wirtschaftsgemeinschaft unsere Probleme nicht nur versteht, sondern uns auch hilft, sie zu lösen.“ Besonders richtete er diese Worte an die Japaner, mit denen Mexiko seit 100 Jahren diplomatische Beziehungen unterhält, mit Ausnahme von zehn Jahren während des Zweiten Weltkriegs und danach. Die politischen Beziehungen zwischen beiden Staaten sind gut, wenn auch 1962 erst Präsident Adolfo López Mateos als erster mexikanischer Regierungschef offiziell nach Japan reiste. Dann allerdings ging es, politisch gesehen, Schlag auf Schlag: Die Präsidenten Echeverría und Portillo flogen nach Tokio, vier japanische Premiers kamen nach Mexiko-City, und sogar das japanische Prinzenpaar machte den Mexikanern seine Aufwartung.

Die wirtschaftlichen Beziehungen allerdings blieben viele Jahre auf recht niedrigem Niveau, doch zeigte sich in der ersten Hälfte der achtziger Jahre eine deutliche Veränderung. Trotz der mexikanischen Wirtschaftskrise, die 1982 durchbrach, exportierte Mexiko Güter für 1,4 Milliarden US-Dollar 1985 nach Japan, wobei es sich vor allem um Mineralölprodukte handelte. Japans Exporte nach Mexiko hatten in jenem Jahr einen Umfang von einer Milliarde US-Dollar und bestanden überwiegend aus Maschinen und Waren der Elektroindustrie. Außerdem, das darf nicht übersehen werden, hat Japan Mexiko viel Geld geliehen. Der Schuldenstand lag, als Präsident de la Madrid im November 1986 nach Japan flog, nach mexikanischen Angaben bei 11,284 Milliarden US-Dollar.

Zu jenem Zeitpunkt wußten die Mexikaner so gut wie die Japaner, daß daran etwas geändert werden mußte: finanziell und auf der Ebene der wirtschaftlichen Kooperation. Allerdings, ganz einfach war dieses Vorhaben nicht, weil für beide Staaten die Vereinigten Staaten von Amerika das Schlüsselland sind, die ohnehin, aus verschiedenen Gründen, sowohl auf die Japaner als auch auf die Mexikaner mit einigem Ingrimm schauten. Außerdem aber mußte die mexikanische Regierung aufpassen. Sie durfte daheim nicht den Eindruck entstehen lassen, sie verkaufe Teile mexikanischer Interessen wie die der Industrie an Japan. Die Frage besonders für den mexikanischen Präsidenten und seine Berater also lautete: Wie muß unsere Politik mit Japan aussehen, damit wir innen- wie außenpolitisch erfolgreich sind? Es kann vorweggenommen werden, daß bisher die Beantwortung dieser Frage der mexikanischen Regierung wirklich ganz ausgezeichnet gelungen ist. Und das in vielfacher Hinsicht.

Zunächst einmal war 1986 der damals neue Finanzminister Gustavo Petricioli inoffiziell für sechs Tage nach Tokio geflogen und hatte Vertretern der dortigen Regierung wie der Wirtschaft erklärt: Eigentlich müsse Mexiko seine Zahlungen für Kredite in Höhe von 52,5 Milliarden US-Dollar, die es im wesentlichen japanischen, US-amerikanischen und deutschen Banken schulde, aufschieben, das heißt, vorläufig einstellen. Natürlich wurde dieses Verhandlungsthema von beiden Seiten strikt dementiert, und der damalige japanische Finanzminister meinte auf entsprechende Fragen lediglich, man habe gemeinsam interessierende Wirtschaftsfragen erörtert. Immerhin wurde inoffiziell bekannt, daß man darüber gesprochen habe, wie Mexiko geholfen werden könne, eine Einstellung seiner Zahlungen zu vermeiden.

Intensivere Kontakte mit der japanischen Finanzwelt hatte besonders der Vorgänger Petriciolis im Amt des mexikanischen Finanzministers, Jesús Silva Herzog, geknüpft, ein Mann, der eng mit dem damaligen Präsidenten der US-Notenbank, Volcker, befreundet war und sich wie kein zweiter mexikanischer Politiker in der internationalen Finanzwelt auskannte.

Schon im Spätsommer 1986 hatten Vertreter japanischer Banken und der Regierung signalisiert, man werde einen Weg finden, um den Mexikanern aus ihrer finanziellen Klemme zu helfen. Niemand übrigens hat sich zu dieser Zeit in Tokio von den mexikanischen Zahlungsschwierigkeiten überrascht gezeigt, und erst recht war niemand überrascht, daß sich die Mexikaner an die Japaner und nicht an andere Regierungen gewandt hatten. Dennoch machten die Großbanken in Tokio keinen Hehl daraus, daß ein Zahlungsaufschub nicht akzeptabel sei, vor allen Dingen nicht in dieser Größenordnung und in keinem Fall über einen Zeitraum von 25 Jahren. Wenn man über einen Zahlungsaufschub oder über eine Umstrukturierung des Schuldenbetrages reden wolle, dann komme das, meinten die japanischen Finanzfachleute, nur für zehn Jahre in Frage, keinesfalls länger. Immerhin, die Mexikaner hatten die Unterstützung der Regierung eines wichtigen Gläubigerlandes für ihren Plan gefunden, rund 52 Milliarden US-Dollar Auslandsschulden umzustrukturieren.

Japans damaliger Premierminister Jasuhiro Nakasone lieferte dann auch während des de la Madrid-Besuches in Tokio die politische Begründung für die Position seiner Regierung nach: „In einer Phase, in der wir das nächste Jahrhundert angehen, ist die Kooperation zwischen Mexiko und Japan von vitalem Interesse. Sie wird die Beziehungen zwischen Asien und Lateinamerika verbessern helfen, und sie wird zu wirtschaftlicher Entwicklung der pazifischen Staaten beitragen."

Dazu gehöre auch, fügte der mexikanische Präsident hinzu, ein industrielles und wirtschaftliches Austauschprogramm zwischen beiden Ländern. Jene japanisch-mexikanische Studiengruppe mit der Bezeichnung „Japanisch-mexikanische Gruppe zur Erforschung der bilateralen Beziehungen über einen längeren Zeitraum", die längst vor der Visite de la Madrids gebildet worden war, legte ebenso wie der japanische Premier Wert auf die Feststellung, daß es um die Beziehungen zwischen Mexiko und Japan als Entwicklungsbeitrag für den pazifischen Raum gehe. Beide Seiten vermieden es tunlichst, in irgendeiner Form die Vereinigten Staaten von Amerika zu erwähnen, die sowohl in Japan, was die dortigen Nationalisten gar nicht gern sehen, als auch in Mexiko, was von keinem Mexikaner gern gesehen wird, über einen gehörigen politischen Einfluß verfügen. Um so bedeutsamer ist das Kooperationsabkommen mit den Japanern aus Sicht der Mexikaner, weil sie, anders als die Japaner, wirtschaftlich noch immer fast ausschließlich an den USA hängen. Die USA sind der größte Investor im Land zwischen Rio Grande und Guatemala mit mindestens 10 Milliarden US-Dollar. Sie sind der wichtigste Handelspartner für die Mexikaner. Über 60 Prozent der mexikanischen Exporte gehen in die USA.

Nun ging es der Studiengruppe nicht nur darum, vor der Reise de la Madrids nach Japan einen wirtschaftlich-politischen Rahmen im Nord-Süd-Verhältnis abzustecken. Vielmehr sollte aufgezeigt werden, wo, wie und in welchem Umfang es zu konkreten Kooperationsmaßnahmen kommen könne. Zwei Beispiele stehen dafür: Mexiko erhält von Japan einen 500-Millionen-US-Dollar-Kredit für den Bau einer 267 Kilometer langen Erdölpipeline, die von Nueva Teapa im karibischen Bundesstaat Veracruz zum Erdölhafen Santa Cruz an der Pazifikküste führen soll. Diese Pipeline wird neben einer bereits bestehenden verlaufen und geht einher mit dem Ausbau des mexikanischen Pazifikhafens, so daß hier eines Tages Tanker bis zu 250 000 Tonnen abgefertigt werden können. Außerdem wird die Kapazität der Erdölraffinerie in Santa Cruz verdoppelt. Der Standpunkt der mexikanischen Regierung ist folgender: Mit ausländischem Kapital werden neue Arbeitsplätze in einer arbeitsplatzarmen Region geschaffen, und außerdem kann der Handel mit dem Orient ausgebaut werden. Der Standpunkt der japanischen Regierung ist: An den vergebenen Krediten verdienen die Banken, und Japan kann über einen längeren Zeitraum mindestens teilweise seine Abhängigkeit von den arabischen Öllieferungen ein wenig lockern.

Das zweite Projekt liegt ebenfalls an der mexikanischen Pazifikküste und trägt den Namen Siderurgico Sicartsa II im Hafen von Lázaro Cárdenas, einer Stadt im Bundesstaat Michoacán. Insgesamt 260 Millionen Dollar hat Japan für Bau und Konstruktion des neuen Wasserkraftwerkes bereitgestellt. Ein Ausbau der stromproduzierenden Kapazitäten gerade in Lázaro Cárdenas, wo eines der größten Stahlwerke der Welt steht, war längst dringend nötig geworden. Außerdem soll in Lázaro Cárdenas mit sehr viel japanischem Geld eine Raffinerie zur Produktion petrochemischer Produkte errichtet werden, die 1995, so sehen es die Planungen vor, ihre endgültige Kapazität erreicht haben soll.

Insgesamt stellte die japanische Im- und Exportbank im Spätsommer 1986 Mexiko für diese drei Industrieprojekte rund eine Milliarde US-Dollar zur Verfügung. Der mexikanische Finanzminister Gustavo Petricioli konnte nach einem abschließenden Gespräch mit dem Präsidenten der Takashi Tanka Bank seinem Präsidenten in Mexiko berichten: „Erstens haben wir eine Milliarde Dollar, und zweitens werden Sie bei Ihrem Besuch in Japan offene Ohren in der Finanzwelt und bei der Regierung finden." Und so war es auch. Offenbar hatte der damalige Premier Nakasone dem Finanzminister aus Mexiko bereits in einem persönlichen Gespräch signalisiert, daß Japan an weiteren Kooperationsmöglichkeiten, vor allem aber auch an Investitionen in Mexiko interessiert ist. De la Madrid ging wenige Wochen später während seines Japanbesuches vor der Geschäftswelt darauf ein, als er sagte: „Die mexikanische Regierung beabsichtigt, von den 744 Unternehmen, die ihr gehören, 242 bis Ende 1988 zu verkaufen." Mexikos Nähe zu den Vereinigten Staaten von Amerika mache diese Gesellschaften zu glänzenden Investitionsobjekten. Der Präsident hatte im fernen Tokio noch nicht ganz ausgesprochen, da brach in der Heimat ein Sturm der Entrüstung los. Finanzminister Petricioli ging mit seinem Kollegen

Energieminister vor die Presse, um ganz ausdrücklich zu versichern, daß natürlich die mexikanische Regierung keine Staatsunternehmen an ausländische Gesellschaften verkaufen werde. Daß einige der 242 Staatsbetriebe an Japan veräußert werden sollten, sei nun absolut falsch, entspräche überhaupt nicht der Realität. Das sei ein Phantasiegebilde. Tatsächlich hatte der mexikanische Präsident diese Ausführungen aber gemacht. Und alle Anwesenden hatten sie auch gehört. Man kann mit einiger Sicherheit auch davon ausgehen, daß sie so gemeint waren, was zwar in Japan einen guten Eindruck machte, daheim jedoch verheerend wirkte. Also mußte für die Öffentlichkeit dementiert werden. An der Substanz hat sich in den folgenden zwei Jahren ganz augenscheinlich nichts geändert. Jedermann, der sich für Wirtschaftsfragen interessiert, weiß, daß die Japaner ins Land drängen. Jedermann weiß, daß ihr Investitionsvolumen gewaltig ist, und jedermann bemerkt, daß der Staat darüber nur wenige oder gar keine Zahlen veröffentlicht. Die Japaner, daran kann kein Zweifel bestehen, haben ein besonderes Interesse an der Tourismusindustrie sowie bei Investitionen. Francisco López Barredo, der Vertreter der mexikanischen Geschäftswelt, der seinerzeit den Präsidenten auf seiner Japan- und Chinareise begleitete, sagte es so: „Wir haben besprochen, wie man den japanischen Tourismus nach Mexiko ausbauen kann, wir haben über Investitionen im Hotel- und Tourismusgewerbe gesprochen, denn wir sind für die Japaner ein attraktives Land."

Knapp 1,5 Millionen Touristen kamen in den ersten drei Monaten des Jahres 1987 nach Mexiko. Sie brachten rund 770 Millionen Dollar ein. Die Zahl der Besucher lag damit um 20 Prozent, die Einnahmen um 36 Prozent über denen des vorjährigen Vergleichszeitraums. Zuwenig Touristen kamen aus Japan. Das soll sich ändern.

Mitten in der Hauptstadt Mexikos ist an der Prachtstraße Paseo de la Reforma, in unmittelbarer Nachbarschaft des Luxushotels Presidente Chapultepec, ein Riesengebäude mit 38 Stockwerken entstanden. Es ist das Hotel Nikko-Mexiko mit 783 Zimmern. 30 Millionen Yen soll es gekostet haben. Der Besitzer ist eine japanisch-mexikanische Gesellschaft und die erste, in der die Auslandsbeteiligung wahrscheinlich höher ist als die des mexikanischen Geschäftspartners. Eigentlich darf ohne Ausnahmeerlaubnis der Regierung, und die war bis dahin eigentlich nicht zu bekommen, eine ausländische Beteiligung an einer Firma in Mexiko 49 Prozent nicht übersteigen. Im Automobilbau und in der Petrochemie darf der Anteil ausländischen Kapitals nicht über 40 Prozent, beim Abbau von Erzen nicht über 34 Prozent liegen. Die Regierung selbst kontrolliert außerdem für den mexikanischen Staat das

Post- und Fernmeldewesen, die Energiewirtschaft, wozu auch die Erdölindustrie gehört, und die Eisenbahnen. Ausländische Investitionen waren bisher verboten in den Verkehrsbereichen Luft, Straße und See, bei Radio und Fernsehen, im Forstwesen und bei der Distribution von Erdgas. Was nun das neue Nikko-Hotel in Mexiko-City angeht, so haben von japanischer Seite Japan Airlines und der Nikko-Konzern die Investitionen bereitgestellt. Wie hoch die mexikanische Beteiligung ist, wurde nicht bekannt.

Die japanisch-mexikanische Zusammenarbeit ist unterdessen soweit gediehen, daß seit 1986 Experten aus Japan vor den Küsten der Staaten Michoacán, Guerrero und Oaxaca im Pazifik nach Mineralien suchen. Kupfer, Silber und Zinn sind bereits gefunden worden, besonders in einem Seegebiet rund 500 Kilometer vor der Küste Acapulcos, wo das Forschungsschiff „Hakurel" im Sommer 1986 aus einer Tiefe von 2500 Metern Proben entnahm. Die ersten Japaner – es waren 34 – kamen, das haben die mexikanischen Offiziellen anläßlich der mexikanischen Staatsvisite in Japan veröffentlicht, im Mai 1897 nach Mexiko, und zwar nach Chiapas, den südlichsten Staat der Republik. Ende der achtziger Jahre lebten in den Vereinigten Staaten von Mexiko rund 13 000 japanische Bürger, und es sieht so aus, als wenn diese Zahl wegen des Ausbaus der wirtschaftlichen Zusammenarbeit bis zur Jahrtausendwende noch deutlich zunehmen wird.

Takashi Matsumoto kam auf den Rat eines guten alten Freundes hin 1964 nach Mexiko-City. Und Señor Matsumoto hat sein Kommen nicht bereut. Er war ein erfolgreicher Geschäftsmann, bis er 1978 seine Autoersatzteilfirma mit Gewinn verkaufte. Er ist ein angesehener Geschäftsmann, seit er zu jenen führenden japanischen Industrievertretern gehört, die in der japanischen Industrie- und Handelskammer mit Sitz in Mexiko-City ein bißchen Wirtschaftspolitik und sehr viel mehr Geschäfte betreiben. Und Takashi Matsumoto ist ein Mann, der gezeigt hat, daß Erfolg nicht nur dann möglich ist, wenn man als Japaner für Hitachi, Sony oder Honda arbeitet. Mit Ersatzteilen für Motoren fing er an, jetzt berät er japanische Unternehmen, die in Mexiko investieren oder produzieren wollen, und davon gibt es eine steigende Zahl. In seinem Büro analysiert er die mexikanische Wirtschaftslage, besonders die Finanzsituation und die verschiedenen Märkte und kann so seinen in mexikanische Verhältnisse nicht eingeweihten Landsleuten aus dem fernen Kioto, Osaka oder Tokio hilfreich zur Seite stehen. Und seine Hilfe wird gerne und dankend in Anspruch genommen. Das hängt natürlich zum einen mit dem Interesse der japanischen Firmen an Mexiko zusammen, zum anderen aber auch damit, daß Señor Matsumoto darauf achtet, durch mindestens eine Japanreise pro Jahr sehr gut über die neuesten wirtschaftlichen und technologischen Entwicklungen in seiner alten Heimat informiert zu sein. Ende 1986/Anfang 1987 hatten 137 japanische Gesellschaften in Mexiko investiert, im Jahr 1985 legten die Japaner 101 Millionen US-Dollar an – doppelt soviel wie ein Jahr zuvor.

Takashi Matsumoto will mit seiner Frau, wenn er mal aufgehört hat zu arbeiten, in Mexiko bleiben, seine japanische Staatsbürgerschaft aber behalten. Zwar hat die Familie Matsumoto ihre japanischen Bräuche beibehalten, aber man sei eben internationaler geworden, und das sei für die japanische Geschäftswelt von großer Bedeutung. Daran habe es lange gefehlt: an einer gewissen Offenheit und an einem internationalen Denken. Sein Sohn sei ein Beispiel dafür. Der 35jährige pflege zwar die Traditionen der Familie, sei aber sonst ziemlich international und lebe in Los Angeles, wo er für die Firma Canon arbeite, den riesigen japanischen Kamerakonzern, der auch Büroeinrichtungen herstellt.

Ohne großes Aufsehen, aber sehr erfolgreich, sind japanische Firmen in einen Bereich der mexikanischen Wirtschaft vorgestoßen, der ursprünglich US-amerikanischen Unternehmen vorbehalten schien: In die Maquiladora-Industrie, eine mexikanische Wachstumsbranche. Maquiladora ist eine Art Auslagerungsindustrie, die vom mexikanischen Staat unter Umgehung des seit 1973 bestehenden Investitionsgesetzes geschaffen wurde. Die meisten Maquiladoras sind zu 100 Prozent in nicht-mexikanischem Besitz. Die ausländischen Unternehmen – gleich ob US-amerikanische oder andere – können dadurch sogenannte Vor- und Zwischenprodukte, die in den USA hergestellt wurden, noch zollfrei nach Mexiko einführen. Hier werden die Produkte dann unter Zuhilfenahme billiger mexikanischer Arbeitskräfte zusammengebaut und dann in die USA exportiert. Die USA wiederum erheben nur Steuern auf die Teile des Produkts, die in Mexiko dazugeführt worden sind. So gab es 1982, als der US-Dollar 24 Pesos wert war, an der amerikanisch-mexikanischen Grenze 500 Maquiladora-Unternehmen auf mexikanischer Seite. Ende 1987 stand der Dollar auf 2250 Pesos, an der Grenze gab es 1000 Maquiladora-Betriebe.

Japan sieht in der mexikanischen Maquiladora-Industrie nun jene große Chance, nahe an den USA billig zu produzieren und auf den US-amerikanischen Markt zu exportieren, ohne daß damit die japanisch-amerikanische Handelsbilanz berührt wird. Nachdem der Yen bis Ende 1987 über einen Zeitraum von zwei Jahren ständig im Verhältnis zum Dollar an Wert gewonnen, und nachdem die Regierung Ronald

Reagans die japanische Handelspolitik heftig kritisiert hatte, sehen die japanischen Unternehmen Mexiko als eine ideale Plattform an, weiter auf den US-Markt vorzustoßen.

Der Vertreter der japanischen Außenhandelsorganisation JETRO in Mexiko-City, Masao Tsuque, formulierte das japanische Interesse einmal so: „Der Maquiladora-Sektor interessiert uns deshalb so sehr, weil wir einfach immer an den nordamerikanischen Markt denken müssen." Er sei ganz sicher, meinte Masao Tsuque, daß sich die japanische Industrie in den kommenden Jahren verstärkt in diesem Bereich der mexikanischen Wirtschaft engagieren werde. Sie wolle unbedingt auf den amerikanischen Markt. Das ist allen Wirtschaftsfachleuten, die sich mit der Außenhandels- und Wirtschaftspolitik Japans befassen, klar.

Mitte 1987 gab es neun japanische Maquiladora-Firmen. Sie alle lagen den berühmten Steinwurf von der amerikanisch-mexikanischen Grenze entfernt in der Gegend der Stadt Tijuana im Bundesstaat Baja California. Neu-Japan nennen die Einheimischen jenes Gebiet östlich der Stadt. Was man noch über die japanischen Betriebe sagen kann, ist, daß sie alle auf Expansion angelegt sind. Ende 1987 gab es nach Auskunft der japanischen Außenhandelsorganisation in ganz Mexiko 15 Unternehmen dieser Art, alles Tochtergesellschaften von japanischen „Töchtern", die ihren Sitz in den USA haben. Wie stark sich japanische Firmen für diesen Produktionszweig interessieren, zeigt die Einschätzung von Takashi Matsumoto, der meinte, die bekannten japanischen Auto- und Motorradhersteller, die Kamera- und Elektronikkonzerne würden mit Sicherheit nach Mexiko kommen, und zwar mehr als 20 von ihnen. Sanyo baut in einer riesigen Fabrik seine Kühlschränke und wird demnächst die Fernsehgeräteproduktion aufnehmen. Allein dafür werden mindestens 2500 mexikanische Arbeitskräfte benötigt. Manche mexikanischen Wirtschaftsfachleute gehen in ihren Voraussagen soweit: Eines Tages werden die Japaner hier nicht nur zusammenbauen, sondern richtig produzieren. Denn Mexiko habe die längste Grenze mit der stärksten und kaufkräftigsten Wirtschaft der Welt, die auch der Kunde Nummer Eins für die Japaner sei. Daher müßten die Japaner nach Mexiko kommen. Das sei logischerweise der beste Platz für die Herstellung jener Waren, die in die USA geliefert werden sollten.

Das ist es aber nicht allein. Auch der Wertanstieg des Yen und damit kombiniert die Stärke des Dollars im Verhältnis zum mexikanischen Peso ist ein wichtiger Faktor. Japanische Unternehmensvertreter in Mexiko-City machten Ende 1987 kein Hehl daraus, daß ihre Firmen auch noch aus einem anderen Grund nach Produktionsmöglichkeiten im Ausland zu suchen hätten: Jeder rechnet mit einer Neubewertung des Yen. Und angesichts des ständig fallenden Peso im Verhältnis zum Dollar entstehe eben ein großer Geschäftsvorteil dadurch, daß man in Dollar einnehme und Pesos ausgebe. US-Regierungsvertreter hatten längst erkannt, was da auf sie zukam: Mit ihren Investitionen in Mexiko umgingen die Japaner die US-amerikanischen Handelsbeschränkungen. Von mexikanischer wie von Washingtoner Seite wurde in den vergangenen Jahren immer wieder darauf hingewiesen, daß die japanischen Produkte, die in der mexikanischen Maquiladora-Industrie hergestellt würden, nicht nur in die US-japanische Handelsbilanz mit einfließen, vielmehr den mexikanischen Exporten in die USA zugeschlagen werden, was für die Japaner ein nicht unerheblicher Vorteil sei.

Bisher ist Japan das einzige asiatische Land, daß sich auf diese Art und Weise in Mexiko eingekauft hat. Doch Südkorea, Taiwan, Hongkong und auch Singapur klopfen bereits an die mexikanischen Pforten. Und eine andere Tendenz zeichnet sich ebenfalls ab: Nach den japanischen Investitionen folgen die Lieferfirmen wie Sanoh und Tokabi, die auch Maquiladora-Betriebe errichten wollen. Soweit bekannt, wollen sie von Mexiko aus ihren bisherigen Kundenstamm beliefern. Sollten sie aber, war warnend von der US-Regierung zu hören, auch direkt an amerikanische Firmen über die Grenze hinweg liefern, dann könne das zu erheblichen Problemen führen.

Die Opposition in den USA gegen die Japaner in Mexiko wächst ständig: Im kalifornischen San Diego und in Texas haben sich Gruppen gebildet, die offen gegen die japanischen Investitionen opponieren. Der texanische Kongreßabgeordnete Albert Bustamante sagte: „Ich würde gerne den Armen in Mexiko helfen. Aber erst einmal muß ich mich um die Armen in Texas kümmern."

Ob das Maquiladora-System, wie seine Befürworter behaupten, der mexikanischen Wirtschaft, vor allem aber den Menschen hilft, ist mehr als umstritten: Bis 1986 wurden 275 000 neue Jobs geschaffen. Der Umsatz betrug nach vorsichtigen Schätzungen 1986 1,4 Milliarden US-Dollar. Die Arbeitslosigkeit in den Regionen, in denen dieser Industriezweig sich vorwiegend angesiedelt hat, ist dennoch nicht sehr gesunken. Erstens werden zu niedrigen Löhnen überwiegend Frauen und junge Mädchen beschäftigt, und zweitens ist die Zuwanderungsrate junger Männer aus dem Inneren Mexikos groß. Eine qualifizierte Ausbildung bekommen die Mexikaner nicht. Außerdem sind die Lebenshaltungskosten in Mexiko immer höher geworden, was dazu geführt hat, daß die Arbeiter ihre Löhne und Gehälter zu mehr als zwei

Dritteln in den USA - jenseits der Grenze - ausgeben. Als der Elektrokonzern Matsushita 1980 seine erste Fabrik an der Grenze zu Kalifornien aufmachte, begann er mit ein paar mexikanischen Arbeitern.

Heute beschäftigt das Unternehmen 2000 Arbeiter und hat 1987 seine achte Montagefabrik aufgemacht. Mittlerweile setzt Matsushita - anders als die US-Firmen - die Teile nicht mehr nur zusammen, es wird auch produziert. Einer der leitenden Angestellten, ein Japaner, wie alle anderen in der Chefetage auch, sagte es einmal so: „Ein Huhn, das Eier legt, legt seine Eier und damit gut. Ein Schwein aber, das den Schinken liefern wird, fühlt sich verpflichtet."

Etwas über die amerikanisch-mexikanischen Beziehungen

Der nordamerikanische Autor Otis A. Singletary hat in seinem 1960 publizierten Buch „Der Krieg mit Mexiko“ seinen amerikanischen Lesern unter anderem die Frage gestellt, wie es nur käme, daß dieser Krieg so fast vollständig vergessen sei? Warum es keine Clubs gäbe, die sich um seine Erforschung kümmerten, oder Konferenzen, die sich mit ihm beschäftigten? Sicher, gibt der Autor dann selbst einige Antworten, der Bürgerkrieg in den USA habe den Krieg mit Mexiko überschattet, und sicher gebe es in der kurzen Geschichte der USA Ereignisse, die von größerer Bedeutung seien. Und doch dürfe man eben nicht übersehen, daß die Schuld an diesem Krieg die Vereinigten Staaten von Amerika trügen. Es sei ein Angriffskrieg gewesen, ohne jede politische und moralische Rechtfertigung. Und die Tatsache, daß die damalige Regierung in Washington Mexiko 15 Millionen US-Dollar Entschädigung zahlte, sei nur ein Beleg für seine Thesen.

Singletary schreibt, es sei ein zynisch kalkulierter Krieg gegen Mexiko mit dem Ziel des Landraubs gewesen. In dieser Hinsicht war der Krieg für die USA ein politischer Erfolg. In nur anderthalb Jahren eroberten die US-Truppen in ihrem ersten Offensivkrieg die nördlichen Gebiete Mexikos und besetzten neben Kalifornien noch Neu-Mexiko. Bis 1848 verleibten sie noch Arizona und Texas den Vereinigten Staaten von Amerika ein. Es war der erste Krieg, in dem US-Truppen eine fremde Hauptstadt, Mexiko-City, besetzten, und es war der erste Krieg, in dem sie auf fremdem Boden – im Februar 1847 in Tampico – das Kriegsrecht ausriefen. Abgesehen von weiteren Erstmaligkeiten fochten die Offiziere Lee und Grant in der US-Invasionsarmee miteinander. Als Kommandeure der Süd- und der Nordstaatenarmee standen sie sich wenige Jahre später im amerikanischen Bürgerkrieg gegenüber.

Als der Krieg mit Mexiko durch den Vertrag von Guadelupe Hidalgo beendet war, hatte Mexiko nicht nur den Waffengang mit dem großen Nachbarn und seine riesigen nördlichen Provinzen, über ein Drittel seines Staatsgebietes, verloren. Der Stolz und das Nationalbewußtsein der Mexikaner waren erheblich angeschlagen. So kurze Zeit, nachdem sie ihre staatliche Unabhängigkeit erstritten hatten, war ihre noch immer europäisch trainierte Armee vernichtend geschlagen worden. Von den Gringos auch noch …

Spätestens seit diesem Krieg ist das Verhältnis zwischen den beiden Vereinigten Staaten immer kompliziert und ambivalent gewesen. Das zeigt die Geschichte der vergangenen hundert Jahre. Das zeigen die derzeitigen Beziehungen zwischen den beiden Staaten, und das zeigt schließlich das Beispiel Zentralamerika, wo jede mexikanische Regierung im Grunde eine Außenpolitik betreiben müßte, die der Regierung in Washington lieb sein kann, wo aber auch jede mexikanische Regierung eine andere Außenpolitik betreiben wird, als sie in Washington gerne hätte, aus dem simplen Grund, weil die Mexikaner Lateinamerikaner sind und eben ihre leidvollen Erfahrungen mit den USA haben. Das täuscht sie nicht über den Umstand hinweg, daß die Vereinigten Staaten von Amerika für Mexiko die wichtigste Nation sind.

Die USA sind der größte Absatzmarkt für mexikanische Waren. Die meisten mexikanischen Importe und die meisten Touristen kommen aus den USA. Die meisten seiner Schulden hat Mexiko bei den USA, der Großteil des mexikanischen Öls geht dorthin. Die umfangreichsten Auslandsinvestitionen in Mexiko kommen aus den USA, und das meiste Geld aus der mexikanischen Kapitalflucht liegt auf US-amerikanischen Banken. Und die Bank, die das größte Gläubigerbankenkonsortium Mexikos führt, die City-Corporation, hat ihren Sitz in New York. Von manchen Mexikanern wird sie als das eigentliche mexikanische Finanzministerium bezeichnet. 700 internationale Banken gehören dieser Gläubigergemeinschaft an. Schließlich ist, das darf nicht übersehen werden, Mexiko das Land mit der strategischen Ölreserve der USA.

Mehr denn je hat das Wort des Diktators General Porfirio Díaz „Armes Mexiko! Soweit von Gott entfernt und so nahe den USA" für viele Mexikaner eine große Bedeutung, weil sie erkannt haben, daß das meiste in diesem riesigen Land ohne die USA nicht geht, und weil sie nach wie vor erfahren, daß sie von den Gringos nicht mit Respekt behandelt werden. Das hat besonders die politischen Beziehungen zwischen den Regierungen Jimmy Carters und José López Portillos, aber auch die zwischen Ronald Reagan und Miguel de la Madrid sehr belastet. Obendrein haben sich weder López Portillo und Jimmy Carter noch de la Madrid und Ronald Reagan gut verstanden. Obendrein wurde die Situation kompliziert durch die US-Politik in Zentralamerika, die von den Mexikanern als falsch und unklug angesehen wird, eine Auffassung, die sie mit den meisten südamerikanischen Regierungen – außer Chiles und Paraguays – teilen.

Mexiko ist nach Brasilien das Land mit den meisten Einwohnern in

Lateinamerika und die größte spanischsprechende Nation der Welt. Wenn mexikanische Politiker, die alle mehr oder weniger zwangsläufig nationalistisch sind, über die Größe Mexikos sprechen, wissen sie, daß sie von den USA reduziert wurde und noch immer beeinträchtigt wird. Dieser mexikanische Nationalismus muß mit der begrenzten Autonomie des Landes in einem ständigen Konflikt leben. Das sollten die Politiker in Washington verstehen. Bisher haben sie es nicht getan, und eben dieses Unverständnis macht einen Teil der Konflikte aus.

Natürlich weiß jeder Politiker in der Hauptstadt, daß Mexiko fast eine Lungenentzündung bekommt, wenn in Washington geniest wird. Man muß sich nur an die Beispiele erinnern: In den USA gab es Mitte der siebziger Jahre eine wirtschaftliche Rezession. Mit nur geringer Verzögerung wirkte diese sich südlich der Grenze aus. In der Maquiladora-Industrie wurden über 32 000 Arbeiter entlassen. Im Gebiet der Hauptstadt wurden rund eine halbe Million Arbeiter in etwa 3000 Betrieben entlassen, die bankrott gingen, weil sie mit ihrer Produktion unmittelbar am nordamerikanischen Markt hingen. Diese Abhängigkeit besteht natürlich auch auf dem Importsektor: Über 65 Prozent der eingeführten Waren stammen aus den USA. Die Regierung des Präsidenten de la Madrid suchte sicher den engen wirtschaftlichen Kontakt mit Japan unter anderem deswegen, um sich wirtschaftlich etwas unabhängiger von den USA zu machen. Diese Politik wird sicherlich vom Nachfolger de la Madrids, Salinas de Gortari, fortgesetzt. Ähnlich wie bei den Ex- und Importen verhält es sich mit den Auslandsinvestitionen: Der Anteil der USA an ausländischen Direktinvestitionen liegt mit 12 Milliarden Dollar bei etwas über 70 Prozent. Dabei hat sich der Schwerpunkt der US-Investitionen seit Beginn dieses Jahrhunderts bis in die achtziger Jahre deutlich vom Bergbau auf die Industrie, aber auch auf infrastrukturelle Investitionen verlagert.

Die Mexikaner lehnen Einmischungen in ihre internen Angelegenheiten temperamentvoll ab und werden aggressiv, wenn sie das Gefühl haben, daß die Vereinigten Staaten sie beeinflussen wollen. Das Unverständnis nordamerikanischer Politiker, aber auch mancher internationalen Finanzfachleute gegenüber diesen Empfindlichkeiten hat immer wieder zu Problemen geführt, die bei der Mehrheit der Mexikaner den Eindruck bestärkt: „Wir wurden in der Vergangenheit ungerecht behandelt, und daran hat sich auch in der Gegenwart nichts geändert." So haben die Regierungen de la Madrid und López Portillo zwar immer wieder und widerstrebend die harten wirtschaftlichen Auflagen des Internationalen Währungsfonds und der US-Banken befolgt, doch haben sie ebenso vor den möglichen Gefahren gewarnt, die ein

Beharren auf den Kreditgewährungsbedingungen mit sich bringe.

Besonders in den Großstädten war noch vor dem Ausbruch der Krise 1982 zu beobachten, daß die breite Masse der Angestellten und Arbeiter Kaufkraftverluste bis zu 40 Prozent hinnehmen mußte, weil die Regierung sich in Verhandlungen mit dem Internationalen Währungsfonds hatte bereiterklären müssen, Obergrenzen für Lohn- und Gehaltserhöhungen zu akzeptieren. Gleichzeitig aber sollte die Produktivität erhöht werden. Angesichts einer jährlichen Inflation von 25 Prozent und einer durchschnittlichen Erhöhung der Einkommen um 14 Prozent war 1980 jedoch eine Situation erreicht, die zu einer wirtschaftlichen Krise führen mußte, weil die Preise den Einkünften davonliefen. Gleichzeitig war der Schuldenberg Mexikos weiter angestiegen. Dringende Hilfe aus den USA war nötig. Banken in den USA und der Währungsfonds pumpten mit Krediten Geld in die mexikanischen Erdölindustrien. Diese Kapitalspritze führt zu einer momentanen Verbesserung der wirtschaftlichen Lage in Mexiko. 1982, im Jahr des Regierungswechsels zu Miguel de la Madrid, förderte die mexikanische Erdölindustrie zwischen 1,5 und 3 Millionen Barrel am Tag; im Umfang der Reserven lag Mexiko an zweiter Stelle hinter Saudi-Arabien.

Bereits 1977 hatte der Energieminister Jimmy Carters, James Schlesinger, erklärt, die USA hätten die militärische Verantwortung, ihre Erdöleinfuhren zu sichern. Und keine drei Jahre später definierte der damalige US-Botschafter in Mexiko, Julian Nava, das Land als eine strategische und vitale Zone für die US-Interessen. Einige Mexikaner faßten das als Bedrohung auf. Eine CIA-Studie aus den frühen achtziger Jahren sagte voraus, daß die USA von Mexiko noch vor dem Jahr 1985 täglich 4,5 Millionen Barrel Erdöl beziehen würden. Ganz so viel ist es nicht geworden, doch spielt auch die Menge in erster Linie nicht jene Rolle wie die politgeographische Lage Mexikos, die für die USA aus ihrer Sicht von primärer politischer Bedeutung ist.

Die mexikanischen Ölfelder liegen im Süden des Landes. Der Süden Mexikos grenzt an Guatemala und ist nicht weit von El Salvador entfernt. In beiden Ländern herrscht Krieg. Eine kleine Guerilla kämpft in Guatemala. In El Salvador operiert eine Befreiungsbewegung, die durch ihre seit dem Beginn der achtziger Jahre währenden militärischen und politischen Aktionen die US-Regierung dazu veranlaßt hat, der salvadorianischen Regierung pro Tag zwei Millionen Dollar Wirtschafts- und Militärhilfe zu überweisen, was zwar nicht zu einem militärischen Sieg der Armee über die Befreiungsbewegung, aber dazu geführt hat, daß die USA 1987 den Haushalt El Salvadors zu 81 Prozent finanzierten. Die Guatemalteken erhalten nicht einen Bruchteil dessen, was nach El Salvador fließt, weil sich auch die konservativsten und reaktionärsten guatemaltekischen Generale während ihrer fast 30 Jahre währenden Diktatur immer für das Nichteinmischungsprinzip der Völker eingesetzt hatten. Dieses Prinzip wandten sie seit 1979 auch auf das Nicaragua der Sandinisten an und verärgerten damit die US-Regierung schwer. Auch die seit 1986 regierende zivile guatemaltekische Regierung hält sich offiziell an diesen Grundsatz. Als bedrohlich nun empfinden die Politiker in Washington die Nähe zweier Guerillabewegungen zu den mexikanischen Ölfeldern.

Die nach wie vor unveränderte Position des State Departements ist in etwa die: Die mexikanischen Ölfelder liegen nur rund 220 Kilometer vom Kriegsschauplatz El Salvador entfernt. Wenn dort die Guerillabewegungen siegen, wären die Erdölvorkommen bedroht. Das könne die US-Regierung auf keinen Fall zulassen. Ronald Reagan sagte es am 10. März 1983 so: „Wenn die Gewalt der Guerilla sich durchsetzt, wird El Salvador den Weg Kubas und Nicaraguas gehen. Guatemala, Honduras und Costa Rica würden in diesem Fall bedroht. Es wird noch mehr Tote geben sowie eine Bedrohung des Panama-Kanals und schließlich auch Mexikos."

Natürlich bräuchten die USA in einem internationalen Krisenfall von dem mexikanischen Erdöl noch mehr, als sie ohnehin schon beziehen. Die Transportwege sind kürzer und weniger bedroht als die aus dem Nahen Osten; außerdem ist Mexiko auch nur indirekt an die Preispolitik der OPEC gebunden. In Mexiko wurde diese Einstellung mit Aufmerksamkeit und Besorgnis gehört. Eigentlich war das natürlich nichts Neues für die Mexikaner. Aber es erregte sie, daß sie wieder einmal von einem nordamerikanischen Politiker herablassend, ohne Respekt und ohne Konsultationen als ein Staat zweiter Klasse behandelt wurden, über den man im Krisenfall schon verfügen werde.

Mexiko betont immer wieder, daß man ja nun kein vorübergehender, sondern ein dauernder Nachbar sei. Das bedeute, daß Umgangsformen miteinander entwickelt und gepflegt werden müßten, die den gegenseitigen Respekt zeigen. Die Mexikaner haben jedoch schon einige militärische Interventionen erleben müssen. Noch immer ist die Rolle, die der damalige US-Botschafter beim Sturz der ersten revolutionären mexikanischen Regierung unter dem Präsidenten Francisco Madero 1912 spielte, unvergessen, ebenso wie die Besetzung der Stadt Veracruz zwei Jahre später. Und nachdem sich in den darauffolgenden mehr als 20 Jahren verschiedene mexikanische Regierungen ständig mit vorwiegend US-amerikanischen Ölfirmen über deren rücksichtsloses Vorgehen herumstritten, nationalisierte Präsident Lázaro

Cárdenas 1938 die Ölindustrie. Ein Ereignis, welches noch heute jährlich mit großem Jubel begangen wird.

Die Mexikaner, die immer wieder, besonders unter den Präsidenten López Portillo und de la Madrid den Versuch unternommen haben, Washington ihre Ansichten und Standpunkte nahe zu bringen, erlebten bei solchen Unternehmen mehrfache Brüskierungen, die nach Auffassung Mexiko-Citys über die nordamerikanische Presse lanciert wurden. Einige Beispiele: 1980 berichtete das Gallery-Magazin unter anderem darüber, daß eine militärische US-Intervention südlich der Grenze zur Sicherung der Erdöllieferungen vorstellbar sei. Als Miguel de la Madrid 1982 die Nachfolge von José López Portillo antrat, wurde der neue Präsident in einem Bericht der Fernsehgesellschaft CBS nicht nur als inkompetent, sondern Mexiko auch als ein Land bezeichnet, das am Rande des absoluten Chaos stehe. Und als im selben Jahr der Peso mehrere Abwertungen erfuhr, berichteten einige Zeitungen und auch andere Medien in den USA nicht nur über diesen Vorgang, sondern stellten auch die Frage, ob nicht die politische Stabilität im Lande südlich des Rio Grande gefährdet sei. Der konservative Senator und Ronald Reagan-Freund Jesse Helms hält das mexikanische System ohnehin für gescheitert und warf den regierenden Politikern, allen voran Präsident de la Madrid, Korruption und Verbindungen zum internationalen Drogenhandel vor.

Jimmy Carters Bemerkungen während seines Besuches 1979 in Mexiko, er habe während eines früheren Besuches hier sogleich Moctezumas Rache, jene berüchtigte Durchfallerkrankung bekommen, hatte schon Wut ausgelöst. Doch das, was Senator Helms und der damalige Chef des US-Zolls, William van Raab, im Frühjahr 1986 Mexiko vorwarfen, überstieg alles Vorstellbare. Während eines Senats-Hearings sagte von Raab unter anderem: Korruption, finanziert aus Drogeneinnahmen, gebe es in der mexikanischen Regierung auf breitem Niveau, und wenn ihm nicht bei jedem einzelnen Mitglied der mexikanischen Regierung bewiesen werde, daß es nicht korrupt sei, ginge er davon aus, daß es korrupt sei.

Jesse Helms warf dem Cousin des mexikanischen Präsidenten außerdem vor, er und der mexikanische Polizeichef seien in Drogengeschäfte verwickelt. Nur wenige Stunden nach den Äußerungen van Raabs und Helms' trat in Mexiko-City das gesamte Kabinett zu einer Sondersitzung zusammen. Es wurde ein geharnischter Protest „gegen die ehrverletzenden Äußerungen unterer Chargen" losgelassen; es handele sich nach Meinung der Regierung Mexikos um eine „klare und unakzeptable Verletzung" der Souveränität des Landes. Der mexikanische Botschafter in der US-Hauptstadt forderte eine Erklärung, und daheim war die Hölle los. Die mexikanische Presse spuckte Gift und Galle gegen Helms, van Raab und die USA und bezeichnete den US-Senator als einen Marihuana rauchenden Drogenschmuggler, der selber korrupt sei. Helms reagierte gelassen: „Ich weiß gar nicht, warum die sich so aufregen. Wenn es nicht so ist, wie ich es behauptet habe, können sie uns das ja beweisen. Doch es verhält sich eben genauso, wie ich es dargestellt habe. Die müssen sehen, daß sie da unten aufräumen." Das war offenbar auch die Meinung in der Regierung Ronald Reagans. Denn niemand korrigierte offiziell die Äußerungen von Jesse Helms und van Raab. Nur das Außenministerium meinte flau: „Wir sind nicht der Auffassung, daß alle mexikanischen Polizisten und Verwaltungsangehörigen korrupt sind." Man habe volles Vertrauen in die Ehrlichkeit und Aufrichtigkeit von Präsident de la Madrid sowie seines gesamten Kabinetts, hieß es.

Die Substanz des Falles ist weniger interessant als die Art und Weise, wie sich die Mexikaner von Washington behandelt fühlen. Zunächst einmal bestreitet niemand, daß es in Mexiko Korruption gibt. Nur gibt es eben auf dem gesamten amerikanischen Kontinent Korruption, von Kanada bis nach Chile. Die Mexikaner kritisieren, daß sich die USA das Recht anmaßen, über andere zu urteilen und herzuziehen. Was in Mexiko geschehe, sei Sache der Mexikaner und nicht der Nordamerikaner. Und es gibt kaum einen Staat auf diesem Kontinent, in dem die Drogenkönige über ihre Organisationen nicht einen bestimmten politischen Einfluß hätten. Kolumbien ist ja nur deshalb ein so offenkundiges Beispiel dafür, weil dort über die Vorgehensweise der Drogenmafia und ihre Verflechtungen über die Jahre hinweg mehr bekannt geworden ist als beispielsweise über die nordamerikanische Mafia. Während das US-Wochenmagazin „Newsweek" 1986 berichtete, ihm lägen Hinweise vor, wonach nordamerikanische Ermittlungsstellen Informationen über die Verwicklung eines nahen Verwandten des mexikanischen Präsidenten in Drogengeschäfte habe, sagte Präsident de la Madrid im US-Fernsehen: „Wenn jemand das Gesetz verletzt hat, wird er angeklagt. Ganz gleich, in welchem Verwandtschaftsgrad er zu mir steht. Ich habe die Generalstaatsanwaltschaft gebeten, die Anschuldigungen zu überprüfen."

Wie schwierig die Beziehungen zwischen Mexiko und den USA sind, hat einmal der Außenminister des Präsidenten José López Portillo, Jorge Castaneda, beschrieben: „Das grundsätzliche Verhalten der USA uns gegenüber wird sich nicht ändern. Insofern schließe ich die Entdeckung oder die Wiederentdeckung von gutem Willen, Sympathie oder moralischen Erwägungen aus. Die jüngere Geschichte der USA, deren Politik, ihre Präpotenz, ihr Eigennutz und ihr Konservatismus erlauben einen solchen Haltungswechsel nicht."

Das zeigt auch die Kritik der USA an der mexikanischen Außenpolitik, die besonders stark von ihrer innenpolitischen Wirkung bestimmt wird. Das politische System Mexikos hat natürlich, nachdem die Partei der Institutionalisierten Revolution dieses Land nun schon so lange regiert, seine Risse und sehr viele Kritiker bekommen. Für sie sollte die Außenpolitik wie ein Ventil für die innenpolitischen Spannungen wirken. Diese Strategie war im PRI früh entwickelt worden, und bezeichnenderweise deckten sich die Ziele dieser Politik mit vielen außenpolitischen Meinungen jener Schichten, die den PRI innenpolitisch hart angingen. So hat 1983 der mexikanische Außenminister Bernardo Sepulveda großen Zuspruch erhalten, als er die damalige US-Botschafterin bei den Vereinten Nationen, Jeanne Kirkpatrick, zurechtwies. Die nämlich hatte wieder einmal warnend darauf hingewiesen, daß die wirtschaftliche Krise Mexiko anfällig für die Gefahren mache, die von Zentralamerika ausgingen. Sepulveda antwortete darauf: „Frau Kirkpatrick scheint offenbar der Auffassung zu sein, sie unterrichte noch immer in einem Kindergarten." Wie groß der Druck der USA werden kann, erfuhr Präsident José López Portillo, als er im Herbst 1981 sein Nord-Süd-Treffen im karibischen Badeort Cancun abhalten wollte.

Selbstverständlich hatte López Portillo auch Fidel Castro eingeladen. Immerhin ist Mexiko Exilland Castros, Che Guevaras und anderer vor der Revolution gegen den kubanischen Diktator Battista gewesen. Die US-Regierung war mit der Einladung Castros nicht einverstanden, und die mexikanischen Hinweise, daß es sich um einen Nord-Süd-Dialog auf mexikanischem Boden handele, konnten die USA nicht von ihrer Haltung abbringen: Wenn Castro käme, käme Ronald Reagan nicht. Zu gleicher Zeit insistierten US-Diplomaten, die mexikanische Armee möge alle guatemaltekischen Flüchtlinge, die sich im Süden Mexikos aufhielten, zurück nach Guatemala deportieren. Tausende wurden über die Grenze abgeschoben, viele in den sicheren Tod. Die Guatemalteken, überwiegend indianische Landbevölkerung, waren vor den eigenen Soldaten und vor den Übergriffen der Guerilla auf die mexikanische Seite der Grenze geflohen, wo sie sich zunächst sicher fühlten. Die Begründung der US-Regierung für ihre Deportationsforderung war: Sie wolle keine guatemaltekischen Guerillacamps im Süden Mexikos haben. Einige Wochen nach der Deportierung der Flüchtlinge traf José López Portillo im August 1981 im südlich von

Cancun gelegenen Cozumel Fidel Castro. Castro war damals Führer der Bewegung der Blockfreien. Nach dem Treffen, auf dem der mexikanische Präsident seinem kubanischen Kollegen die Haltung der USA und Mexikos erklärt hatte, war klar: Castro kommt nicht, Ronald Reagan kann kommen. Die Länder des Südens trafen sich mit den Ländern des Nordens, so hatte es Ronald Reagan gefordert. Kuba gehörte nach dem Gespräch zwischen Castro und López Portillo für die Zeit des Nord-Süd-Dialogs in Cancun weder zum einen noch zum anderen. Die USA, das war ein Ergebnis des Dialogs, wiederholten ihre Kredit- und Investitionsversprechen, und Präsident López Portillo informierte die Weltöffentlichkeit über ein Stück unverrückbarer mexikanischer Haltung: „Mexiko ist eine Nation, die sich nach ihren Prinzipien richtet und nicht nach wirtschaftlichen Interessen."

Die amerikanisch-mexikanischen Beziehungen sind also auch vor den Gesamtinteressen der USA in der Karibik und in Zentralamerika zu sehen. Insofern kommt der Person des jeweiligen US-Botschafters in Mexiko-City besondere Bedeutung zu, aber auch der Zusammenarbeit zwischen den einzelnen Regierungsstellen auf beiden Seiten. Die mexikanischen Streitkräfte, das Innenministerium und die Polizei haben mit ihren Gegenstücken auf amerikanischer Seite wie dem CIA, dem FBI und der Drogenpolizei DEA, enge Kontakte. Gemeinsame Militärmanöver hat es hin und wieder gegeben. Allerdings ist die mexikanische Armee mit ihren rund 225 000 Soldaten weder eine ausgesprochen große noch eine besonders schlagkräftige Armee, denn die Mexikaner wissen – uneingestandenermaßen natürlich –, daß sie ihr Land überhaupt nicht verteidigen können. Also würden sie das ohnehin gleich den USA überlassen, obwohl noch jede mexikanische Regierung es abgelehnt hat, ein Militärabkommen mit Washington zu schließen. So hat Mexiko auch keine direkte Wirtschaftshilfe akzeptiert und seinerzeit keine Freiwilligen des US-Friedenskorps ins Land gelassen.

Mexiko spart durch diese Haltung in der Verteidigungsfrage sehr viel Geld; der große innenpolitische Vorteil besteht darin, daß das Militär unter anderem wegen seiner relativen Schwäche immer von zivilen Präsidenten kontrolliert wurde und kaum jemals ein politischer Machtfaktor war. Daß der CIA wie das FBI im besonderen in Mexiko präsent sind, ist aus verschiedenen Gründen einleuchtend: Als klassisches Exilland ist Mexiko immer ein ebenso klassisches Geheimdienstland gewesen, und zwar nahezu aller Nationen, die Geheimdienste unterhalten, allen voran die USA. Seit 1980 ist bekannt, daß ein Abkommen zwischen beiden Regierungen existiert, nach dem das

Wissen, die Erfahrungen und Techniken der Geheimdienste ausgetauscht werden. Immer wieder tauchen auch in mexikanischen Tageszeitungen Meldungen auf, nach denen die mexikanischen Transitbehörden beispielsweise alle Kuba-Reisenden - Mexiko hat direkte Flugverbindungen mit Havanna - an die US-Geheimdienste weitermelden. Dem wird auch von offizieller Seite nicht widersprochen. Schließlich gibt es eine größere, unbekannte Anzahl von US-Agenten der DEA (Drug-Enforcement-Agency), der amerikanischen Drogenbehörde, in Mexiko, die zwar nach offizieller Version unter mexikanischer Hoheit ermitteln und operieren, in Wirklichkeit aber nur genau das tun, was im Interesse der USA ist.

Immerhin haben es die mexikanischen Regierungen trotz aller gegenläufigen Versuche aus Washington bisher verstanden, eine von den USA relativ unabhängige, selbständige Außenpolitik zu betreiben. So erfährt die Mittelamerikapolitik der USA eine deutliche Kritik der Mexikaner. Außerdem sind es im wesentlichen die Mexikaner gewesen, die in der ersten Hälfte der achtziger Jahre versucht haben, Friedensregelungen für die drei Kriegsstaaten Guatemala, El Salvador und Nicaragua auf den Weg zu bringen. Mexiko räumte den zentralamerikanischen Ländern Kreditlinien und Handelsvergünstigungen ein, bürgte für einen von internationalen Banken gewährten 130-Millionen-Dollar-Kredit an Nicaragua und erkannte mit Frankreich früh die salvadorianische Guerilla an. Andererseits verkauften die Mexikaner auch Öl an die Duvalier-Diktatur auf Haiti und an die Militärdiktaturen in El Salvador und Guatemala. Sie kooperierten an ihrer Südgrenze mit der guatemaltekischen Armee und führten schon in den sechziger Jahren mit dieser und mit US-Einheiten gemeinsame Manöver durch.

Die wenigen Beispiele aus der jüngeren Geschichte des Landes zeigen, wie schwierig es für eine mexikanische Regierung ist, eine von Washington unabhängige Außenpolitik zu betreiben. Die mexikanische Außenpolitik ist noch bisher von allen Präsidenten seit 1934 sehr vorsichtig und behutsam betrieben worden, was aber nicht nur mit den Rahmenbedingungen zu tun hat, die in Washington gezeichnet und festgestellt werden. Es hat auch etwas damit zu tun - und das gilt besonders für die Zeit seit 1955, als in Guatemala die Regierung des zivilen Präsidenten Arbenz durch vom CIA unterstützte Generäle gestürzt wurde -, daß sich aus mexikanischer Sicht die Konflikte nicht als bloße Ost West Konflikte darstellen, wie sie von der US-Regierung begriffen werden. Man kann durchaus feststellen, daß die mexikanische Außenpolitik nur selten von ideologischen Gesichtspunkten im Rahmen des Ost-West-Konflikts bestimmt wird. Kuba ist da nur ein Beispiel. Castro und seine Mitstreiter lebten vor dem Sieg ihrer Revolution in Mexiko. Und da Mexiko damals wie heute den Leitfaden der amerikanischen Außenpolitik ablehnt, die Monroedoktrin, unterstützte es nicht nur die kubanische Revolution, sondern verurteilte auch den Versuch der USA, Fidel Castro 1961 zu stürzen. Dennoch verläßt niemand unbeobachtet die kubanische Botschaft in Mexiko-City, und es gibt keinen Zweifel daran, daß die Mexikaner diese Informationen an den großen Nachbarn weitergeben. Dasselbe geschieht mit den Daten, die beim Kauf eines Flugtickets und beim Einchecken nach Havanna auf dem Flughafen von Mexiko-City anfallen.

Die Ambivalenz im Verhältnis zu den USA zeigt sich nicht nur in der Politik oder darin, wie die Politiker bzw. Präsidenten der beiden Länder miteinander umgehen. Sie zeigt sich auch im Alltag, in den Geschäften und im Sport, zum Beispiel im Verhalten gegenüber der US-Davis-Cup-Tennismeisterschaft im Sommer 1986, die ein paar Wochen nach der Fußballweltmeisterschaft nach Mexiko-City kam. Als Tim Mayotte, Brad Gilbert und das US-Spitzendoppel Seguso/Flach die Sporthalle in Mexiko-City betraten, empfing sie ein Konzert aus Buhrufen und Pfiffen. Bejubelt wurden die mexikanischen Spieler, die in diesen drei Tagen gegen die Jungs aus dem Norden nicht den Hauch einer Chance hatten. Dieselben Jugendlichen und Erwachsenen jedoch, die Stunden vorher die US-Spieler ausgebuht hatten, rannten mit kaum zu bremsender Begeisterung nach den Spielen hinter ihnen her, um ein Autogramm zu ergattern. Gleiches geschah Bud Collins, dem witzigen und kenntnisreichen Tennisreporter aus Boston, der für die amerikanische Fernsehgesellschaft NBC arbeitet und sich manche spitze Bemerkung hatte gefallen lassen müssen – vor den Spielen. Danach wurde er mit Autogrammwünschen eingedeckt.

So sehr sich sicher die meisten Mexikaner von den USA und amerikanischen Touristen herabgesetzt oder arrogant behandelt fühlen, so sehr imponiert ihnen doch der Lebensstil nördlich der Grenze. Und amerikanische Filme, selbst wenn es die unerträglichsten Produktionen sein sollten, sind für sie einfach Spitze – weil sie aus den USA kommen. Gleiches gilt für die Mode und fürs Fernsehen. Auch wenn in Mexiko eigene Seifen-Opern gedreht werden, die aus den USA sind immer noch unerreicht.

Nördlich und südlich von Nogales: Die Immigration

Nogales liegt am Highway Nummer 15, wurde 1880 gegründet und ist durch einen Zaun von der gleichnamigen Stadt auf der anderen Seite der Grenze getrennt. Denn das eine Nogales am Highway Nummer 15 liegt im US-Bundesstaat Arizona und das andere Nogales im mexikanischen Bundesstaat Sonora. Der damalige Präsident Santa Anna hatte 1853 etwas mehr als 100 000 Quadratkilometer dieses Gebiets an die USA verkauft. „Entrada a Mexiko“ steht groß auf einem Schild über dem Grenzübergang. Hier im südlichsten Arizona geht's nach Mexiko hinein, durch einen Zaun, der die beiden Länder voneinander trennt.

Gegen Mittag nimmt der Autoverkehr in Richtung Mexiko ein wenig zu. Die Warteschlangen werden sofort länger, denn der amerikanische Zoll kontrolliert genau und ziemlich langsam. Um Einreisende in die USA kümmert er sich noch nachdrücklicher. Haschisch-Spürhunde schnüffeln an den Autos und Wohnwagen entlang. Einzelne Fahrzeuge werden gründlichst durchsucht. Bei stechender Sonne ist das weder für die Durchsuchten noch für die Kontrolleure eine angenehme Sache. Grenze ist halt Grenze. Keine 250 Meter weiter werben Marion's Food Market, Free Port und Puchi's Mercado, drei von ungezählten Supermärkten in Nogales/USA, mit schreienden Plakaten und Sonderangeboten um die mexikanischen Grenzgänger, die noch an den Wechselstuben vorbei müssen, ehe sie sich in das Gewühl der Schuhe und Hemden, der Kühlschränke und Hot dogs, der Jeans und der Kosmetika stürzen. Vollbepackt kommen sie am späten Nachmittag an den letzten um ein „wirklich einmaliges Geschäft“ werbenden Schwarzhändlern vorbei zurück zur Grenzkontrolle. Die alten und jungen Frauen schleppen über die Avenida International die schweren Supermarkttüten hinein nach Mexiko. Männer verladen mit ihren Söhnen Stereo- und Fernsehgeräte in die klapprigen Autos. Sie werden kaum oder gar nicht kontrolliert.

Hinterm Zaun weht die grün-weiß-rote mexikanische Fahne. Rechts vom Übergang steht das Grenzgebäude. Die Avenida Central führt an den Elendsquartieren vorbei nach Nogales/Mexiko hinein. Die mexikanischen Grenzgänger machen trotz aller Kulanz auf US-Seite einen verängstigten Eindruck. Die ankommenden US-Touristen sind schlichtweg sauer, sie sind nämlich gründlich kontrolliert worden.

Der kleine Grenzverkehr sieht so aus: Wer auf der mexikanischen Seite die Casa Esapaña, eine kleine, verrauchte Bar, verläßt, steht schon fast am Grenzzaun. Dann passiert er das kleine mexikanische Zollgebäude, geht durch ein Drehgitter und wird auf der US-Seite nach seinem Paß gefragt. So erreicht er die USA. Übrigens ist jenseits des Zaunes, in den Vereinigten Staaten von Amerika, Parken verboten.

Diesseits des Zaunes, in den Vereinigten Staaten von Mexiko, nicht. Viel scheint dort nicht los zu sein. Das Hotel San Enrique ist erst von seinen Gästen, konsequenterweise schließlich auch von seinem Besitzer verlassen worden, wird auf amerikanischer Seite erzählt. Auf den flachen Hügeln hinter dem San Enrique stehen dicht an dicht Bretter- und Lehmhütten. Nachts sehen die Menschen, die dort oben leben, das große, erleuchtete Kaufhaus „La Ville de Paris" in Nogales/USA. An der Vorderfront prangt, in Richtung Mexiko, der Eiffelturm. Nachts wird er angestrahlt.

Im alten Bahnhof an der Ecke Crawford/Terrace Street ist das Museum, das die Geschichte der Grenze erzählt, untergebracht. Das Bahnhofsmuseum liegt mit der Hausnummer 233 gleich neben der Feuerwehrstation und existierte bereits, als in Mexiko die südlichen und nördlichen Revolutionstruppen um den Sieg kämpften. Passagierzüge fahren schon lange nicht mehr, und nur selten wird der Zaun noch für Güterzüge aufgemacht. Seit 1914 gibt es den Bahnhof, die Eisenbahnstrecke schon seit dem 25. Oktober 1882. An jenem Tag trafen sich hier die beiden Züge, aus Mexiko und den USA kommend und mit den Fahnen ihrer Länder geschmückt, und fuhren, wenige Wagen ziehend, aufeinander zu. Die Stadt bestand damals aus wenigen Häusern und Hütten. Einen Grenzzaun gab es noch nicht. Der Bürgermeister, der Sheriff, die Bevölkerung, die Offiziere und der Chef der örtlichen Bank begrüßten die Lokomotivführer beider Züge. Damals waren die größten Gebäude Mr. Isaacsons Haus, in dem er seinen schwunghaften Handel betrieb und sogar der Post einen Raum vermietet hatte, und der große Wassertank.

Am späteren Abend sagt der Wachhabende der amerikanischen Grenzkontrolle, daß man den ganzen Tag überhaupt nichts entdeckt habe. Weder Drogen noch illegal Einreisende. Ziemlich genau 40 Kilometer hinter Nogales, im Bundesstaat Arizona, wird nämlich der Autoverkehr vom Highway Nummer 15 heruntergeleitet, und Autos und Insassen werden kontrolliert. Nach Drogen und Illegalen werde gesucht, sagt der Officer. Wieder nichts.

Tom Casey schmuggelt Flüchtlinge. In Gruppen von fünf bis zehn bringt er sie über die Grenze. Die Wüste sei besonders gefährlich, erzählt er in Tucson, Arizona. Vor einigen Jahren seien viele Salvadorianer in der Wüste umgekommen, darunter eine Frau in hochhackigen Schuhen. „Sie kommen ohne alles. Vielleicht mit einer Flasche Wasser." Meistens kämen sie in der Dämmerung, das sei die günstigste Zeit. Tom und seine Freunde vom „Sanctuary Movement" haben seit den sechziger Jahren vielleicht 1800 Menschen aus Zentralamerika in die USA gebracht, um ihnen Schutz vor den Kriegen und Menschenrechtsverletzungen dort unten zu geben. Pastor John Fife erklärt: „Die USA waren in ihrer ganzen Geschichte immer ein Platz der Zuflucht. Heute muß die Kirche der Schutzraum für die Flüchtlinge sein."

Niemand käme aus wirtschaftlichen Gründen, die Menschen hätten Angst, sagt der Quäker Jim Corbett, und Schuld an der Lage in Guatemala, El Salvador und am Krieg in Nicaragua sei eben seit so vielen Jahren die US-Regierung von Präsident Ronald Reagan. Die betrachtet das Handeln und Helfen der Sanctuary-Leute als etwas Illegales, ließ Agenten in die Bewegung einschmuggeln. Trotz der Ausbreitung der Sanctuary-Idee in weiten Teilen der USA wurden viele ihrer Mitglieder zu empfindlichen Strafen verurteilt, nicht nur in Arizona, auch in anderen Bundesstaaten. Jim Corbett befürchtet, daß die Flüchtlinge aus den zentralamerikanischen Kriegsstaaten ebenso wie die Immigranten aus Mexiko, die in den USA Arbeit suchten, auf dem Weg seien, nur eine statistische Größe zu werden. Es kümmere sich kaum jemand wirklich um sie.

Die Geschichte von Marcelino Castro, der seine tief im mexikanischen Süden gelegene Heimatstadt am 2. Oktober 1978 in Richtung USA verließ, ging im Spätherbst 1986 durch viele US-amerikanische Medien. Marcelino Castro, 20 Jahre alt, sah Ende der siebziger Jahre keine Zukunft darin, sich bei den Reis- und Baumwollernten zu verdingen. Mit einer kleinen Tasche und 5000 Pesos, was damals noch 225 US-Dollar waren, machte er sich auf nach Mexiko-City, bestieg dort einen Bus und fuhr zunächst nach Nordwesten, ehe er umstieg und mit einem anderen Bus endlich in Reynosa, an der Grenze zu Texas ankam. Dort zahlte er einem Coyoten – einem Führer, der die Illegalen über die Grenze bringt – 100 Dollar, ließ sich über den Grenzfluß bringen, verabschiedete sich von ihm und ging zu einem Freund in Houston. Er mußte auf- und abladen. 100 Dollar, erinnerte er sich später, seien damals für einen Coyoten sehr viel Geld gewesen. Doch wenn er es mit den Preisen vergleiche, die später gefordert wurden, sei er immer noch gut dabei weggekommen. Für zwei Dollar die Stunde begann er am nächsten Tag seine erste Arbeit. Lange habe er mit viel

Angst in Houston gelebt. Sozialversicherung habe er keine bezahlt und, weil er die in den USA obligatorische Identification Card nicht erhalten konnte, sich im Supermarkt für zwei Dollar einfach eine Plastikkarte gekauft, auf der „Universal Identification" stand. Aber sein späterer Chef war so begeistert von der Arbeit, die Marcelino Castro verrichtete, daß er von sich aus einen bekannten Rechtsanwalt fragte, wie sein mexikanischer Arbeiter einen legalen Status in den USA erlangen könnte. Marcelino Castro fuhr unterdessen bereits einen 76er Chevrolet Impala, hatte sich die Hälfte eines kleinen Hauses gemietet und war zu einem Fan der Dallas-Cowboys, einer Football-Mannschaft, geworden. Doch die Auskunft des Anwaltes lautete damals: „No chance." Keine Chance für Marcelino Castro.

Dann jedoch unterzeichnete Präsident Ronald Reagan im Herbst 1986 das neue und umstrittene Immigrationsgesetz, das nach seinen Autoren „Simpson-Rodino-Gesetz" heißt, und bestimmte, daß vom 1. Mai 1987 illegal in den USA lebenden Ausländern eine Amnestie gewährt werde, sofern sie ihren Aufenthalt seit dem 1. Februar 1982 in den USA belegen könnten. Auf Marcelino Castro traf das zu. Er wollte ein eigenes Geschäft eröffnen und Bürger der USA werden. Zwei Farbfernsehgeräte und ein drahtloses Telefon hatte er schon.

Fünf Jahre hatten sich die Politiker in Washington auf dem Capitol Hill über das neue Gesetz gestritten. Vorangekommen war man nicht bei dieser ersten Reform der US-Immigrationsgesetze in 21 Jahren. Die Idee, die hinter der Gesetzesvorlage gesteckt hatte, war klar: Man wollte den Strom illegaler Zuwanderer aus Zentralamerika, besonders aber aus Mexiko, erschweren, wenn möglich sogar zum Erliegen bringen. Doch unmittelbar, nachdem Ronald Reagan in der zweiten Oktoberhälfte 1986 seine Unterschrift unter das Gesetzeswerk gesetzt hatte, meinte der republikanische Kongreßabgeordnete Henry Gonzales unwidersprochen: „Der Zustrom illegaler Einwanderer wird nicht gebremst." Millionen illegal in den USA lebender Ausländer würden amnestiert. Außerdem hatte das Gesetz noch einen zweiten Aspekt: Künftig müßte jeder Unternehmer, der illegale Arbeitskräfte beschäftige, mit einer Strafe bis zu 10 000 US-Dollar plus Gefängnis rechnen. Die Aufregung war groß, vor allem unter jenen Geschäftsleuten und Farmern in Texas, Neu Mexiko, Arizona und Kalifornien, die ohne die „Illegalen" gar nicht mehr auskamen. Die Aufregung war groß bei den Millionen Mexikanern, die ohne Papiere in die USA gekommen waren, vor und nach dem 1. Februar 1982, und die amerikanische Einwanderungsbehörde regte sich auf, weil sie zu Recht eine nicht zu bewältigende Aufgabe auf sich zukommen sah: Vier Millionen Ausländer fielen unter das neue Amnestiegesetz. Sie mußten alle überprüft werden. Ihre acht bis zwölf Millionen Verwandten, für die dasselbe galt, ebenfalls. Diejenigen, die nach dem 1. Februar 1982 angekommen waren, mußten das Land verlassen, nach eingehender Überprüfung bzw. nach langem Rechtsstreit. Und alle Unternehmer waren verpflichtet, jeden Lateinamerikaner auf seinen Aufenthaltsstatus in den USA hin zu überprüfen. „Unmöglich", sagten die meisten. Die Hindernisse in einzelnen Verfahrensbereichen des Gesetzes stellten sich bald heraus. Der Manager des Hilton-Hotels in Houston meinte: „Wenn ich jeden so durchchecke, wie es das Gesetz vorsieht, führt das zu Diskriminierungen." Und Linda Wrong von der mexikanisch-amerikanischen Vereinigung für Ausbildung und Rechtshilfe sagte: „Die Menschen kommen nach wie vor über die Grenze. Sie kümmern sich nicht um die US-Gesetzgebung, und sie haben sich nie darum gekümmert. Viele wissen gar nicht, daß es sie überhaupt gibt." Und Toni Anaya, Gouverneur Neu-Mexikos, meinte: „Das Gesetz sendet das falsche Signal aus, daß wir uns in den USA um die illegalen Immigranten kümmern würden. Tatsächlich ist jedoch der entscheidende Grund, warum die Menschen aus den lateinamerikanischen Staaten illegal in die USA kommen, die schlechte wirtschaftliche und soziale Lage in diesen Ländern."

Tatsächlich hat sich die Lage an der amerikanisch-mexikanischen Grenze seit der Einführung des Gesetzes kaum geändert, abgesehen vielleicht davon, daß das Geschäft mit der Immigration noch brutaler und noch gefährlicher geworden ist. Wie verzweifelt jene Menschen, die aus Mexiko in die Vereinigten Staaten von Amerika kommen, häufig sind, hat die Vizepräsidentin der National Bank im texanischen Brownsville, Yolanda Walker, so beschrieben: „Wenn ich so arm und verzweifelt wäre wie die meisten Menschen in Mexiko, ich würde alles tun, um auf diese Seite des Rio Grande zu kommen." Brownsville übrigens, der am drittstärksten frequentierte Grenzübergang von Mexiko nach USA, hatte 1980 rund 85 000 Einwohner. Seitdem wuchs die Bevölkerung um etwa 50 Prozent durch den Zuzug illegaler Einwanderer, von denen ein Teil nach dem neuen Gesetz sicher wieder zurück über die Grenze müßte. Wie solle das geschehen, fragt man sich in Brownsville, bei einer sozialen, wirtschaftlichen, kulturellen und politischen Verflechtung, wie sie durch die Menschen in den letzten acht Jahren zwischen den USA und Mexiko entstanden ist. Die Betroffenen stellen die Frage, ob man das überhaupt wollen kann. Die theoretischen Bestimmungen gingen an der Wirklichkeit vorbei. Ein Einwohner der Grenzstadt meint: „Es gibt hier keine Grenze."

Pro Schicht gehen acht Beamte der Border Patrol im Gebiet von Brownsville Streife auf einer Strecke von 65 Kilometern. Auf der anderen Seite ist Mexiko. Jede Nacht versammeln sich auf der anderen Seite der 3000 Kilometer langen Grenze zwischen den USA und Mexiko Tausende, die hinüber wollen und dafür einen hohen Preis bezahlen. Mehr als 4000 Grenzpolizisten hat die Regierung in Washington aufgeboten, um die Immigrantenflut, wie sie es nennt, zu stoppen. Mit automatischen M-16-Gewehren und gepanzerten Fahrzeugen. 20 000 Mexikaner wurden allein in den beiden letzten Wochen des Novembers 1986 bei Tijuana zurück nach Mexiko gebracht. 1,2 Millionen waren es im gesamten Jahr davor gewesen. Das Problem dieser Deportierungen liegt nach Ansicht von Fachleuten in erster Linie in den gesetzlichen Bestimmungen, die besagen, daß jeder Ausländer, dem vorgeworfen wird, er habe keine gültigen Papiere, solange nicht deportiert werden darf, bis dieser Vorwurf bewiesen ist. Die Einwanderungsbehörde verfahre aber nach dem Muster: Wer im Grenzgebiet angetroffen wird, ist ein Illegaler und muß zurück.

Zurück, das ist Mexiko. Und da kommen sie ja her, die Tausenden und Abertausenden Wanderarbeiter, die als „Braceros", als Tagelöhner, auf den Farmen und Plantagen in den Südstaaten der USA arbeiten und ohne die, nach Auskunft der Eigentümer, manche Ernte überhaupt nicht eingebracht werden kann. Für die Farmer in den Südstaaten lösen die Braceros ein jedes Jahr wieder drängendes Problem. Für die mexikanische Wirtschaft ebenfalls: Die Wanderarbeiter wären natürlich in Mexiko ohne Arbeit, was die Arbeitslosenzahlen in die Höhe treiben und die sozialen Spannungen verschärfen würde.

Am 2. Juli 1987 fanden Grenzbeamte in der texanischen Kleinstadt Sierra Blanca in einem dicht verschlossenen Güterwagen 18 tote Mexikaner. Der neunzehnte, Tostado Rodriguez, 24 Jahre alt, überlebte als einziger, weil er ein Bodenbrett etwas löste und so Frischluft einatmen konnte. Die anderen Männer erstickten bei einer Temperatur von 50 Grad im Wageninnern. „Sie haben einfach keine Luft mehr bekommen", erklärte einer der US-Grenzbeamten, die die Toten während einer Routineüberprüfung des Güterzuges gefunden hatten. Der Güterwagen, mit dem sie illegal in die USA hatten einreisen wollen, war zur tödlichen Falle geworden. Der Waggon, hieß es noch am Tag der schrecklichen Entdeckung, sei von dem Mann verschlossen worden, der den 19 Mexikanern diese Einreisemöglichkeit in die USA beschafft habe und den sie dafür sicher gut bezahlt hätten. Offenbar habe der übersehen, daß er den Waggon luftdicht verschlossen habe. Von der US-Grenzpolizei war zu hören, daß man schon häufiger „Illegale" in

Güterwagen gefunden habe, doch sei man noch immer rechtzeitig gekommen, und nie sei jemand eines so schrecklichen Todes gestorben wie diese 18 Männer ...

Was geschieht an dieser Grenze täglich, abends, nachts, in den Morgenstunden? Eines ist jedenfalls sicher: Alle 24 Stunden kommen fünf Mexikaner bei dem Versuch, die Grenze ohne Papiere zu überqueren, ums Leben. Sie ertrinken, sie ersticken, oder sie werden erschossen, wie der 16jährige Carlos Marentes, der im mexikanischen Teil des Rio Bravo starb, als er über die Grenze schwimmen wollte. Die mexikanische Vereinigung der Landarbeiter in den Grenzgebieten warf der amerikanischen Grenzpolizei vor, den 16jährigen getötet zu haben. Eine Untersuchung fand nicht statt.

Pedro Fernandez ist ein Coyote. Viele im mexikanischen Grenzgebiet heißen Pedro Fernandez. Pedro Fernandez bringt Gruppen zwischen sechs und zehn Leuten über den Rio Grande. Wenn man über den Fluß gelangt ist, geht es durch einen Maschendrahtzaun, Tortilla-Vorhang genannt, dann noch über ein paar Bahngleise. Dann ist man in El Paso, Texas. Der Preis für den einzelnen hängt von dessen Situation, seinem Zielort und dem Eindruck ab, den er auf den Coyoten macht. Zwei Dollar pro Person, um über den Fluß zu kommen oder auch manchmal fünf. Bis rein nach El Paso kostet's mindestens 20 Dollar. Der Preis steigt ständig, wegen der Gefahren, die damit verbunden sind. Man muß an vielen Beobachtungskameras und -streifen vorbei. Und wer weiter rauf will, in die großen Städte des Nordens, muß mit mindestens weiteren 2000 Dollar Kosten rechnen. Pedro Fernandez bringt pro Tag etwa 60 Mexikaner hinüber; und für ihn gibt es keinen Zweifel daran, daß das neue US-Immigrationsgesetz den Strom der Illegalen nicht stoppen wird: „In den USA verdienen sie in einer Stunde, was sie in Mexiko an zwei Tagen kriegen. Die USA sind noch immer für alle Fantasy-Land."

Die Lage in den einzelnen Abschnitten an dieser endlos erscheinenden Grenze ist verschieden, aber für die Region Ciudad Juarez/El Paso kann man sagen, daß einer von dreien, die in die USA kommen, wieder zurückgeschickt wird: „Was natürlich wenig nützt, denn er versucht es wieder", sagt die US-Grenzpolizei. Wie in Arizona gibt es an den Highways im südlichen Texas Straßenkontrollen. Manche Mexikaner haben versucht, die Straßen zu umgehen. Mit oft tödlichem Ausgang: Entweder sie wurden überfallen oder von den sie führenden Coyotes verlassen, so daß sie umherirrten, verhungerten oder verdursteten. Und sicher sind allein 1986 mehr als 40 Menschen bei dem Versuch, den Rio Grande in Richtung USA zu durchqueren, ertrunken.

In Nogales, Sonora, sind Coyotes leicht zu treffen. Sie stehen an den Straßenecken herum und warten darauf, daß sie jemand, der hinüber will, anspricht. Später wird dann der Preis bestimmt. Gefragt wird nicht, sondern gezahlt, zunächst etwas im voraus, ein „downpayment". Den Rest, wenn's losgeht. Nogales ist eine Schmugglerstadt für Waren aller Art und für Menschen, die bereit sind, drüben für einen niedrigen Lohn jede Art von Arbeit zu leisten. Nogales ist voller Coyotes, und jeder kennt sie. Den Zugereisten erkennen viele Einheimische an der Frage, wo man einen Coyoten finde. Ein paar Regeln sind für die, die rüber wollen, zu beachten: Erstens dürfen sie nie den ganzen Preis sofort zahlen. Zweitens wendet man sich besser an einen der älteren Coyotes. Die wissen in dem Geschäft besser Bescheid und sind in der Regel einfach zuverlässiger. Und wenn man gar nicht weiter wisse, könne man auch einen Polizisten fragen, an wen man sich halten solle, heißt es in Nogales.

Warum er das mache? – Was? – Na, Menschen illegal über die Grenze bringen. Weil man gutes Geld damit verdiene. – Ob er seinen Namen nennen wolle? – Wozu? Nein, lieber nicht. Man nennt mich López. López heißen hier alle. – Ob er auch einen Vornamen habe? – Ja, sicher. José. Ich heiße José López. Wie viele Leute am Tag zu ihm kommen? – In guten Zeiten 60 bis 70. – Und die bezahlten gut? – Ja, etwa 300 Dollar pro Person. – Dafür bringe er sie rüber? – Ja, an einen bestimmten Punkt. Vorher gehe man in der Nähe der Stadt durch den Zaun. Das sei gar nicht schwierig: Man drückt gegen den Maschendraht und ist durch. – Ob er jeden in die USA bringe? – Natürlich, wenn er bezahle. Schwierig sei's nur mit den Leuten aus Süd- und Mittelamerika. Die müßten erst einmal in Benjamin Hill vorbei. Da haben die mexikanischen Immigrationsbehörden ihren Kontrollpunkt. Wenn sie da durchkommen, bringe ich sie rüber. Fürs gleiche Geld, wie die anderen. Ob er wisse, daß das verboten sei? – Ja, das wisse er. Und? – Wie lange er das schon mache? – Eigentlich schon immer. Lange jedenfalls. Sein Bruder habe ihn ins Geschäft reingebracht.

José López, der auch jeden anderen Namen hätte nennen können, ist Coyote und weiß, was seine Landsleute, wenn sie unentdeckt hinübergekommen sind, machen: Sie suchen Arbeit. Einige ziehen zur Apfelernte in den US-Bundesstaat Washington an der Grenze zu Kanada. Andere ziehen im Süden von Stadt zu Stadt und fragen buchstäblich an der Haustür, ob man Arbeit habe. Dann machen sie alles, alles das auch, was US-Bürger nicht mehr tun würden. Für zwei oder drei Dollar in der Stunde: der arbeitslose Wasserbauingenieur aus Sinaloa mit einem Freund, der einmal Landwirtschaftsingenieur war, aber keine Arbeit fand. Manche klappern zehn, zwanzig, dreißig Firmen ab, ehe sie irgendwo unterkommen als Packer. Die meisten arbeiten als Pflücker. Viele fühlen sich schlecht, minderwertig, aber sie müssen Erfolg haben. Mindestens für die zu Hause. Und manche finden einfach keinen Job und gehen dann irgendwann den Weg zurück ...

In der Woche 200 Dollar zu bekommen, heißt viel arbeiten und Erfolg haben. Sie sparen jeden Cent, um eines Tages mit vielen Dollars zurück in ihr Dorf zu gehen. Die meisten träumen jedoch davon, ihre Familie nachzuholen, denn im Land der „gabachos", ein mexikanisches Slangwort für Angloamerikaner, ließe es sich doch viel besser leben. Und was für eine Katastrophe für die mexikanische Wirtschaft, wenn die Millionen in den USA illegal lebenden Mexikaner zurück müßten oder auch nur diejenigen, die unter das Simpson-Rodino-Gesetz fallen.

Der Bürgermeister eines kleinen Dorfes im Bundesstaat Mexiko erzählte einmal, er könne sich eine solche Situation überhaupt nicht vorstellen, daß plötzlich alle die, die in den USA arbeiteten, ins Dorf zurückkämen. Die kleine Stadt hat gut 12 000 Einwohner. Früher waren es einmal knapp 14 000 gewesen, doch etwa 2000, überwiegend Männer, seien über die Grenze gegangen. Zunächst hätten sie wahrscheinlich alle viele Dollars, meinte der Bürgermeister. Aber wie die wenigen Geschäftsleute in seinem Ort glaubt auch er, daß nach einigen Wochen der Geldregen versiegt sein würde. Und dann ...? Dann seien sie alle – fast alle jedenfalls – genauso arm wie zuvor. Bei denen, die rübergegangen seien, habe längst der Satz die Runde gemacht: Lieber drüben geschnappt werden, als in Mexiko zu verhungern. Ob es denn wirklich so schlimm sei? Ja, das sei es, lautet die knappe Antwort.

Die, die zurückgekommen sind, haben große Probleme. Sie haben sich an andere Kleidung, andere Umgangsformen, anderes Essen gewöhnt, zumal wenn sie jünger sind. Finden sie in ihrer Heimatstadt schließlich doch noch Arbeit, wird diese natürlich viel schlechter als die frühere in den USA bezahlt. Manche lehnen diese Stelle ab, und nach einiger Zeit wollen sie wieder hinüber in die USA. Auf den Fleischgroßmarkt nach Chicago, auf die Apfelplantagen in Washington oder in die Lagerhalle nach Tucson. Die Alten, die ihr ganzes Leben in der Stadt verbracht haben, entfremden sich von den Jungen, von denen nur wenige bleiben wollen.

Wer in Washington oder in Mexiko-City nach einer Lösung der Immigrantenfrage sucht, findet keine Antwort. Es wird solange keine geben, wie im wirtschaftlichen und sozialen Bereich das Gefälle zwischen den USA und Mexiko so groß bleibt. Gleiches gilt für die anderen mittelamerikanischen Staaten, besonders für Guatemala und El Salvador, in denen Bürgerkriege und die übelsten Menschenrechtsverletzungen die Lebensbedingungen bestimmen. Das gilt aber auch für Nicaragua. Los Angeles ist mit über 200 000 Salvadorianern sozusagen die zweitgrößte Stadt des kleinen zentralamerikanischen Landes, New York mit fast 100 000 die drittgrößte.

In den ersten Julitagen des Jahres 1986 gingen 19 bewaffnete Privatleute, US-Bürger, an der Grenze Arizonas zum mexikanischen Bundesstaat Sonora Patrouille. Irgendwann stießen sie auf 16 Mexikaner. In den Nachtstunden zu jenem Sonntag standen die erschrockenen Menschen 90 Minuten mit erhobenen Armen und gespreizten Beinen. Die mit automatischen Waffen und Nachtsichtgeräten ausgerüsteten Amerikaner hatten Nägel auf die Straße gestreut. Die Wagen der Mexikaner waren hineingefahren. Als die US-Einwanderungsbehörde und die Grenzpolizei davon erfuhren, reagierten sie entsetzt. Alle Männer gehörten, stellte sich rasch heraus, einem Verband an, der sich „Zivile Militärunterstützungsgruppe“ nannte und sich aus ehemaligen Mitgliedern der Nationalgarde aus Alabama, Männern mit Ku-Klux-Klan-Erfahrung, Armeeveteranen und Männern aus der äußersten rechten Szene zusammensetzte. Einige hatten als Mitglieder ihrer Vereinigung, die ihr Büro in Memphis/Tennessee hat und an die sie pro Jahr 30 Dollar zahlen, bereits als Söldner in Mittelamerika gekämpft. Eines ihrer Gründungsmitglieder kam am ersten Septembertag 1984 ums Leben, als nicaraguanische Soldaten den Helikopter, den er an die honduranische Grenze flog, abschossen. Thomas Vincent Posey, Direktor der Organisation, erklärte zu dem Vorfall an der US-mexikanischen Grenze nur: „Unsere Streife wollte gegen die Drogenhändler vorgehen, deren Profite alle an die Kommunisten gehen.“ Die Aktion mache ihn stolz, fügte er noch hinzu. Denn es gehe um den Kampf gegen die kommunistische Bedrohung.

Kurzum, das Verhältnis zwischen Mexikanern und Amerikanern ist zwiespältig. Einerseits fühlen sich die Mexikaner von den Amerikanern ständig gedemütigt, andererseits bieten diese ein Bild von Wohlstand und erstrebenswertem Lebensstil, dessen Anziehungskraft die Mexikaner sich nur schwer entziehen können. So wird es also auch weiterhin zu äußerst unangenehmen Begegnungen an der Grenze kommen, werden weiterhin die Mexikaner ihr Leben aufs Spiel setzen, um die Armut hinter sich zu lassen.

Eine Form des Krieges:
Der internationale Drogenhandel

Jedes Kapitel über Drogen, über den internationalen Drogenhandel auf dem amerikanischen Kontinent, über Korruption und Politik kann eigentlich nur in Miami, Florida, beginnen. Denn Miami ist die Drogen-Hauptstadt. Nicht nur, weil 57 Prozent des jährlich in den USA konsumierten Kokains über Miami und das südliche Florida eingeschleust werden, in Miami wird auch das meiste Drogengeld - Milliardenbeträge - gewaschen. In der kilometerlangen Brickel Avenue gibt es fast einhundert Banken, von denen ein großer Teil mit den gewaschenen Drogengeldern gut verdient. In Miami wird mit diesen illegalen Geldern alles gemacht. Der Reichtum der Stadt erklärt sich überwiegend daraus. Korruption und Kokain sind im südlichen Florida eine Verbindung eingegangen, die nicht nur nicht aufzulösen ist, sie hat sich sogar seit dem Anfang der siebziger Jahre, als der Drogenumsatz in der Stadt nur einen Wert von rund einer Million Dollar hatte, auf die Bereiche der Politik sowie des Polizeiwesens ausgebreitet.

Insgesamt 90 Prozent aller pro Jahr in den USA verbrauchten Drogen kommen aus Peru, Bolivien, Kolumbien und Mexiko. Die amerikanische Drogenbehörde verfügt zwar in 42 Ländern der Erde über 60 Büros, davon sechs allein in Mexiko und jeweils drei in Kolumbien und Bolivien, doch ist sie angesichts der Verästelungen der internationalen Drogenmafia nahezu machtlos. Zumal der Marihuana-bzw. Mohnanbau weiter ansteigt: Mexiko steht in dieser Statistik an erster Stelle, gefolgt von Kolumbien und Jamaika. Und obwohl die US-Behörden zwischen 1976 und 1986 pro Jahr 10 Millionen Dollar allein für die Vernichtung von Drogen in Mexiko ausgegeben haben, muß das Vorgehen gegen die Drogenproduzenten und -händler als erfolglos bezeichnet werden. Auf wenigstens 6000 Hektar Anbaufläche in Mexiko werden jährlich 50 Tonnen Heroin und 8700 Tonnen Marihuana geerntet.

Pro Tag kommen mindestens 300 Kuriere, jeder mit mehreren Kilogramm Kokain, in den USA an. Der Kokainhandel hat zwischen 1975 und 1980 um 700 Prozent zugelegt. Hauptproduktionsländer sind Peru und Kolumbien, dann folgen Bolivien und Ecuador. 1984 betrug die Ernte 135 000 Tonnen Koka-Blätter, von denen das Pfund zu vier US-Dollar verkauft wurde. In versteckten Dschungel-Laboratorien in

Kolumbien wird das Kokain mit Hilfe von Äther, Hydrochlorid und Azethon hergestellt. Sodann beginnt der Transport, der von den Drogenhändlern organisiert und durchgeführt wird. Das kann mit kleinen Flugzeugen geschehen, die in Mexiko, auf den Bahamas oder auf Haiti aufgetankt werden und weiter in die USA fliegen. Das kann mit kleineren Segelschiffen oder Booten geschehen, die ihre heiße Ware vor der Südküste Floridas gegen viel Geld auf eines der vielen sogenannten Speedboote umladen und wieder verschwinden. Das kann aber auch unter Zuhilfenahme von Luftfahrtgesellschaften geschehen, die, meistens ohne es zu wissen, Kokain in die USA über den Internationalen Flughafen von Miami einfliegen. Übrigens betrug im Jahre 1984 der Preis für ein Gramm Kokain zwischen 50 und 120 Dollar.

Die US-Fluglinie Eastern Airlines stellte im August 1985 ihre Flüge von der kolumbianischen Hafenstadt Barranquilla nach Miami ein, nachdem die Gesellschaft für einen unwissentlichen Kokain-Transport von Barranquilla nach Miami, der von den Zollbehörden entdeckt worden war, mit einer Strafe von 1,37 Millionen Dollar belegt worden war. Zwei Eastern-Maschinen, beide aus Barranquilla kommend, waren in Miami überprüft worden. Die Behörden stellten damals fest, daß in einem Dutzend Reisekoffern, die keine Adressenaufkleber hatten, 1722 Pfund Kokain im Wert von 430 Millionen US-Dollar in die USA eingeschmuggelt werden sollten.

Die kolumbianische Hafenstadt Barranquilla ist ein idealer Verladeplatz für den Drogenhandel durch die Karibik an die Küsten der USA und wird auch nach Berichten der US-Behörden von der südamerikanischen Drogenmafia bereits seit vielen Jahren als solcher genutzt. Der Fall der beiden Eastern-Maschinen ist keineswegs einmalig. Im Februar 1985 wurde Air Jamaica mit einer Strafe von 2,4 Millionen Dollar belegt, weil an Bord einer ihrer Boeings größere Mengen Kokain gefunden worden waren. Die kolumbianische Fluggesellschaft Avianca verlor im selben Jahr vorübergehend eines ihrer Großraumflugzeuge, weil es von den US-Behörden beschlagnahmt wurde, nachdem an Bord zwischen einer Ladung Blumen 2500 Pfund des weißen Pulvers gefunden worden waren. Avianca mußte zwei Millionen Dollar zahlen und erhielt später den Jumbo-Jet wieder zurück.

Die Brickel Avenue in Miami, die Bankenallee, wird auch die Wall Street des Drogenhandels genannt. Mindestens 10 Milliarden Dollar jährlich kommen hier bei den einzelnen Banken auf den verschiedensten Wegen aus den Drogengeschäften an und werden zunächst „gewaschen", was nichts anderes heißt, als daß die Herkunftsspuren verwischt oder ausgelöscht werden. Ist das einmal geschehen, arbeiten jene Geldinstitute mit den Summen zu ihrem und zum Wohle ihrer Kunden, jener Herren mit dem leichten spanischen Akzent in der englischen Aussprache, den leisen Stimmen und den eleganten Aktenköfferchen. Finanzfachleute behaupten, auch der Überschuß der Landesbank in Florida von mehr als sechs Milliarden Dollar 1986 sei nur durch die riesigen Summen zu erklären, die die internationalen Drogenkönige in Miami hinterlegten. Obendrein verdienten die, die das Drogengeld waschen würden, eine ganze Stange Geld. Der Geldwäscher Ramon Milan Rodriguez, ein stiller, unauffälliger Rechnungsprüfer, sagte einmal über sein Geschäft: „Durch nichts können Sie soviel Geld verdienen, wie durch Geldwaschen. Nicht einmal durch General Motors." Señor Milan Rodriguez wurde 1985 zu 35 Jahren Gefängnis verurteilt. Er hatte eine Milliarde Dollar gesäubert und galt weltweit als der umsatzstärkste Fachmann in der Branche.

Einigen Banken übrigens an der Brickel Ave, wie sie kurz genannt wird, sagt man nach, sie würden jenem berühmten, aber nicht ins Handelsregister eingetragenen Unternehmen mit dem Firmennamen „Waschen und Trocknen Trust AG" angehören. Und das sei ein Unternehmen, das eine große geschäftliche Zukunft vor sich habe, obwohl sich Behörden in aller Welt darum bemühen, den internationalen Drogenhändlern sowie den Geldwäschern das Handwerk zu legen. Die Staatsanwaltschaft im südlichen Distrikt von Florida hat allerdings schon 1986 eingeräumt, daß sie an sich, trotz aller Anstrengungen, machtlos sei und die Drogenprofite ungebremster denn je auf die Konten in Miami fließen.

Einer der von der Drogenmafia meistgehaßten Männer ist der Anfang vierzigjährige Leon Kellner, Oberster Vertreter der Anklagebehörden im südlichen Florida. Als Kellner vor mehreren Jahren von einer längeren Ermittlungsreise aus Südamerika zurückkehrte, wurde in Miami bekannt, daß er Morddrohungen erhalten hatte. Nichts Ungewöhnliches für einen Mann, der von Berufs wegen der Mafia auf den Fersen ist. Doch offenbar nahmen die Behörden die Drohungen so ernst, daß die gesamte Familie an einen unbekannten Ort ziehen mußte, unter den ununterbrochenen Schutz des FBI gestellt wurde und Oberstaatsanwalt Kellner nicht mehr im voraus ankündigen durfte, wann er wo und gegen wen zu ermitteln oder zu plädieren gedenke. Es war nämlich nicht nur herausgekommen, daß die Drohungen aus der kolumbianischen Hauptstadt Bogotá stammten, den US-Drogenagenten war außerdem bekannt geworden, daß die Mafia einen Angriff mit kleinen Granaten auf den Justizbeamten vorhatte.

Wo viele Drogen sind, ist viel Geld zu verdienen. Wo viel Geld ist, sind auch viele Drogen. Der erste Finanzminister der USA, Alexander Hamilton, ist, wenn man so will, im Herzen der Wall Street, in der Trinity Kirche begraben. Alexander Hamilton muß sich im Mai 1987 im Grabe gewälzt haben vor Entsetzen, als bekannt wurde, daß in der Nähe seiner letzten Ruhestätte Kokain verkauft wird, und zwar von Börsenmaklern an Börsenmakler. Das und noch mehr kam heraus, nachdem Agenten der US-Drogenpolizei mehr als vier Jahre lang die Drogenszene Wall Street unterwandert und beobachtet hatten. Es stellte sich heraus, daß die teuerste Währung an der Wall Street nicht der japanische Yen, der Schweizer Franken oder die Deutsche Mark waren, nein, die teuerste Währung hieß Kokain. Offenbar existierte so etwas wie eine Börse für das weiße Pulver. Über Bankkonten wurden Geschäfte abgerechnet, Sekretärinnen wurden mit dem Stoff für Extraarbeiten belohnt, es gab sogar Haus- und Bürolieferungen. So mancher Börsenmakler verdiente sich als Kokain-Makler das dazu, was ihm durch Währungsgeschäfte nicht möglich war. In einer solchen Firma wurden eines Tages neun Angestellte verhaftet, ihre Kundenkartei beschlagnahmt. Während der zunächst eher allgemeinen Ermittlungen an der Wall Street hatte sich unter anderem herausgestellt, daß fünf sehr erfolgreiche Makler jeweils Kokain im Wert von 50 000 bis 100 000 Dollar von Drogenhändlern gekauft hatten, um damit einen schwunghaften Handel zu betreiben. Für die ermittelnden Behörden war es keine Frage, daß sie erst am Anfang einer langen Kette weiterer Fälle standen …

Knapp 37 Millionen US-Bürger haben bereits einmal Marihuana, Kokain oder andere Drogen probiert. 12,2 Millionen Amerikaner nehmen regelmäßig Kokain, 6 Millionen nehmen täglich Marihuana zu sich. Der Drogenumsatz pro Jahr liegt in den USA bei deutlich über 110 Milliarden US-Dollar.

An der amerikanisch-mexikanischen Grenze im Süden von Texas, Anfang 1986. Innerhalb von nur acht Wochen sind zwei Agenten der Drogenpolizei erschossen worden. Immer mehr Drogen werden von Mexiko aus südöstlich von Laredo über den Rio Grande nach Starr County geschmuggelt. Die Drogenpolizisten nehmen an, daß es pro Woche 15 Tonnen Marihuana und 1000 Pfund Kokain sind. Genaueres könne man nicht sagen, außer: Seit sie im südlichen Florida mit ihren Ermittlungs-, Fahndungs- und Beschlagnahmungsaktionen besser vorankommen, sei an der texanisch-mexikanischen Grenze mehr los, weil die Drogenmafia einfach einen ihrer Handelswege nach Starr County verlegt habe. Der 30jährige William Ramos aus der New Yorker Bronx war im Januar 1986 seit 18 Monaten bei der Drogenpolizei, als er in jenen ersten Januartagen zwei mexikanische Drogenschmuggler erwischte und verhaften wollte. Dabei wurde er von einem der beiden, einem 29 Jahre alten Mann, erschossen. Der Drogenschmuggel ist den Menschen im südlichen Texas nicht fremd, doch besonders der illegale Transport von Kokain über die Grenze hat zugenommen. Außerdem waren in jenen Tagen die mexikanischen und die kolumbianischen Händler engere Verbindungen eingegangen und hatten auch auf mexikanischer Seite entlang der Grenze zu den USA neue Laboratorien zur Kokainherstellung aufgebaut. Wie stark der Schmuggel an diesem Teil der Grenze zugenommen hatte, belegte eine Statistik der US-Drogenpolizei. Danach wurden 1984 im Grenzabschnitt vom Rio Grande im westlichen Texas bis nach Oklahoma mit weniger als 100 Polizisten 686 und ein Jahr später 856 Drogenschmuggler festgenommen. Mit dem Auto, mit Eseln, im Flugzeug kommt der Stoff über die Grenze, er wird in Rucksäcken rübergetragen, manche schlucken kleinere Mengen diesseits hinunter und scheiden sie drüben wieder aus, was nicht ungefährlich ist. Es werden immer wieder neue Möglichkeiten entdeckt, berichten die Drogenpolizisten auf beiden Seiten der Grenze, denn man dürfe nicht vergessen, die Rede sei von einem Milliarden-Dollar-Geschäft. Der Drogenhandel ist ein Imperium, das mit allen Mitteln verteidigt wird.

Geschmuggelt wurde in der Gegend von Starr County, in der 96 Prozent der Bevölkerung lateinamerikanischer Herkunft sind, schon immer. Die Familien kennen sich gut diesseits und jenseits der Grenze. Die Gegend ist dünn besiedelt. Beide Umstände machen der Polizei die Arbeit schwer. Hier verrät keiner den anderen, und wenn es doch einmal geschieht, dann hat die Polizei nicht nur sehr viel für diesen Tip bezahlen müssen, der Betreffende muß auch dafür sorgen, daß er rasch und möglichst weit weg geht, andernfalls wird er sich der Rache der Geschädigten nicht entziehen können. Das alte Schmugglernetz sorgt dafür, daß der illegale Handel mit Drogen so effektiv funktioniert.

Vielleicht ein Dutzend Mexikaner kontrollieren den Schmuggel an diesem Grenzabschnitt. Angesichts der schlimmen wirtschaftlichen Lage in Mexiko haben sie keine Nachwuchssorgen. Kuriere bekommen 150 Dollar dafür, daß sie die Ware über den Rio Grande bringen, und manchmal nehmen es auch jene mit, die illegal in die USA einreisen wollten, da können sie für soviel Geld auch noch etwas mit hinüber nehmen. Wie gut das Geschäft mit dem Drogenschmuggel läuft, zeigt sich auf den Konten der Banken in der Region. In nur fünf Jahren stiegen die Geldmengen um über 200 Prozent. Die Ermittlungsbehörden machen kein Hehl aus ihrer Ansicht: Daran ist der Drogenhandel schuld. Die Bürgermeister der kleinen Orte glauben, daß soviel neues Geld allen nützt. Aber dieser relative Reichtum habe auch eine Wand des Schweigens geschaffen. Niemand empöre sich wirklich über die neue Geldquelle, jedermann wolle aus ihr schöpfen. Daß das Geschäft mit der heißen Ware auf der anderen Seite der Grenze in großem Stil aufgezogen wird, beweist auch die Anwesenheit so vieler Kolumbianer. Sie haben gemeinsam mit ihren mexikanischen „Kollegen" eine Luftbrücke organisiert, auf der vorzugsweise Kokain mit kleinen Maschinen in die USA eingeflogen wird, und zwar weiter hinein ins nördliche Texas. US-Behörden haben allein 1985 fast 1500 Kolumbianer festgenommen, die sich illegal in Texas aufgehalten hatten.

Die „Narcotraficantes", die Drogenhändler, genießen in weiten Teilen der Bevölkerung von Starr County übrigens ein ganz gutes Ansehen: Sie werden in den Liedern, den Corridos, besungen, und selbst lokale Radiostationen spielen die Melodien ab. Wer nun glaubt, daß angesichts dieses verzweigten, weltumspannenden Schmugglerringes der internationalen Drogenmafia die Zusammenarbeit zwischen den mexikanischen und den amerikanischen Behörden gut, reibungslos oder kooperativ wäre, der hat sich geirrt. Das ist selbst in einer überschaubaren Ecke wie in Starr County nicht so: Der Sheriff, sagen die Mexikaner, sei vor kurzem über die Grenze gekommen und habe auf mexikanischem Boden einen Drogenschmuggler erschossen. Unsinn, erwidert der Sheriff von Starr County, daran sei kein wahres Wort. Er wiederum beschuldigt die mexikanischen Polizisten, mit der Drogenmafia unter einer Decke zu stecken und sogar beim Transport ihrer Ware Schutz zu gewähren. Ganze Lastwagenkolonnen, Drogentransporte, seien von der mexikanischen Polizei auf dem Weg nach Norden unter bewaffneten Begleitschutz gestellt worden. Diese Beschuldigungen haben die mexikanischen Behörden zurückgewiesen. Jedenfalls läßt die Zusammenarbeit bei der Bekämpfung der internationalen Drogenmafia stark zu wünschen übrig, auf den unteren wie auf den höchsten Ebenen.

Die mexikanische Regierung ließ im Oktober 1986 über ihre Botschaft in Washington der Regierung der USA ebenso empört wie formell ausrichten, daß keineswegs die Rede davon sein könne, mexikanische Behörden würden nicht energisch genug gegen die Drogenhändler vorgehen. Man protestiere energisch gegen entsprechende Äußerungen in den USA und ganz besonders gegen das neue Antidrogengesetz. Dem hatte der Kongreß am 18. Oktober 1986 zugestimmt; es sah unter anderem vor, denjenigen Nationen, in denen Drogen produziert werden und deren Regierungen nicht eindeutig erklären können, daß entscheidende Schritte gegen den Drogenhandel unternommen würden, 50 Prozent der US-Hilfe zu streichen. Das mexikanische Außenministerium betonte, es gebe keinerlei Hinweise, daß Mexiko nicht energisch genug gegen die Narcotraficantes vorgehe, und im übrigen sähe die Regierung der Vereinigten Staaten von Mexiko in dem jetzt beschlossenen Gesetz die erneute Demonstration einer unfreundlichen Verhaltensweise und einer nicht erklärbaren Ignoranz.

Eine Woche zuvor nämlich - und damit kennzeichneten die USA den Kernpunkt ihrer ständigen Querelen mit Mexiko - hatte die US-Regierung einen Bericht veröffentlicht, aus dem unter anderem hervorging, daß Mexiko der größte Marihuana- und Heroinlieferant für den nordamerikanischen Markt sei und 30 Prozent der jährlich die USA erreichenden Kokainmenge über Mexiko eingeschmuggelt werde. Doch lobte der Bericht die Anstrengungen der mexikanischen Behörden. Auf diese Darlegungen hatten die Mexikaner mit der Feststellung reagiert, die USA übten auf Mexiko Druck aus, weil sie glaubten, sie könnten so ein Problem lösen, dessen Wurzeln in der steigenden Drogennachfrage in den USA liege. Außerdem stellten die mexikanischen Stellen einmal mehr fest, daß es selbstverständlich im Rechtssystem beider Länder Unterschiede gäbe. Die mexikanische Regierung habe unter Beweis gestellt, daß sie gegen den Drogenhandel und gegen die damit im Zusammenhang stehende Gewalt vorgehe. Nicht nur in der Grenzregion, auch in allen anderen Landesteilen.

Fachleute bezweifeln, ob das in irgendeinem drogenproduzierenden Land angesichts der Macht der internationalen Drogenmafia überhaupt noch möglich ist. Über mexikanische, lateinamerikanische Verhältnisse überhaupt, kann gesagt werden, daß sich in diesen Staaten der internationale Drogenhandel ganz und gar festgesetzt hat und überhaupt nicht zu sehen ist, wie er erfolgreich bekämpft werden könnte. Das gilt ebenso für die USA, denen es auf ihrem eigenen Hoheitsgebiet nicht gelingt, der Lage Herr zu werden. Was nicht als Vorwurf, sondern als Beschreibung eines Sachverhaltes zu werten ist. Insofern aber ist die fortwährende Kritik der US-Regierung an den mexikanischen Behörden eben noch weniger als die halbe Wahrheit und tatsächlich nichts weiter als die politisch begründete Verlagerung des Problems.

So dreht sich die Auseinandersetzung zwischen den USA und Mexiko seit Jahren im Kreis: Der Drogenhandel hat zugenommen, rufen die USA. Ihr müßt mehr tun, um ihn zu unterbinden, kritisieren sie die Mexikaner. Die Nachfrage nach Drogen hat schon wieder zugenommen, rufen die Mexikaner in Richtung Norden. Ihr müßt mehr tun, damit sie gebremst wird, kritisieren sie die USA.

Es gibt keinen Zweifel: Die Nachfrage nimmt jährlich zu. Der Handel wird dementsprechend immer umfangreicher. Die Gewinne werden immer größer und selbstverständlich muß immer mehr angebaut werden. Und das geschieht ja auch: Das gilt für die Opium-Produktion in Guatemala, das gilt für den Marihuana-Anbau in den bereits genannten Ländern Südamerikas, auch wenn kurzfristig, wie 1986, auf Jamaika und in Belize Erfolge bei der Vernichtung von Marihuanafeldern erzielt wurden. Die Worte des früheren US-Botschafters in Mexiko, John Gavin, wonach es sich beim internationalen Drogenhandel um ein Krebsgeschwür handele, das bekämpft werden müsse, treffen ebensowenig den Kern des Problems wie die Feststellung des damaligen Vorsitzenden des Senatsausschusses für Auswärtige Angelegenheiten, des Republikaners Richard Lugar, der meinte, die USA müßten ihre ganze politische, wirtschaftliche und militärische Kraft bei der Verfolgung der Drogenmafia einsetzen.

Die Frage stellt sich: Was wäre, wenn die jetzige internationale Drogenorganisation tatsächlich eines Tages zerschlagen würde? Die Frage ist leicht zu beantworten: Es würde sich sogleich eine neue bilden, weil in diesem Geschäft so unglaublich viel Geld zu verdienen ist. Und das ist so, weil die Nachfrage vor allem in den USA und Kanada sowie in Westeuropa so rasch steigt, und weil es wohl keinen Markt gibt, der so brutal und mit so tödlichen Folgen von Angebot und Nachfrage bestimmt wird wie der Drogenmarkt.

In der zweiten Oktoberwoche des Jahres 1986 wurde in den Mittagsstunden zehn Kilometer außerhalb der Hauptstadt Culiacán des mexikanischen Bundesstaates Sinaloa der 56 Jahre alte Odilon López Urias gefunden. Er lag tot am Rande der Landstraße. Polizisten entdeckten den Toten bei einer Streifenfahrt. Odilon López war Journalist bei der örtlichen Tageszeitung „Onda". In den Monaten vor seinem Tod hatte er in mehreren Artikeln Drogenhändler, vor allem aber die in seinen Augen damit eng zusammenhängende Korruption in seinem Bundesstaat angegriffen. Ein Jahr vor dem Tod des Journalisten war dessen Sohn vorübergehend entführt worden. Culiacán ist eine Stadt, in der Drogen produziert und umgeschlagen werden. Zeugen – die ihren Namen nicht nennen wollten – erzählten, López Urias sei mit seinem Wagen unterwegs gewesen. Seine Frau, seine Tochter und den Chauffeur hätten die Männer, die das Auto mit Waffengewalt gestoppt hätten, gehen lassen, unverletzt. Ihn hätten sie mitgenommen. Nahe der Stadt Ahuapepe fanden die Polizisten dann den Ermordeten.

Offiziell wurde bekannt: Man nehme an, daß die Drogenmafia hinter dem Mord an dem Journalisten stecke. Die Zeitungen in Mexiko-City wiesen darauf hin, daß im Sommer desselben Jahres zwei Journalisten in der Stadt Matamoros an der Grenze zu Texas erschossen worden seien, nachdem sie mehrere Berichte über die Korruption in der Stadtregierung veröffentlicht hätten. Über die Ermordung von Odilon López Urias ist seit jener Zeit von den ermittelnden Behörden nichts weiter mitgeteilt worden.

Am 1. Oktober 1986 stand der Lehrer Waldemar Ramos in dem Ort Suchilquitongo Etla im Bezirk Miahuatlán im südmexikanischen Bundesstaat Oaxaca vor der Tür seiner Schule, als von vier Unbekannten vierzehn Mal auf ihn geschossen wird. Waldemar Ramos war auf der Stelle tot. Ein Jahr zuvor war der Sohn des Ermordeten vor dem Haus der Familie in der Hauptstadt Oaxaca getötet worden. Wenige Minuten nach 18 Uhr, Waldemar Ramos liegt tot auf der Straße, flüchten die unbekannten Mörder mit dem Auto ihres Opfers. Der Bruder des Umgebrachten, Manuel Ramos, fragt nach der Tat: „Wer ist für unsere Sicherheit verantwortlich? Wer übernimmt die Garantie, daß wir leben können?“

Die Staatswanwaltschaft von Oaxaca kündigte ein Untersuchungsverfahren an. Offiziell wurde kein Ergebnis bekannt. Vermutungen wurden laut: Bestimmten Kreisen habe es nicht gepaßt, daß Waldemar Ramos, der auch einmal Bürgermeister der Bezirkshauptstadt Miahuatlán gewesen war, den Menschen auch politisch etwas beibrachte. Das paßte den mächtigen und einflußreichen Gruppen in der Gegend nicht, die das Volk kontrollieren und ihre Geschäfte machen wollten. Da habe ein Mann wie Waldemar Ramos gestört, und deswegen werde auch bei den Ermittlungen nichts herauskommen, hieß es gleich nach dem Mord und in den Tagen danach.

Bis Mitte Oktober 1986 wurden 52 Menschen in Oaxaca erschossen, aus politischen Gründen oder im Zusammenhang mit Streitigkeiten innerhalb der in diesem südlichen Bundesstaat fest verankerten Drogenmafia. Kein Fall wurde aufgeklärt. Bekannt ist, daß es zu regelrechten Gefechten an insgesamt vier Orten kam, bei denen die 52 starben. Das Abgeordnetenhaus von Oxaca stellte damals die unbeantwortete Frage, warum die Ermittlungen so ineffektiv und ergebnislos seien. Die Ermittlungsbehörde solle das überprüfen.

Nur knapp zwei Wochen nach der Ermordung des Lehrers Waldemar Ramos spielte sich in der Bezirkshauptstadt Miahuatlán ein regelrechtes Gefecht ab. Das Gewehrfeuer begann gegen vier Uhr morgens. Projektile schlugen in Hauswände ein, Staub spritzte von der Straße hoch. Warum wer auf wen schoß, kam nicht heraus, aber etwas anderes: Zwei Familien hatten sich in den vergangenen fünf Jahren in der Stadt, die auf dem Weg nach Puerto Escondido und Huatulco 100 Kilometer von der Hauptstadt entfernt liegt, um die Macht gestritten. Und dann sei, wird hinter vorgehaltener Hand geflüstert, auch noch die Drogenmafia dazugekommen. Denn die Gegend sei von den Behörden nur schwer zu kontrollieren. Sie liege 3500 Meter hoch und sei für die Drogenhändler ideal. Die Namen der streitenden Familien: Ramos Aguilar und Borhorquez Valencia. Waldemar Ramos wurde am 1. Oktober erschossen. Drei Tage später starb das Oberhaupt der anderen Familie, Orfa Borhorquez. Beide hatten darüber hinaus zweierlei gemeinsam: Beide waren schon einmal Bürgermeister ihrer Stadt gewesen, beide wurden aber auch mit Waffen aus Armeebeständen umgebracht. Und es stellte sich heraus, daß insgesamt 45 Männer, niemand wußte, wer sie waren, die beiden Ex-Bürgermeister, den Stützpunkt der Polizei und drei andere Häuser überfallen hatten. Die Beisetzungen wurden zu einer Demonstration der Trauer und der Verzweiflung. Keiner der insgesamt 52 Mordfälle in Oaxaca wurde aufgeklärt.

Die Beispiele ließen sich fortsetzen. Das Hoffnungslose an der Situation ist, daß die Drogenmafia – und jeder weiß das in Mexiko – aus Bundesstaaten wie Oaxaca oder Chiapas, Guerrero oder Sinaloa praktisch nicht mehr zu vertreiben ist. Nun waren Drogen immer ein Bestandteil lateinamerikanischer Lebenskultur; was sie jedoch zum großen Problem der Staaten südlich der USA gemacht hat, war nicht ihr Anbau oder ihre Produktion für den eigenen Bedarf, es war der Konsum in den nordamerikanischen und westeuropäischen Nationen. Als dieser in den sechziger Jahren geschäftlich lohnend wurde, stieg er derart an, daß sich der internationale Drogenhandel zu einem Imperium ausbreitete, das alle Bereiche des öffentlichen Lebens unterwandert hat: Politik und Wirtschaft, Polizei und Militär.

Niemand schrie in Mexiko vor Entsetzen laut auf, als eine in der kalifornischen Stadt San Diego erscheinende Tageszeitung ebenfalls 1986 berichtete, der Verteidigungsminister Mexikos, General Arevalo Gardoqui, habe Verbindungen zum internationalen Drogenhandel. Entsprechende Informationen, hieß es in dem Zeitungsbericht weiter, lägen den US-Behörden vor. Der General nahm zunächst einmal überhaupt keine Stellung, die US-Botschaft in Mexiko tat das für ihn mit den Worten: Es gäbe keinerlei Beweise, die die Behauptungen, der General habe Verbindungen zum Drogenhandel, erhärten könnten. Man könne ganz im Gegenteil sagen, daß der Herr Minister und seine Mitarbeiter im Bereich der Bekämpfung des Handels und der Vernichtung von Drogen sehr kooperativ seien. Dazu muß man wissen, daß Mexikos Verteidigungsminister Chef der Drogenvernichtungskampagne war.

In dem erwähnten Artikel hieß es außerdem, der General gehöre zu den mindestens 45 mexikanischen Politikern, Polizisten und Offiziellen, die Beziehungen zur Drogenmafia hätten. Das hätten US-Agenten während ihrer Ermittlungen im Mordfall Enrique Camarena herausgefunden, der im Febrauar 1985 entführt und umgebracht worden war. Enrique Camarena war Agent der US-Drogenpolizei und in Mexiko stationiert. Bis zum heutigen Tage deutet alles auf zwei Dinge hin: Die Drogenmafia steckt hinter dem Verbrechen, in dem von den mexikanischen Stellen zum großen Ärger der USA nur sehr schleppend ermittelt wurde. Von richtigen Nachforschungen, war aus US-Polizeikreisen zu hören, hätte man ohne den Druck aus Washington wahrscheinlich überhaupt nicht sprechen können.

Nun gehört der mexikanische Verteidigungsminister zu jenen Offizieren in der Armee, die sich immer mal wieder massiv gegen die Anwesenheit der US-Drogenpolizisten in Mexiko ausgesprochen haben. Und natürlich machten die Vorwürfe aus den USA den General wütend: 15 Bundesrichter und höhere Polizeioffiziere und ein Gouverneur seien in den Bundesstaaten Baja California, Jalisco, Sinaloa, Sonora und Coahuila mit der Drogenmafia in Verbindung zu bringen. In ihrer Struktur nicht wesentlich anders seien die Verbindungen der Geschäftemacher mit den Drogen in den USA, sagen die Mexikaner und verweisen nicht nur auf Miami und New York. Los Angeles oder die Banken in der texanischen Stadt San Antonio seien weitere Beispiele dafür. Es ist ein ständiges Hin und Her. Denn für die ermittelnden Beamten, chronisch unterbezahlt, ist es eine frustrierende Lage: Wer ist korrupt und wer nicht?

Verteidigungsminster Arevalo hatte im übrigen Wochen vor den gegen ihn in den USA erhobenen Beschuldigungen vor der Presse in Mexiko erklärt, sein Land habe die umfangreichste Kampagne gegen den Drogenhandel auf der ganzen Welt inszeniert und sei sehr effektiv vorgegangen. Man könne gute Ergebnisse vorweisen. Es ist keine Frage, die Regierung gibt jährlich Millionen Dollar in diesem Bereich aus, und wahrscheinlich hat die Armee rund 25 000 Soldaten mehr oder weniger ständig im Kampf gegen den Drogenschmuggel im Einsatz. Hunderttausende Mohn- und Marihuanapflanzen wurden besonders in Sonora, Sinaloa und Chihuahua zerstört, fast 14 000 Mexikaner und über 70 Ausländer festgenommen in einem Zeitraum zwischen Ende 1982 und Mitte 1986. Und immerhin hätten die ermittelnden mexikanischen Behörden zwischen 1976 und 1986 381 Beamte verloren. Arevalo betonte, daß es besonders die „Operation Condor" gewesen sei, die zur Zerstörung riesiger Mohn- und Marihuanaplantagen geführt habe.

Die Condor-Spezialtruppe der Armee wurde 1976 gebildet und besteht aus 1500 speziell für den Drogenkrieg ausgebildeten Soldaten. Chef der Einheit ist ein Brigadegeneral. Die Elitesoldaten operieren in kleinen Verbänden, die aus nicht mehr als 40 Mann bestehen und sich in ihren Einsatzgebieten, die in der Regel eine Fläche von rund 70 000 Quadratkilometern umfassen, gut auskennen müssen. Tage-, ja wochenlang sind sie unterwegs, versorgt werden sie aus Hubschraubern, die in Mexiko seit 1970 gegen die Drogenproduzenten eingesetzt werden. Wenn die selbständig vorgehenden Einheiten mit ihren Führungsoffizieren in Kontakt treten, geschieht das über Funk. Die Vorgehensweise ist in der Regel die: Hubschrauber klären über einer bestimmten Zone auf, sagen per Funk einer Truppe in der Nähe Bescheid, die dann anrückt und die Mohn- oder Marihuanafelder zerstört.

Mexikos Sierra Madre ist ein schwer zugängliches Gebiet, stark zerklüftet, mit steilen Felswänden, tiefen Schluchten, Cañons, versteckten Wegen. Die Kleinbauern der Sierra Madre bauen schon seit vielen Jahren Opium und Marihuana an, sie leben von diesen Einnahmen. Sie sind immer auf der Hut: vor Skorpionen und Schlangen, vor der Armee und der Polizei, vor den Narcotraficantes. Die Stadt Culiacán ist nicht nur bekannt geworden, weil sie in der Sierra Madre ein Zentrum des Drogenanbaus und -handels ist, sondern auch weil es eine Stadt mit viel Atmosphäre ist, in der die wunderschön aussehenden Opiumpflanzen in den Vorgärten blühen.

Opium übrigens kam durch die USA nach Mexiko. In der Gegend von Culiacán wurde es unter der Anleitung und Aufsicht von US-Behörden erstmals angepflanzt, weil man das aus dem Opium zu gewinnende Morphium während des Zweiten Weltkrieges dringend für die Behandlung und Versorgung von Verwundeten benötigte. Anfang der sechziger Jahre begannen die Mexikaner zum ersten Mal, energischer gegen den Anbau vorzugehen. Damals gab es allerdings nur sehr wenige ausgebildete Beamte, weshalb die mexikanische Regierung die USA darum bat, Beamte der US-Drogenpolizei als Berater und Ausbilder zu entsenden, was auch geschah. Seit jener Zeit gibt es zwischen den zuständigen Stellen beider Länder eine über einen längeren Zeitraum hinweg ganz gute Zusammenarbeit; allerdings kommt es ständig zu politischen Querelen. Ende der sechziger Jahre war der internationale Drogenhandel zwar noch in seinen Kinderschuhen, doch hatte er sich für die Ermittlungsbehörden bereits zu einem ernstzunehmenden Problem entwickelt. Der damalige Justizminister der Regierung Nixon übte erstmals politischen Druck aus, um die Mexikaner dazu zu bewegen, die Drogenproduktion und den Handel zu unterbinden. Immerhin hatte sich Mexiko bis 1970 hin zum Spitzenlieferanten der USA für Marihuana und Opium entwickelt. In Mexiko jedenfalls löste dieser nordamerikanische Druck zwar keine Freude aus, doch veranlaßte er die Regierung in Mexiko-City, die oberste Anklagebehörde des Landes mit mehr Zuständigkeiten auszustatten, Hubschrauber zur Drogenbekämpfung anzuschaffen und insgesamt die Anstrengungen zu erhöhen. Opium- und Marihuanafelder wurden von Hubschraubern aus abgesprüht und zerstört, die Condor-Spezialtruppe wurde modern ausgerüstet, und Ende der siebziger Jahre gab es unter Fachleuten kaum einen Zweifel an der Feststellung: Mexiko gehört in Lateinamerika zu den Nationen, die den Drogenanbau und -handel am effektivsten bekämpfen. Dem stimmte seinerzeit auch die US-Regierung zu.

Die USA wandten sich anderen Problemen zu. Nun waren die Opiumfelder in Asien an der Reihe und die Drogenmafia in Kolumbien, die in den achtziger Jahren immer mehr an wirtschaftlicher und politischer Bedeutung gewann. Dennoch hörten die Mexikaner nicht auf, den Kampf innerhalb ihrer Landesgrenzen fortzusetzen, allerdings ließ mit dem Interesse der USA auch deren Unterstützung nach. Die zuständigen mexikanischen Stellen haben immer wieder versucht, den USA klar zu machen, daß der Kampf gegen die Drogen nicht saisonal, sondern ständig geführt werden müsse. Sicher ist, daß die Drogenmafia seit Beginn der achtziger Jahre ein internationales Handels- und Finanznetz geschaffen hat, das es ihr erlaubt, schnell, rücksichtslos und erfolgreich auf die Aktionen der nationalen wie internationalen Polizeien zu reagieren oder ihnen sogar zuvorzukommen.

Die Opium- und Marihuanafelder müssen in Mexikos Sierra Madre bis Ende April abgeerntet sein. Die Hubschrauber der Condor-Einheit suchen aber nicht nur in den Monaten vorher nach den Anpflanzungen. Und für die Kleinbauern in Sinaloa ist es ein Glücksspiel: Hier haben sie ein kleines Feld und dort eines. Welches entdecken und zerstören die Soldaten und welches nicht? Kommen die Soldaten, dann reißen sie die Pflanzen aus der Erde, schichten sie auf und zünden sie an. Dann wird für die Statistik die Anzahl der Pflanzen festgehalten und die Größe des Feldes. Und die ist, jedenfalls für die Condor-Einheit, bei aller in Mexiko üblichen Übertreibung, beeindruckend. Fast 30 000 Opiumfelder mit einer Fläche von gut 3600 Hektar und mehr als

2800 Marihuanafelder, knapp 380 Hektar groß, wurden zerstört. 470 Feuerwaffen und 400 Kilogramm Marihuana wurden beschlagnahmt. Die Condor-Einheit ist mit 50 Prozent aller Aktionen der Armee in diesem Drogenkrieg befaßt. Die internationalen und nationalen Drahtzieher allerdings werden selten erwischt, wenn überhaupt gegen sie vorgegangen wird. Wer sollte, war aus Kreisen der Soldaten zu hören, schon gegen die Großen vorgehen? Die steckten doch alle unter einer Decke. Die Kleinbauern in der Sierra Madre sind stur: wie seit Jahren sehen sie unbeirrbar im Anbau von Opium und Marihuana nichts Schlechtes und ihre wesentliche Lebensgrundlage.

In diesem Zusammenhang ist auch wichtig festzustellen, daß in Mexiko kein Drogenmarkt in dem Sinne existiert und daß es kaum private Konsumenten gibt, wohl aber in den USA. Und weil der Dollar in den südlichen Gefilden des amerikanischen Kontinents noch immer eine hohe Anziehungskraft ausübt, gibt es viele Menschen, die ihn verdienen wollen, und sei es mit Drogen.

Auch die Regierung von Präsident Ronald Reagan hat es in ihrer gesamten Amtszeit nicht fertig gebracht, mit den Mexikanern auf dem Sektor der Drogenbekämpfung ein Klima der Kooperation herzustellen, das die Mexikaner unter Berücksichtigung der jeweiligen Eigenheiten immer gefordert haben. Das hat immer wieder zu Schwierigkeiten geführt, weil die Mexikaner unterdessen davon überzeugt sind, daß eine vertrauensvolle Beziehung zu den USA nicht bestehen kann, auch wenn das von einigen in Washington immer wieder behauptet wird.

Fachleuten stellt sich immer wieder die Frage: Was kann wie und mit welchem Erfolg getan werden? Und zwar nicht nur in einem Land, sondern übergreifend auch in anderen Staaten? Der Herbst 1986 war in dieser Hinsicht beispielhaft, als die US-Regierung in Mexiko und Bolivien gemeinsam mit den nationalen Streitkräften eine Anti-Drogen-Aktion startete, die viel Geld kostete und folgendermaßen aussah: Sechs von der US-Regierung gecharterte Flugzeuge mit nordamerikanischen Piloten wurden nach Mexiko abkommandiert, um Opiumfelder mit Herbiziden abzusprühen, durch die die Pflanzen vernichtet werden. Zum Zeitpunkt der Entsendung der Flugzeuge war bereits eine ähnliche, wenn auch vom Umfang sehr viel größere Aktion in Bolivien im Gange. Dort waren mehr als 200 US-Soldaten mit sechs Black-Hawk-Helikoptern in Zusammenarbeit mit einer Spezialeinheit des bolivianischen Heeres, den „Leoparden", im Einsatz zur Vernichtung von Kokain-Labors.

Die amerikanisch-mexikanische Aktion fand in Sinaloa, Durango und Chihuahua statt und hatte sich neben der Zerstörung der Felder zum Ziel gesetzt, den Preis für Koka-Blätter erheblich zu reduzieren. Gleiches wollte man in Bolivien erreichen. Auch wenn die Einsätze der Militärs im Einzelfall nicht gescheitert sind und auch wenn der Preis für Koka-Blätter kurzfristig herunterging, an den grundsätzlichen Strukturen, am Fortbestand des Anbaus wie des Handels mit Drogen haben die beiden, so intensiv propagierten Unternehmungen nichts ändern können.

Was Anfang Oktober 1986 in der bolivianischen Kleinstadt Santa Ana geschah, hätte ebensogut in einem kolumbianischen oder mexikanischen Ort passieren können: Als nämlich bolivianische und amerikanische Drogenpolizisten mit US-Hubschraubern und einem Truppentransporter der bolivianischen Luftwaffe in der 5000 Einwohner zählenden Stadt landeten, hatte sich die Mehrheit der Einwohner, die lokalen Behörden sprachen seinerzeit von Tausenden, auf dem Flugplatz versammelt und jagte einen Teil der Soldaten und Polizisten vom Flughafengelände, einen anderen Teil zurück in die Maschinen. Die wütende Bevölkerung konnte nicht begreifen, warum ihr die einzige Lebensgrundlage entzogen werden sollte.

Die Maschinen durften erst starten, als sich der Bürgermeister von Santa Ana persönlich davon überzeugt hatte, daß die bolivianischen und US-Soldaten keinen Einwohner fest- und mit an Bord genommen hatten.

Es war das erste Mal, daß sich Einwohner öffentlich gegen die Drogenagenten stellten, und die Botschaft, die sie den USA und der bolivianischen Regierung sandten, war mehr als eindeutig: Die Landbevölkerung ist nicht nur arbeitslos und völlig verarmt, sie hat auch genug von der Armut und hat Wege gesucht, sich zu verbessern. Mit dem Opium- und Marihuanaanbau ist mindestens soviel Geld zu verdienen, um sich ein, wenn auch kümmerliches, Auskommen zu sichern. Also kann die Regierung nicht kommen und „uns auch noch das Letzte nehmen, was wir selbst geschaffen haben“. Denn Bolivien erlebt, wie Mexiko, eine seiner schlimmsten wirtschaftlichen Krisen. Der Andenstaat ist der ärmste auf dem amerikanischen Festland.

Der Erfolg der Unternehmungen in Bolivien und Mexiko wurde dadurch beeinträchtigt, daß sie schon vorher bekannt wurden. Als die Soldaten einflogen, waren viele kleine Dörfer, in denen die Behörden zu Recht Kokain-Laboratorien vermutet hatten, verlassen. Die härtesten politischen Auseinandersetzungen über Sinn oder Unsinn solcher Aktionen gab es in der amerikanischen Hauptstadt, als sich Vertreter des Verteidigungs- mit denen des Außenministeriums und der Drogenpolizei in die Haare bekamen. Denn eines war allen Beteiligten klar: Der Kampf gegen den internationalen Drogenhandel hat sich zu einem regelrechten Krieg ausgeweitet, weshalb im Pentagon die Sorge herrscht, eines nahen Tages würden US-Soldaten, ähnlich wie im Dschungel von Vietnam, in Südamerika gegen die Drogenmafia kämpfen. Offiziell sagen die Experten bei der Drogenbehörde, davon könne nicht gesprochen werden. Unter der Hand allerdings räumen sie ein, daß der Vergleich gar nicht so weit hergeholt ist. Der Einsatz von US-Soldaten in Bolivien im Spätsommer 1986 war vor allem auf Vizepräsident George Bush zurückzuführen, der das Pentagon auch drängte, die Black-Hawk-Hubschrauber einzusetzen. George Bush war zu dieser Zeit Vorsitzender der Kommission, die den Kampf gegen die illegale Einfuhr von Drogen in die USA überwachen und organisieren soll. Diese Kommission gibt es seit 1983, und sie ist immer wieder von der US-Drogenpolizei als zu schwerfällig und zurückhaltend kritisiert worden. Häufiger wurde auch die Meinung vertreten, sie sei überhaupt nur ins Leben gerufen worden, um Vizepräsident Bush eine Möglichkeit zu geben, sich auf dem in den USA so wichtigen und publikumswirksamen Feld von Recht und Ordnung ins bessere Licht setzen zu können. Der Kampf gegen den Drogenhandel sei nicht, war immer wieder zu hören, mit der Invasion auf Grenada zu vergleichen: Ein rascher Sieg nämlich sei hier nicht zu erringen.

Anders als in Mexiko ist in Bolivien und Kolumbien die politische Kultur so weit heruntergekommen, daß keine politischen Entscheidungen mehr ohne Rücksichtnahme auf die Drogenmafia gefällt werden können. Einen Hinweis darauf gab in einem Interview der amerikanischen Fernsehgesellschaft ABC 1986 der damalige bolivianische Botschafter in Washington, Fernando Illanes. Er meinte unter anderem, sein Land brauche dringend sehr viel internationale Hilfe, um den Kampf gegen den internationalen Drogenhandel aufnehmen zu können. Man könne nur noch einen offenen Krieg gegen ihn und seine Unterstützer führen. Der Diplomat fügte hinzu: „Die Drogenhändler haben in Bolivien so viel Macht, daß sie sich sehr bald ihren eigenen Präsidenten werden wählen können.“ Der damalige bolivianische stellvertretende Innenminister meinte: „Nichts ist destabilisierender für unsere politischen Systeme als die Macht und der Einfluß des internationalen Drogenhandels.“ Das gelte für Bolivien wie für Peru und die Bahamas, für Jamaika und Mexiko. Und es gilt, sei hinzugefügt, natürlich auch für Kolumbien und Ecuador, um die Gefährdetsten zu nennen.

Die Situation ist mittlerweile so, daß die „Druglords“, die Drogenfürsten, Preise und Belohnungen für diejenigen aussetzen, die einen Drogenpolizisten oder Regierungsvertreter umbringen. 350 000 US-Dollar wollten kolumbianische Druglords demjenigen zahlen, der den Chef der amerikanischen Drogenbehörde umbringen würde. Daß das keine leere Drohung war, haben sie unterdessen mehrfach mit der Ermordung von Politikern und Journalisten unter Beweis gestellt.

Die Handelsorganisation „Drogen“ aber hat sich von Süd- über Mittelamerika und die Karibik in die Vereinigten Staaten und Kanada bis nach Europa ausgebreitet. Und die Unterstützung für die Drogenfürsten vor allem in den ländlichen Gebieten Boliviens, Kolumbiens und Mexikos hat zugenommen. Manche dieser lokalen Chefs haben das Image eines Robin Hood, weil sie, daran ist nicht zu zweifeln, der jeweiligen Gegend einen gewissen Reichtum gebracht haben. Wie sehr sich das Handelsnetz ausgebreitet hat, zeigen einige bemerkenswerte Verbindungen. Der kolumbianische Drogenkönig Carlos Lehder Rivas, der in den USA vor Gericht gestellt wurde, hatte der Guerillaorganisation „M-19“ seine finanzielle Unterstützung angeboten. Peruanische Kleinbauern, die Opium anpflanzen, unterstützen die Guerillaorganisation „Sendero Luminoso“ (Leuchtender Pfad). Wie sehr der Drogenanbau und -handel Teil des täglichen Lebens in jenen Ländern geworden ist, belegt die Äußerung des damaligen kolumbianischen Generalkonsuls in New York: „Kolumbien wird solange Drogen produzieren, wie es Konsumenten gibt. Wenn es die eines Tages nicht mehr gibt, wird es auch keine Produktion mehr geben.“

Mexiko ist zu einem der bedeutendsten Länder für den Drogenstrom von Süden nach Norden geworden, weshalb die Mafia sich dort nach einem Hauptsitz umsah und ihn auch bald gefunden hatte: Guadalajara, eine architektonisch beeindruckende Großstadt, die landschaftlich wunderschön gelegen ist. Sie hat, das überzeugte die Vertreter der Mafia noch mehr als ihre unbezweifelbare Schönheit, erhebliche geographische Vorzüge. Der wichtigste: Sie liegt relativ nahe an den im Nordwesten Mexikos gelegenen Opium- und Marihuanaanpflanzungen. Von Guadalajara aus führen zwei autobahnähnliche Landstraßen in Richtung mexikanisch-amerikanischer Grenze; eine Vielzahl versteckt angelegter kleinerer Flugfelder befindet sich in unmittelbarer Nähe der Stadt, was den Transport der illegalen Ware erleichtert. Außerdem gehört Guadalajara zu den wirtschaftlich aufstrebenden Städten. Investitionen sind gefragt, besonders auf dem Grundstücksmarkt, der ideal für das Unterbringen der Drogengelder ist.

Guadalajara, die Drogenfamilien hatten sich längst in der Stadt etabliert, war auch ein zentraler Punkt für die Nachforschungen im Fall

Enrique Camarena, jenes Agenten der US-Drogenpolizei, der im Februar 1985 entführt und getötet worden war, nachdem er zusammen mit einigen Kollegen im Zuge der „Operation Padrino" den Narcotraficantes schwere Schäden zugefügt hatte. Allein ein Drogenring soll damals innerhalb relativ kurzer Zeit 6000 Pfund Kokain und Einnahmen im Wert von etwa 26 Millionen US-Dollar verloren haben.

Die unmittelbare Folge war, daß nach diesem Schlag gegen die Drogenhändler mehrere mexikanische Polizisten auf ähnliche Art und Weise wie Enrique Camarena entführt und umgebracht wurden. Als endlich - augenscheinlich einigermaßen nachdrücklich - die mexikanischen Stellen im Fall Camarena mit den Ermittlungen in Guadalajara begannen, mußten sie feststellen, daß alle bekannten Drogenhändler die Stadt verlassen hatten. Jedesmal, wenn man zuschlagen wolle, empörte sich damals ein US-Beamter gegenüber seinen mexikanischen Kollegen, sei der Platz leer. Woraufhin die amerikanische Drogenbehörde mit ihren eigenen Nachforschungen begann. Dabei kamen die Beamten zu der Erkenntnis: „Wir glauben, daß das Problem in diesem Land sehr viel tiefer liegt, als es allgemein gesehen und von der hiesigen Regierung akzeptiert wird. Die Drogenhändler in Mexiko gehören wirklich zu den Unberührbaren, und in dieser Hinsicht ist die Lage völlig außer Kontrolle geraten."

Bei den Nachforschungen stieß man in Guadalajara auf die Familie Caro, einen Clan, dessen Chef, Rafael Caro Quintero, wohl mehrere 100 Millionen Dollar schwer war. Für die ermittelnden US-Beamten gab es nach einiger Zeit keinerlei Zweifel daran, daß der Caro-Clan über einen längeren Zeitraum hinweg eine regelrechte Kampagne zur Einschüchterung mexikanischer Polizisten, wenn nicht gar der gesamten örtlichen Polizei führte. Dieser Stand der Erkenntnisse führte zunächst nicht recht weiter, bis es in der Stadt zu einer selbst für dortige Verhältnisse bemerkenswerten Schießerei kam, die sich ein wichtiges Familienmitglied der Caros und vier Freunde mit der Polizei lieferten. Geschossen wurde mit AK-47-Gewehren. Danach wurden sechs Tote gezählt, drei Beamte und drei von der Caro-Seite. Unmittelbar danach wurde aus der Unterwelt der Drogenhändler eine Prämie von 5000 US-Dollar für jeden ausgesetzt, der einen Polizisten erschießen würde. In der Folgezeit sind tatsächlich mehrere Beamte ermordet worden. Offizielle Ermittlungsergebnisse gab es in keinem der Fälle. Diejenigen, die den DEA-Beamten Enrique Camarena entführt und ermordet haben, sind nicht ermittelt worden.

Der US-Botschafter in Mexiko-City, Charles Pilliod, meinte im Januar 1987, man dürfe mit den Mexikanern nicht zu kritisch umgehen, denn die USA hätten ja wohl ihre eigenen Probleme auf diesem Gebiet. Pilliod wird weiter die Meinung nachgesagt, der Tod des US-Beamten müsse auch im Zusammenhang mit dem Sachverhalt gesehen werden, daß mittlerweile über 400 mexikanische Soldaten im Kampf gegen die Drogenmafia getötet worden seien.

Schließlich muß im Zusammenhang mit manchen Vorwürfen gegen die mexikanische Polizei auch darauf verwiesen werden, daß die Beamten selten mehr als umgerechnet 200 US-Dollar monatlich verdienen. Das macht für Korruption anfällig. Das nun wiederum hat dazu geführt, daß die in Mexiko arbeitenden US-Drogenpolizisten mit der Weitergabe von Informationen an ihre mexikanischen Kollegen sehr zurückhaltend geworden sind. Sie fürchten nämlich, daß ihre Informationen, mehr noch aber die Namen ihrer Informanten von bestochenen Beamten der mexikanischen Seite an die Drogenfürsten weitergegeben werden.

Der Fall des Martin Aguirre Orosco hat für sie viele Merkmale, die darauf hinweisen, daß vertrauliche Informationen eben alles andere als vertraulich behandelt werden. Martin Aguirre wurde eines Tages an einem Strand in Mazatlán angetrieben. Tot. Striemen an den Armen und am Hals ließen den Schluß zu, daß er zum Zeitpunkt seines Todes gefesselt war. Offenbar war er stranguliert worden. Schrammen und Schürfwunden überdeckten fast den ganzen Körper. Die örtliche Polizei gab an, der Mann sei ertrunken und die Schürfwunden stammten mit einiger Sicherheit von den Klippen und Felsen, gegen die der Ertrunkene geschwemmt worden sei. Diese Erklärung hatte aber den Nachteil, daß es dort, wo Martin Aguirre gefunden wurde, weit und breit keine Klippen gibt, sondern nur Strand. Außerdem gab es in der Gegend mindestens einen Mann, der vielleicht Interesse daran hätte haben können, Martin Aguirre tot zu sehen: Nämlich Manuel Salcido, den regionalen Drogenfürsten. Sein Spitzname ist „Cochiloco", was nichts anderes bedeutet als „Verrücktes Schwein". Der Tote war von DEA-Agenten angeheuert worden, um in den Ring der Drogenhändler einzudringen und Informationen über sie zu sammeln.

Manuel Salcido steht seit langem auf der Wunschliste der DEA-Agenten. Doch als ein nicht unbedeutender Mitarbeiter der US-Botschaft in der mexikanischen Hauptstadt den Justizminister darum bat, er möge dafür sorgen, daß man den lange Gesuchten doch nun bald ergreife, antwortete dieser: „Wir können ihn nicht finden." An dieser Stelle beginnen immer die Probleme zwischen den amerikanischen und den mexikanischen Ermittlern. Die Kritik der US-Drogenpolizisten ist hart: „Die können oder wollen Salcido nicht verhaften." Die

US-Behörden suchen Salcido, weil sie ihn in einem engen Zusammenhang mit dem Mord an Camarena sehen, und außerdem soll es einige Hinweise darauf geben, daß das „Verrückte Schwein“ versucht hat, die mexikanischen Sicherheitskräfte des US-Konsulats in Mazatlán einzuschüchtern. Mazatlán ist das Reich des Manuel Salcido. Die Reaktion der mexikanischen Behörden bestand darin, daß ein Angehöriger des Justizministeriums die US-Drogenpolizei wissen ließ, sie möge ihr Büro in Mazatlán schließen, die mexikanische Regierung könne nicht länger für die Sicherheit garantieren.

Manuel Salcido jedenfalls wurde nicht gefunden. Er hatte sich, das wußte jedermann in Mazatlán, auf dem Land versteckt, ständig von schwer bewaffneten Leibwächtern geschützt. Er verfolgte weiterhin seine Geschäfte, ohne allerdings, wie zu hören war, weiterhin in die USA zu fliegen. Das störe aber nicht, wurde erzählt, nun kämen seine Großabnehmer eben mit ihren Privatflugzeugen zu ihm. Wieviel Millionen Dollar das „Verrückte Schwein“ mit dem Drogenhandel verdient hat, ist nicht einmal ungefähr zu schätzen.

Als Präsident Miguel de la Madrid im Oktober 1986 in der mexikanischen Pazifikhafenstadt Puerto Vallarta eine internationale Drogenkonferenz, an der 13 Staaten des amerikanischen Kontinents teilnahmen, eröffnete, sagte er unter anderem, die Anwesenheit von US-Drogenpolizisten auf mexikanischem Hoheitsgebiet unterliege strikten Beschränkungen. Und jener Angehörige des mexikanischen Justizministeriums, der der DEA empfohlen hatte, in Mazatlán ihr Büro zu schließen, erklärte, diese Drogenkonferenz habe zum zentralen Thema den Austausch von Informationen, Abkommen allerdings werde man nicht vereinbaren.

Wie dringend es allerdings geboten wäre, enger und effektiver auf internationaler Ebene zusammenzuarbeiten, hat das gewaltsame Vorgehen der Drogenfürsten gezeigt. Im April 1984 wurde der kolumbianische Justizminister Rodrigo Lara Boñilla von Unbekannten, wie es hieß, erschossen. Lara Boñilla hatte im Kabinett des Präsidenten Belisario Betancourt den Kampf gegen den Drogenhandel aufgenommen. Knapp mit dem Leben davon kam sein Nachfolger im Amt, Enrique Parejo Gonzales. Auf Gonzales, in der neuen kolumbianischen Regierung des Präsidenten Virgilio Barco nicht mehr Justizminister, sondern Botschafter seines Landes in Budapest, wurde Mitte Januar 1987 während eines Schneesturms im Zentrum von Budapest fünfmal geschossen. Parejo Gonzales überlebte.

Der von der Mafia schon häufiger bedrohte Richter am kolumbianischen Obersten Gerichtshof, Hernando Baquero Borda, wurde Ende

Juli 1986 in Bogotá auf ähnliche Weise umgebracht, wie der junge Justizminister Lara: Zwei Unbekannte auf einem Motorrad feuerten aus einer Maschinenpistole in den Dienstwagen des Bundesrichters. Mit ihm starben sein Sicherheitsbeamter und ein Passant.

Viele Ermittlungsbeamte sind verängstigt angesichts der immer weiter zunehmenden Brutalität und Rücksichtslosigkeit der Drogenfürsten. Ein ehrenamtlicher kolumbianischer Richter sagte stellvertretend für die meisten seiner Kollegen: „Wenn Sie die Alternative angeboten bekommen, 15 000 Dollar einzustecken, nichts zu tun und am Leben zu bleiben oder drei Kugeln in Ihrem Kopf zu haben und tot zu sein, wofür würden Sie sich entscheiden?“ An dieser Alternative, die sich den meisten Ermittlungsbeamten in Mexiko oder Kolumbien, in Bolivien oder Ecuador, in Peru oder in Panama längst schon einmal gestellt hat, scheitern viele Nachforschungen und Ermittlungsvorhaben. Schließlich aber gefährden diese massiven Bedrohungen der einzelnen Personen die politisch-kulturellen Systeme insgesamt. Gegen den Willen der internationalen Drogenmafia läuft in den meisten Ländern nichts.

Don Fidel: Vom Molkereiarbeiter zu einem der wichtigsten Männer Mexikos und etwas darüber, wie Politik funktioniert

Sein Geburtsort trägt den aztekischen und für europäische Zungen nur schwer aussprechbaren Namen Atzcapotzaltongo. Dort ist er im Jahr 1900 als zweites Kind in einer Familie mit neun Kindern geboren. Mit 15 Jahren arbeitete er in einer Molkerei dieses kleinen, im Staat Mexiko gelegenen Ortes, und ein Jahr später gründete er mit seinen Freunden Alfonso und Justino Sanchez sowie mit Salvador Padilla die Gewerkschaft der Molkereiarbeiter. 1987, mit 87 Jahren, ist Fidel Velázquez nicht nur noch immer unumstrittener Chef der Mexikanischen Arbeitergewerkschaft, er ist auch einer der mächtigsten Männer im Land zwischen Río Grande und der Grenze zu Guatemala. Fidel ist seit 1941 ununterbrochen Chef der CTM, der Confederación de Trabajadores de Mexiko, und wird es, wenn er gesund bleibt, auch noch die nächsten Jahre sein. Denn obwohl Unternehmer wie Regierung oft über ihn schimpfen - größere Sorgen noch bereitet ihnen die Frage, was sein wird, wenn Don Fidel, wie er genannt wird, einmal nicht mehr ist.

Die politische Macht dieses Gewerkschaftsführers mit dem schleppenden Gang und den glatt nach hinten gekämmten grauen Haaren, der ständig eine dunkle Brille trägt und Zigarren raucht, erklärt sich nicht nur aus der Geschichte der mexikanischen Gewerkschaftsbewegung oder seinem persönlichen Werdegang, sie erklärt sich vor allem aus einem seit dem Beginn der dreißiger Jahre in Mexiko gewachsenen politischen System. Dieses System wird vor allem durch den PRI, die Partei der Institutionalisierten Revolution, beherrscht. Und die wiederum gründet ihre Macht und deren Absicherung auf vier Säulen: Da ist die Gewerkschaft des Fidel Velázquez, die CTM, und die Confederación Nacional Campesina, die Bauerngewerkschaft; außerdem gibt es die Confederación Nacional de Organisaciones Populares, die CNOP, jene Organisation, in der sich Ingenieure, Bürokraten, Anwälte und Künstler, Händler und Techniker zusammenschließen, der in relativ kurzer Zeit gewachsene mexikanische Mittelstand also.

Die vierte Säule ist das Militär. Wer Mitglied in der Bauern- oder in der Arbeitergewerkschaft ist, ist auch Mitglied im PRI. Und Karriere im Militär kann sowieso nur jemand machen, der in der Partei ist. Nun ist diese Partei gar keine Partei im eigentlichen Sinne. Sie versteht sich auch Ende der achtziger Jahre noch als eine offene Organisation, die keine festgelegten Schemata hat. Sie verschließt sich auch keinen neuen Ideen, heißt es in einer Grundsatzerklärung, ganz egal welchen Ursprungs sie seien. Es gibt auch keine Parteiideologie oder etwa eine Doktrin, wie sie von den Einheitsparteien osteuropäischer Staaten bekannt ist. Vielmehr ist der PRI das Zuhause der „mexikanischen revolutionären Familie" und zielt auf Interessenausgleich und Aussöhnung ab. Die Partei ist erst 1928 entstanden, als der in jenem Jahr aus dem Amt scheidende Präsident General Elias Calles den Vorschlag machte, man solle doch eine Partei bilden, in der sich all diejenigen versammeln könnten, die die Revolution gemacht und siegreich beendet hätten. Die „revolutionäre Familie" entstand, nachdem es zuvor, seit dem Sieg der Revolution 1917, überwiegend Machtkämpfe unter den Revolutionsführern gegeben hatte, die häufig auch tödlich endeten. Als jedenfalls 1929 die Partei zunächst mit dem Namen Partido Nacional Revolucionario (PNR) gegründet wurde, waren die bekanntesten Führer der mexikanischen Revolution – Villa, Zapata, Obregón und Carranza – tot.

Fidel Velázquez war damals 29 Jahre alt und bereitete gerade mit dem kommunistischen Gewerkschaftsfunktionär Vicente Lombardo Toledano die Gründung der „Gewerkschaft der Arbeiter und Bauern Mexikos" vor. Die dreißiger Jahre in Mexiko waren die Jahre der Krise. Die Bauern waren von der Landreform enttäuscht, wenig hatte sich für sie geändert. Die Knappheit an Versorgungsgütern führte zu Streiks und langen Warteschlangen vor den Geschäften. 1936 war es dann soweit. Fidel Velázquez und Toledano gründeten ihre neue Arbeiterbewegung, und zwei Jahre später bereits war der Kommunist gefeuert – von Fidel Velázquez. Don Fidel erklärte seine Gewerkschaft für strikt antikommunistisch und begann eine Hexenjagd auf Kommunisten innerhalb der Bewegung. Andersdenkende wurden umgebracht oder verstümmelt.

Die Gewerkschaft wurde von Fidel Velázquez und einem engen Kampfgefährten auf Partei- und Regierungslinie gebracht. Velázquez wurde 1941 zum Arbeitergewerkschaftsführer gewählt, die Kommunistische Partei schon bald nach dem Amtsantritt des Präsidenten Miguel Aléman Valdés (1946–1952) verboten. Der „charrismo", wie er in Mexiko genannt wird, entwickelte sich in den Gewerkschaften und hat sich bis heute in seinen Grundstrukturen erhalten. Charrismo ist eine Kombination aus Gewalt, Korruption und antidemokratischem Verhalten, gepaart mit einem kräftigen Schuß Antikommunismus. Obendrein näherten sich die Gewerkschaften unter der Führung von Don

Fidel und anderen nicht nur dem Staat an, es entwickelte sich ein System, das mehr von oben nach unten als umgekehrt funktionierte. Ein Beispiel: Als 1977 die Arbeiter mehr als 10 Prozent Lohnerhöhungen forderten, wandte sich die damalige Regierung des Präsidenten López Portillo an Don Fidel mit dem Vorschlag, doch die Obergrenze für Lohnerhöhung der Arbeiter generell bei 10 Prozent festzusetzen. Velázquez setzte das durch und wurde belohnt. Er bekam die Oberaufsicht über das nationale Wohnungsbauinstitut und kontrolliert seitdem die eigens geschaffene Arbeiterbank. Don Fidel sorgte dann im weiteren dafür, daß die Zahl der Streiks und Demonstrationen abnahm. Und wenn es einmal hart auf hart geht, weil die Regierung eine Wirtschaftspolitik betreibt, die sich, wie in Mexikos Geschichte häufiger geschehen, gegen die Interessen der Arbeitnehmer wendet, dann teilt Don Fidel, wie im März 1982 geschehen, der Regierung kurzerhand mit: „Wenn wir unsere Taktik ändern und die Arbeiter ihrem Glück überlassen, dann hätten die Unternehmer kaum Zeit zu realisieren, was geschehen würde. Stellen Sie sich vor, der Mob ginge auf die Straße. Alles würde außer Kontrolle geraten."

Über die letzten Jahre hinweg bis in die zweite Hälfte der achtziger Jahre hat sich allerdings die wirtschaftliche Lage Mexikos derart verschlimmert, daß auch Don Fidel und die übrigen Gewerkschaftsführer Mühe haben, das fortzusetzen, was sie so erfolgreich seit über 40 Jahren betrieben haben: Die Ruhe unter der arbeitenden Bevölkerung zu bewahren. Deshalb kam Don Fidel, das Jahr 1986 war noch nicht ganz zu Ende, mit dem für viele überraschenden Vorschlag, die Einkommenssteigerungen der Arbeiter sollten doch an die Inflationsrate gebunden werden. Der Präsident der Vereinigten Staaten von Mexiko, Miguel de la Madrid Hurtado, unterstütze diesen Plan, fügte der alte Gewerkschaftsführer noch hinzu. Davon konnte natürlich überhaupt keine Rede sein, und man kann mit einiger Sicherheit annehmen, daß Fidel Velázquez dies wußte. Don Fidel weiß, was hinter den Kulissen gespielt wird. Und was gespielt wurde, teilte kurz darauf natürlich nicht der Präsident selbst, sondern einer seiner engeren Mitarbeiter, inoffiziell, versteht sich, mit: „Ich glaube wirklich, man kann sagen, der Präsident unterstützt diesen Plan nicht. Und ich denke, Sie können sicher sein, daß es zu einer Verwirklichung des Planes nicht kommen wird." Genauso ist es geschehen. Fidel Velázquez war in den Schlagzeilen, hatte den Beifall der Arbeiter auf seiner Seite und wußte doch, daß bei einer Inflationsrate von jährlich über 120 Prozent eine Koppelung der Lohn- und Gehaltsanhebungen an die Geldentwertungsrate gar nicht möglich war.

Es hieße Don Fidel verkennen, wenn man von ihm sagen würde, er habe sich nicht für die Verbesserung des Lebensstandards der heute mehr als fünf Millionen Mitglieder der CTM eingesetzt. Aber Mexiko macht in der zweiten Hälfte der achtziger Jahre seine ärgste wirtschaftliche Krise seit rund 50 Jahren durch; dringend nötig wäre außerdem die strukturelle Veränderung des nahezu total verstaatlichten und veralteten mexikanischen Wirtschaftssystems. Die Gewerkschaften wissen das und haben es am 1. September 1987 auch überdeutlich gefordert. Nur, wie das mit Forderungen in Mexiko halt so ist, sie verhallen ungehört und werden selten befolgt. So wird wahrscheinlich auch das 32 Seiten umfassende Dokument für „Strukturelle Veränderungen" aus dem Jahr 1987 den unbeachteten Weg in die Archive der Gewerkschaften und des Staates antreten und nachfolgenden Generationen zu Dokumentationen über die mexikanische Arbeiterbewegung in den achtziger Jahren dienen, wenn nicht Don Fidel im PRI Verbündete findet, die mit ihm meinen, solche Veränderungen seien schon nötig, um der Partei weiter die Macht zu erhalten. Das ist der wesentlichste Antrieb für alle Veränderungen, die es seit der Gründung des PRI gegeben hat. Daran ist auch Fidel Velázquez gelegen, der in den fünfziger und sechziger Jahren zweimal sechs Jahre lang dem Senat angehörte und der acht mexikanische Präsidenten erlebt hat. In dieser Zeit brachte er die Mitgliedszahl seiner Gewerkschaft von 650 000 in den Jahren 1936/37 auf über fünf Millionen in 12 500 lokalen Organisationen. Es bleibt allerdings festzuhalten, daß 15 Millionen Arbeiter nicht dem einzigen offiziell anerkannten Dachverband der Gewerkschaften, der CTM, angehören.

Anzeichen dafür, daß Fidel Velázquez etwa seine Macht abgeben könnte, gibt es bisher nicht. Nach wie vor trifft er sich einmal in der Woche mit der Presse. Dann spricht er bedächtig und leise, macht hin und wieder einen zumeist recht dünnen Scherz, und die Anwesenden lächeln zurückhaltend. Doch wenn der alte Mann, der alle Tricks und Gaunereien der Politik kennt, eine Rede hält, verändert er sich. Trotz seines Alters und seiner angeschlagenen Gesundheit wird dann die Stimme kräftig, die Gesten eindeutig, temperamentvoll wird er dann, der Träger des 1979 verliehenen höchsten mexikanischen Ordens, der Belisario-Dominguez-Medaille. Jeder mexikanische Präsident hat bisher noch gewußt: Fidel Velázquez darf er nicht zum Gegner haben. So beauftragte Präsident Luis Echeverría 1975 Don Fidel mit der offiziellen Bekanntgabe des Präsidentennachfolgers, und dieser, Lopez Portillo ließ Don Fidel 1981 mitteilen, Miguel de la Madrid werde sein Nachfolger werden.

Wie stark jedoch angesichts der Krise der Druck von unten geworden ist, zeigte das Verhalten des alten Gewerkschaftsführers in den letzten Monaten des Jahres 1987: „Ich weise die Haltung zurück, daß Lohn- und Gehaltserhöhungen zwangsläufig zu Geschäftsschließungen führen müssen", ließ er verlauten. Wenn die Arbeiter nicht gänzlich ihre Kaufkraft verlieren sollten, müßten die Einkommen monatlich angeglichen werden. „Wenn wir die Kaufkraft erhalten, kann auch gekauft, also auch abgesetzt werden." Allen Gewerkschaftsführern ist bewußt, daß das nicht die Lösung des mexikanischen Problems ist, denn das Land befindet sich seit Anfang der siebziger Jahre eben auch in einer Krise der Institutionen, weit über den wirtschaftlichen Bereich hinaus und bis hinauf in das Amt des Präsidenten. Daher forderten die Gewerkschaften im Spätsommer 1987 revolutionäre Veränderungen in den Bereichen Wirtschaft, Politik und Rechtsprechung, weil es sonst zu einem Gesellschaftssystem der Unterdrückung und Gehorsamsleistung, ja zu einer Diktatur kommen müßte.

Wenn der Präsident informiert

In dem Buch „Das Haupt der Hydra“ des mexikanischen Schriftstellers Carlos Fuentes wird in einem Dialog auch über den Präsidenten gesprochen: „In Mexiko existieren keine Gegengewichte gegen die absolute präsidiale Macht. Es bedarf außerordentlicher Besonnenheit, um sie ohne bedauerliche Exzesse auszuüben. Aber im allgemeinen – woher soll der arme Mann erfahren, was wirklich vorgeht? Er lebt isoliert, ohne andere Informationen als die, die ihm seine Vertrauten zukommen lassen.“ Und ein paar Zeilen weiter heißt es: „Die erste Regel einer so barocken Politik wie der mexikanischen ist die folgende: Wozu einfach, wenn es auch kompliziert geht? Daraus ergibt sich die zweite Regel: Wozu die Dinge gut machen, wenn man sie auch schlecht machen kann? Und die dritte, als perfekte Abrundung: Wozu gewinnen, wenn wir auch verlieren können?“

Viele Mexikaner, die ein wenig außerhalb ihres riesigen Landes herumgekommen sind, vertreten die Auffassung, daß es nichts, tatsächlich gar nichts gibt, was in der mexikanischen Politik einfach wäre. Darüber hinaus scheinen auch alle Funktionäre und Minister dieser Meinung zu sein. Also kommt es ganz zwangsläufig dazu, daß sich besonders in der Innenpolitik nahezu alles kompliziert und zuweilen recht undurchsichtig gestaltet. So undurchsichtig, daß auch Mexikaner, die sich im politischen System auszukennen glauben, nicht durchzufinden vermögen.

Und besonders kompliziert und undurchsichtig wird es immer dann, wenn der nahezu alles beherrschende Parteiapparat alle sechs Jahre einen neuen Präsidentschaftskandidaten sucht, der gewiß sein kann, daß er gewählt wird. Denn weder ein PRI-Kandidat für einen der 32 Gouverneursposten noch ein Präsidentschaftskandidat sind jemals bei einer Wahl durchgefallen. Im Ernst kann sich kaum jemand – auch nicht die Gegenkandidaten – vorstellen, daß der PRI einen seiner Kandidaten einmal nicht durchbringen könnte. Demokratie, damit habe es in Mexiko eine eigentümliche Bewandtnis, erzählt ein im staatlichen Fernsehen arbeitender Ökologe: „Es wird viel darüber gesprochen, doch nach europäischem oder nordamerikanischem Verständnis existiert sie überhaupt nicht.“ Das ginge wohl auch nicht, fügt er dann noch hinzu, denn weder die Geschichte des Landes noch seine Traditionen seien in irgendeiner Weise demokratisch. Weder die Azteken noch die spanischen Eroberer seien Demokraten gewesen. Die Franzosen, die im vergangenen Jahrhundert ins Land kamen, waren auch keine und die im Süden Mexikos lebenden, von den Mayas abstammenden Indianer ebenfalls nicht. Man könne nun beim besten Willen Nationalhelden wie beispielsweise Emiliano Zapata oder Pancho Villa nicht als Männer bezeichnen, denen es in erster Linie um eine Beteiligung der Bevölkerung an politischen Entscheidungen gegangen wäre. Vielmehr hatten sie auf ihre revolutionären Fahnen die Landreform und ein gerechtes System geschrieben. Tatsächlich funktioniert das politische System Mexikos von oben nach unten, und zwar sowohl in den ländlichen wie in den städtischen Strukturen. Besonders deutlich wird das an der Institution des Präsidentenamtes, zu dem es, um noch einmal an die Worte von Carlos Fuentes zu erinnern, kein politisches Gegengewicht gibt.

Alle Jahre wieder, an jedem 1. September, begibt sich Seine Exzellenz, der Präsident der Vereinigten Staaten von Mexiko, in den Palacio Nacional, wo zweitausend geladene Gäste und sein Kabinett auf ihn warten. Dann hebt er um Punkt elf Uhr vormittags zu einer längeren Rede an, die ausnahmslos von allen Radio- und Fernsehstationen übertragen wird. „Informe de Gobierno" nennt sich das Ereignis: Die Regierung informiert. Weniger als drei Stunden dauert eine solche Rede nicht. Miguel de la Madrid Hurtados Ansprache am 1. September 1987 dauerte sehr viel länger, und interessant fanden sie nur Partei- und Gewerkschaftsfunktionäre. Die Unternehmer und die Oppositionsparteien waren entgeistert bis entsetzt. Aus der Bevölkerung kamen kaum Reaktionen, denn der 1. September ist wegen des Informe arbeitsfrei, also fährt man hinaus in die Berge oder in einen der vielen großzügig angelegten Parks zum Spielen und zum Picknick; denn Politik haben die Mexikaner die ganze Woche, einen freien Tag aber nicht so oft.

Zum Informe sind die Städte des Landes in den Nationalfarben Grün-Weiß-Rot geschmückt. Überall wehen größere und kleinere Fahnen. Girlanden und Lichterketten sind über die Straßen gespannt, Monumente mit Kränzen behängt, Aufmärsche finden statt; das bleibt so, bis am 16. September der mexikanische Nationalfeiertag begangen wird. Für die Mexikaner, die sich für den Informe interessieren, beginnt er im Radio und im Fernsehen vormittags um kurz vor zehn Uhr mit einem Interview des Präsidenten und seiner Familie.

Da standen 1987 aufgereiht von links nach rechts zunächst die drei Präsidentensöhne, dann das Ehepaar de la Madrid und rechts außen die einzige Tochter. Mit Respekt näherten sich die beiden Reporterinnen und befragten zunächst Miguel de la Madrid. Über seine Regierungserfolge wolle er sprechen, aber auch über die Probleme Mexikos und darüber, daß in dem verbleibenden Jahr bis zum Amtsantritt seines Nachfolgers das wirtschaftliche und politische System Mexikos konsolidiert werden müsse. In einer recht steifen Atmosphäre teilten dann die vier Präsidentenkinder mit, daß sie glaubten, Mexiko ginge es besser als 1982, dem Jahr der bis dahin schwersten wirtschaftlichen Krise, in dem de la Madrid das Amt von seinem Vorgänger López Portillo übernahm. Und die Präsidentengattin erklärt schließlich in die Mikrophone, daß sie ihren Kindern Mutter und Freundin sei und sie den Präsidenten bei seiner schweren Aufgabe so gut sie könne unterstütze. Um kurz nach zehn Uhr ist das Präsidentenfamilien-Interview, wenn man es so bezeichnen will, beendet. Ohne seine Familie fährt dann der Präsident in einer offenen Staatskarosse durch das Zentrum, stehend und der Bevölkerung zuwinkend, über die Prachtstraße La Reforma zum Zócalo, dem großen zentralen Platz, wo der Nationalpalast mit seiner über 200 Meter langen Front liegt. Einige tausend Menschen haben sich hier, wie alle Jahre wieder, versammelt. Der Präsident steigt aus und geht in die erste Etage in jenen großen Saal, in dem er seine Ansprache halten wird. 1987 stellte Miguel de la Madrid einen Rekord auf. Er sprach vier Stunden und 45 Minuten. Das hatte noch niemand vor ihm geschafft. Er sprach in dem Monat, in dem ebenfalls alle sechs Jahre wieder, entschieden wird, wer der nächste Präsidentschaftskandidat sein wird. Diese Entscheidung wird immer Ende September bekanntgegeben. Gibt der Präsident in seinem Informe Hinweise auf den wahrscheinlich zukünftigen Präsidenten? Und wenn nicht, warum nicht? Für wen wird er sich entscheiden? Und immer wieder die Frage danach, wer auf welche Weise an diesem Entscheidungsprozeß beteiligt ist.

De la Madrid tat nichts dergleichen, obwohl sechs Kandidaten bereitstanden und die Öffentlichkeit im Sommer 1987 zum ersten Mal in der nachrevolutionären Geschichte Mexikos offiziell durch den PRI erfahren hatte, wer sich um die Präsidentennachfolge zu bewerben gedenke. Außerdem hatten die Kandidaten sich in öffentlichen Anhörungen dem Funktionärskörper der Partei vorstellen müssen. Das hatte es ebenfalls noch nie gegeben. Doch am eigentlichen Verfahren war offenbar nichts geändert worden. Das kritisierten nicht nur die Oppositionsparteien, sondern auch PRI-Angehörige: „Es handelt sich um eine rein kosmetische Angelegenheit", war zu hören; in der Substanz bliebe alles beim alten.

Die Öffentlichkeit hat mit der Auswahl des künftigen Präsidentschaftskandidaten, das ist ein Prinzip des Verfahrens, nichts zu tun. Das zweite Prinzip besteht darin, daß der einmal gefundene Kandidat die Wahl nicht verlieren wird. Die Prozedur heißt „Dedozo". Es gibt keinen Mexikaner, der diese Bezeichnung nicht kennt, aber es gibt viele, die nicht wissen, was sie eigentlich bedeutet. Dedo ist im Spanischen der Finger. Und wenn der noch amtierende Präsident mit dem Finger auf den Kandidaten zeigt, dann ist das gleichzeitig das Verfahren und das Ergebnis gewesen, der Dedozo. Nun haben sich beispielsweise 1987 unter den bereits beschriebenen leichten Veränderungen sechs Politiker des PRI Hoffnungen gemacht, endlich der „Verdadero tapado", der wahre Verhüllte, zu sein. Das ist der Unterschied zum früheren Auswahlverfahren: Tapados, Verhüllte, also ungenannte Kandidaten, gibt es nicht mehr. Sie dürfen nunmehr in aller Öffentlichkeit auftreten in ihren Funktionen, doch niemals, das gilt nach wie vor, als Kandidaten. Wahlreden werden keine gehalten, und selbstverständlich gibt es auch keine Werbeveranstaltungen. Der Präsident scheint nach wie vor die Macht zu haben, schließlich denjenigen zu bestimmen, der ihm in seinem Amt folgen soll.

Bis es zur „destape", zur Enthüllung, kommt, befinden sich Presse, Rundfunk, Fernsehen, Politiker, Funktionäre und die interessierte Öffentlichkeit in einem fast neurotischen Zustand. Kein Tag vergeht, an dem nicht neu spekuliert, gewettet, debattiert und diskutiert wird, wer es denn nun doch endlich und vor allem endgültig werden müßte, allen Voraussetzungen nach ... Die Zeitungskommentare wetteifern, beobachten und lesen Kaffeesatz: „Welche Worte des Präsidenten gehen in welche Richtung? Welcher Kandidat wurde besonders häufig mit dem Präsidenten wo und wie gesehen?" Wochenlang wird gefiebert und geredet, und keiner weiß etwas. Bis zum Ende des Monats September.

Nun ist es nicht etwa so, daß dann der Präsident vor die Nation hinträte und ebenso ernst wie formvollendet mitteilte: Der ist es nun! Genauso eigentümlich und spannend wie das Auswahlverfahren ist die Verkündung. Denn die fällt einem vom Präsidenten eigens ausgewählten angesehenen Bürger zu, zumeist jemandem ohne eigene Präsidentschaftsambitionen. Nachdem zweimal nacheinander der mächtige Gewerkschaftsboß Fidel Velázquez den jeweils neuen Kandidaten verkündet hat, war es 1987 der Präsident des PRI, Jorge de la Vega Domínguez.

Während es vor den Kulissen nach den ungeschriebenen Regeln des PRI zugeht und kein Politiker daran denken würde, sich daran zu halten, wird hinter den dicken und lärmschluckenden Vorhängen der

PRI-Zentrale hart gestritten und gekämpft. Jeder Kandidat versucht, soviele Truppen wie möglich auf seine Seite zu bringen. So bekämpften sich im Sommer 1987 der mächtige Innenminister Bartlett und der junge und energische Energieminister del Mazo besonders heftig. Der aussichtsreichste Kandidat, Haushaltsminister Salinas de Gortari, unterstützte außerdem den Innenminister gegen den Kollegen Energieminister. Jeder wußte das, niemand erwähnte es öffentlich, und selbstverständlich berichteten Radio, Zeitungen oder Fernsehen nicht darüber. Minister Bartlett war übrigens der einzige, der überhaupt anzudeuten wagte, daß er gerne Präsident werden würde.

Trotz aller Kämpfe hat sich die mexikanische Republik ihre politische Stabilität bewahrt. Alle sechs Jahre wird am ersten Sonntag des Monats Juli der Präsident gewählt. Es gibt keinen anderen lateinamerikanischen Staat, in dem das über einen so langen Zeitraum so reibungslos funktioniert hätte. Kontinuität ist für die „Revolutionäre mexikanische Familie" das Schlüsselwort. Zu dem inneren mächtigen Zirkel dieser Familie gehören vielleicht etwas mehr als 250 Personen, auf die auch der Präsident in seiner nahezu unbegrenzten Machtfülle Rücksicht nimmt, wenn es darum geht, einen Nachfolger zu bestimmen. Dieser Präsident, so hat es der mexikanische Schriftsteller Octavio Paz einmal beschrieben, steht eigentlich eher in der aztekischen Tradition, wenn auch in einer spanischen Verkleidung. Denn der Tlatoani, der Sprecher und Herrscher der Azteken, war, ähnlich dem heutigen Präsidenten, eine sozusagen unpersönliche Erscheinung; in erster Linie zählt das Amt, erst dann die Person des Amtsinhabers. Das Amt ist eine Institution mit stark monarchistischen Zügen, und wenn man bedenkt, daß Mexiko ein stark zentralistischer Staat ist, dann bekommt man einen Eindruck von der enormen Machtfülle des Präsidenten. Dazu gehört, daß der jeweilige Amtsinhaber, ohne eine Parteifunktion zu bekleiden, praktisch der erste Mann der rund 13 Millionen Mitglieder zählenden Partei ist.

In erster Linie war und ist die Partei, was für die politische Stabilität des Landes nach der Revolution immer von besonderer Bedeutung war, auf einen Interessen- und Machtausgleich bedacht. Das hat dazu geführt, daß innerhalb des PRI bis vor wenigen Jahren mehrheitlich die Meinung vertreten wurde, Oppositionsparteien seien in Mexiko gar nicht nötig, denn jedermann könne in den Partido Revolucionario Institucional eintreten. Es gab zwar immer wieder oppositionelle Gruppierungen, doch wurden sie fast ohne Ausnahme erstens vom PRI kontrolliert, und zweitens waren sie sowohl auf der Rechten wie auf der Linken ausgesprochen unterentwickelt. Die letzten zwölf Monate eines jeden Sextenios, der Amtszeit des Präsidenten, sind für Möglichkeiten und Zustand der Oppositionsparteien immer wieder ein aussagekräftiges Beispiel.

Zunächst einmal werden Oppositionsparteien in Mexiko als Minderheitsparteien bezeichnet. Eine Bezeichnung, die so abwegig nicht ist, denn tatsächlich waren diese Parteien immer in der Minderheit, sind es nach wie vor und werden es auf absehbare Zeit auch bleiben. Dafür sorgt schon das Wahl- und Parteienrecht, das unter anderem besagt: Die Parteien müssen an den Wahlen teilnehmen. Tun sie es nicht, verlieren sie ihre rechtliche Existenzgrundlage. Man kann es auch so formulieren: Der Staat verlangt von der Opposition Loyalität und die Anerkennung der Bedingungen. Halten sich die Oppositionsparteien daran, werden sie mit Abgeordnetenmandaten belohnt, natürlich nur mit einer begrenzten Zahl, denn die Mehrheit wird immer der PRI behalten. Seit 1979 gibt es ein Gesetz, wonach den verschiedenen anderen Parteien von den 400 Sitzen im Abgeordnetenhaus 100 zustehen. Sie werden unter den Minderheitsparteien – das sind alle, die weniger als 60 Sitze bei einer Wahl erreichen – verteilt. Es gibt in Mexiko nur eine Partei, die mehr als 60 Abgeordnetenmandate erzielt hat, und das ist der PRI. Seit 1934, als in Mexiko der sechsjährliche Wahlrhythmus eingeführt wurde, hat der PRI noch nie eine Präsidentenwahl verloren. Er hat immer über die Mehrheit im Abgeordnetenhaus verfügt. Er hat immer alle Gouverneure der 32 Bundesstaaten gestellt und selbstverständlich die übergroße Mehrheit der rund 2460 Bürgermeisterposten besetzt. Der Bürgermeister der Hauptstadt wird übrigens nicht gewählt, sondern vom Präsidenten ernannt.

Die Wahlanalysen bis zum Beginn der achtziger Jahre haben gezeigt, daß immer weniger Mexikaner zur Wahl gehen und immer weniger unter denen, die wählen, dem PRI ihre Stimme geben. Das ist erstaunlich, da in Mexiko Wahlpflicht besteht; dennoch enthielt sich beispielsweise bei den Wahlen zum Abgeordnetenhaus im Jahre 1979 jeder Zweite der Stimme, und nur jeder Dritte gab der Regierungspartei sein Votum.

Allerdings zeigt sich dabei auch, daß die Oppositionsparteien nicht von der Unzufriedenheit der Wähler profitieren. Die meisten Mexikaner nämlich sind davon überzeugt, daß an den bestehenden Machtverhältnissen durch Wahlen nichts zu ändern ist. Obendrein ist die mexikanische Verwaltungs- und Wirtschaftsstruktur bis auf ganz wenige Ausnahmefälle im Unternehmensbereich fest in den Händen des PRI. Dennoch hat das Wählerverhalten in den vergangenen drei Jahrzehnten seit 1958 dazu geführt, daß die mexikanische Regierung zunehmend unter Legitimationsschwierigkeiten leidet. Die Position des PRI ist gefährdet.

Mexikanische Kritiker des PRI, wie der Schriftsteller Aguilar Camin, sehen dies sehr deutlich. Camin schrieb im Frühjahr 1986 in der angesehenen Zeitschrift „Nexos“: „In den letzten Jahren hat sich das veraltete Räderwerk der Partei der Institutionalisierten Revolution, die seit 57 Jahren regiert, ohne je eine wichtige Wahl verloren zu haben, mit Moos überzogen. Daraus ist schon ein dichtes Gestrüpp geworden, das sich zu einem Wald ausbreiten kann, der die große Pyramide verdecken oder zumindest unsichtbar machen kann.“ Allerdings habe, fügte Camin hinzu, der Wald die Pyramide noch nicht verschlungen.

Carlos Salinas de Gortari – Wird er es schaffen?

Die Tradition der mexikanischen Karikaturisten ist ebenso lang wie beeindruckend. Respektlos haben sie mit gespitzter Feder bereits zu Zeiten der Revolution Zeitgenossen aufgespießt: Niemand war vor ihnen sicher, weder die Helden der Revolution noch ihre Nachfolger. Und noch heute gibt es keinen Bereich in der veröffentlichten Meinung, in dem so offen und schonungslos gezeigt wird, was der Autor, in diesem Falle der Karikaturist, von der Person hält, die er abbildet. Das gilt allemal für Präsidenten. Und Carlos Salinas de Gortari wäre nicht nur der zweitjüngste Staatschef in der Geschichte des Landes, er ist geradezu ein gefundenes Fressen für die mutigen Männer mit der spitzen Feder. Dazu muß man wissen, wie der Mann, der höchstwahrscheinlich im Dezember 1988 die Nachfolge von Miguel de la Madrid Hurtado antreten wird, aussieht. Schlank ist er, mittelgroß, eine sportliche Erscheinung. Meistens im weißen Hemd, häufig mit roter Krawatte, die Anzüge in gedeckten Farben. Soweit nichts Auffälliges. Doch dann kommt's: Der Kopf ist rund! Das wird noch unterstrichen durch eine fortgeschrittene Stirnglatze und die recht großen, leicht abstehenden Ohren. Kein Karikaturist konnte widerstehen! Kaum war der junge Politiker zum Präsidentennachfolger ernannt, kursierten bereits mehr Karikaturen als Fotografien von ihm.

Carlos Salinas de Gortari wurde am 3. April 1948 geboren. Sein Vater, Raul Salinas Lozano, mittlerweile über 70 Jahre alt, war im Kabinett des Präsidenten Adolfo López Mateos in den Jahren von 1958 bis 1964 Industrie- und Handelsminister. Der Vater sitzt im Senat und ist sicher einer der wichtigsten politischen Berater seines Sohnes, der innerhalb weniger Jahre eine politische Bilderbuchkarriere gemacht hat, die eines zeigte: Eine exzellente Ausbildung und eine goldene Nase reichen für einen karrierebewußten mexikanischen Politiker nicht aus. Er muß auch den richtigen Vater mit den richtigen Beziehungen haben. Carlos Salinas de Gortari hat von allem etwas, und dazu noch den richtigen Ururgroßvater, der als Hauptmann in der Schlacht von Alamo 1836 mitkämpfte.

Schon als er 1966 im Alter von 18 Jahren in den PRI eintrat, träumte er davon, einmal Präsident der Vereinigten Staaten von Mexiko zu werden.

Trotz besonders günstiger persönlicher Voraussetzungen war seine Ernennung für viele eine Überraschung. Innenminister Bartlett und Energieminister del Mazo hatten zu den Favoriten gezählt. Als dann noch Anfang Oktober 1987 nicht der große alte Mann der mexikanischen Politik, Arbeitergewerkschaftschef Don Fidel Velázquez, sondern Parteichef Jorge de la Vega Domínguez den Präsidentschaftskandidaten bekanntgab, war das Staunen groß. Planungs- und Haushaltsminister Carlos Salinas fuhr an jenem Tag mit dem Bus von seinem im Süden der Hauptstadt gelegenen Wohnort zum Parteihauptquartier und hielt dort seine erste Rede als Kandidat. Noch während er das tat, erhob sich von seinem Platz auf der Fuktionärstribüne der damals 87jährige Fidel Velázquez und verließ, noch ehe der Kandidat geendet hatte, den Saal. Unruhig und sichtbar verärgert hatte der alte Mann dort oben gesessen und schließlich zeigen wollen, was viele schon wußten: Keinen der insgesamt sechs Bewerber für das Präsidentenamt konnte Don Fidel so schlecht ertragen, wie den jungen Harvard-Absolventen Carlos Salinas. Und eben der muß sich mit den Gewerkschaften nicht nur vertragen, er braucht sie auf seiner Seite. Das ausbalancierte mexikanische Machtsystem geriete sonst ins Wanken, was sich der PRI wegen der ohnehin wachsenden Schwierigkeiten nicht leisten kann.

Der politische und soziale Druck auf den jungen Mann ist gewaltig: Er war in der Regierungszeit von Miguel de la Madrid einer der entscheidenden Architekten einer Wirtschaftspolitik, die Millionen Mexikaner an den Rand ihrer Existenzmöglichkeiten und in die Armut getrieben hat. Ständig wurde die Landeswährung, der Peso, abgewertet, die Preise für Importwaren stiegen. Gleichzeitig vermochte die Regierung das gewaltige Haushaltsdefizit nicht zu verringern, was zu einer Inflationsrate führte, die zur Jahreswende 1987/88 bei knapp über 160 Prozent lag. Die Arbeitslosigkeit stieg, die Realeinkommen fielen, Millionen Mexikaner können sich weder Milch noch Eier noch Fleisch oder Fisch leisten. Eine akute Unterernährung ist in diesem an sich reichen Land zu einem Problem geworden, das die Regierung ganz offensichtlich ohne ausländische Hilfe nicht mehr in den Griff bekommen kann. Denn Unterernährung, Krankheiten und die Kindersterblichkeit nehmen besonders auf dem Land zu, wo die Menschen unter den von der Regierung verordneten harten wirtschaftlichen Maßnahmen besonders leiden. Dr. Adolfo Chavez, Direktor des Nationalen Ernährungsinstituts, meinte bereits im September 1986, daß die Landbevölkerung in den besonders armen Gebieten vom Hungertod bedroht sei. Chavez nannte als ein Beispiel die Lage in der an Guatemala grenzenden südlichen Provinz Chiapas, wo es mittlerweile die ersten Hungertoten gegeben hat. Kaum jemand in Mexiko zweifelt daran: die Wirtschaftspolitik von Präsident de la Madrid, entworfen und mitverantwortet von Haushalts- und Planungsminister Salinas de Gortari, hat die Krise nicht beseitigt und nur diejenigen einigermaßen unberührt gelassen, die ohnehin zu den Privilegierten gehören. Als Miguel de la Madrid 1982 die Präsidentschaft übernahm, waren rund 19 Millionen Mexikaner schlecht ernährt. Innerhalb von knapp sechs Jahren ist diese Zahl auf mindestens 33 Millionen gestiegen; dabei ist nicht abzusehen, wie dieser Trend aufgehalten werden soll angesichts einer rasch wachsenden Bevökerung und weiterhin gravierender wirtschaftlicher und finanzieller Probleme.

Die schlechte Ernährungssituation auf dem Land hat unter anderem auch dazu geführt, daß immer mehr Menschen in die Städte fliehen, in der Hoffnung, sie könnten dort eher überleben als in ihren angestammten Gegenden. Aber auch diejenigen, die den Sprung in die Stadt schaffen, sagt Chavez, leiden weiterhin unter Protein- und Kalorienmangel. „Wir versuchen, den Überlebenden zu helfen", erklärt der Arzt, „wir wissen aber nicht, wieviele an Hunger oder an Krankheiten schon gestorben sind." Denn mittlerweile versucht in Mexiko jeder, die Krise weiterzureichen: Die Regierung erhöht die Steuern. Die Händler erhöhen die Preise. Und wenn die Krise endlich auf dem Land bei der indianischen Bevölkerung ankommt, finden diese keinen, an den sie sie weitergeben könnten. Dann ist man bei denen angelangt, die die Rechnung zu begleichen haben. Millionen Menschen fliehen aus den Landgebieten, verlassene Dörfer und Ortschaften sind die Folge. Dennoch steigt die Lebensmittelproduktion, weil die Regierung die Großbauern mit Krediten bevorzugt. Denn die Agrarprodukte sind für den Export bestimmt, und der bringt Devisen, und Devisen braucht das Land. Das Problem ist eben nur eines der Verteilung: Die Bauernorganisationen und -gewerkschaften sagen, die staatlichen Abnahmepreise für die Erzeugnisse der Klein- und Mittelbauern seien zu niedrig. Die Folgen dieser Entwicklung sind verheerend: Allein 1986 gingen rund zwei Millionen Landarbeiter illegal über die Grenze in die USA und verdingten sich dort. Ein Jahr zuvor war es nur eine Million gewesen.

Carlos Salinas de Gortari soll Mexiko in die neunziger Jahre führen. Er gehöre einer Generation an, die Mexiko modernisieren werde, erklärte er nach seiner Ernennung und fügte hinzu: „Wir werden eine Politik machen, die in die Zukunft weist und sich den Herausforderungen stellt." Sicher, Salinas de Gortari kann in mancherlei Hinsicht unbelasteter Politik betreiben als seine Vorgänger: Er kennt die jüngste mexikanische Geschichte nur aus Büchern, ist nach dem Zweiten Weltkrieg geboren und hat nicht mitbekommen, wie die konservative Regierung des Präsidenten Alemán Valdés zwischen 1946 und 1952 die nachrevolutionäre Politik gravierend veränderte. Valdés öffnete nationalen und internationalen Unternehmern die Türen und machte Mexiko zu einem Land, in dem viel Geld verdient werden konnte. Doch auch der neue Präsident ist Bestandteil des mexikanischen Systems, und er wäre nicht Kandidat geworden, wenn die Mächtigen im mexikanischen Staate nicht überzeugt wären, daß der junge Mann die nötigen Reformen vorsichtig durchführen wird, ohne die Macht des PRI preiszugeben; denn daran ist natürlich auch den eifrigsten Reformern der Partei nicht gelegen, die ihrem Präsidenten soviel Machtfülle wie in kaum einem anderen Land der westlichen Hemisphäre gibt. Will der Präsident die Währung abwerten, kann er das anordnen. Will er staatliche Unternehmen verkaufen, kann er das ebenfalls verfügen. Weder das Parlament noch der oberste Gerichtshof sind Kontrollinstanzen. Beide Institutionen sind gleichfalls fest in den vielen politischen Händen des PRI.

Der neue Präsident, der zwischen 1966 und 1969 in Mexiko-City Wirtschaftswissenschaften studierte und seinen Abschluß mit einer Arbeit über „Die Landwirtschaft, die Industrialisierung und die Beschäftigungspolitik am Beispiel Mexikos“ erwarb, promovierte außerdem an der Harvard-Universität in Verwaltungswissenschaften. Seine Karriere in Politik und Verwaltung entwickelte sich glänzend; 1978 fand sie ihren ersten Höhepunkt, als er unter dem damaligen Haushalts- und Planungsminister Miguel de la Madrid Hurtado zunächst stellvertretender und später Generaldirektor für Finanzplanung wurde. Mit 33 Jahren wurde er 1981 technischer Sekretär im Wirtschaftskabinett der damaligen Regierung, eine Funktion mit viel Einfluß hinter den Kulissen. Ein Jahr später wurde de la Madrid Präsident und der damalige Sekretär Salinas de Gortari sein Haushalts- und Planungsminister. Die einmal begründete Seilschaft hatte sich nach oben gehangelt. Am 4. Oktober 1987, als der damals 39jährige von de la Madrid zum Nachfolger bestimmt wurde, wurde sein Erfolg perfekt.

Politisch muß er sich „warm anziehen“, meinen Experten, denn keine Regierung seit den dreißiger Jahren ist mit einer solch schlimmen wirtschaftlichen Lage konfrontiert wie seine. „Und keine Regierung seit den zwanziger Jahren hat so wie die des Präsidenten de la Madrid die Einkommen der Menschen beschnitten“, sagt der mexikanische Historiker Lorenzo Meyer: „Denn das ist die absolute Schattenseite dieser Präsidentschaft.“ Der neue Präsident müßte pro Jahr eine

Million Arbeitsplätze schaffen, um überhaupt mit dem Bevölkerungswachstum mitzuhalten. Wenn das nicht gelingt, und daran gibt es kaum einen Zweifel, wird die Situation zu einer direkten Bedrohung für den PRI und dessen absoluten Machtanspruch: Dann wird die Unterstützung für die Partei entscheidend abbröckeln. Wenn der letzte Rest Vertrauen der Mexikaner in ihre Zukunft verlorengeht und die Kaufkraft weiter so drastisch sinkt, dann wird aus dem seit einigen Jahren sichtbar werdenden Legitimationsproblem des PRI ein Machtproblem.

Die sich ausbreitende Skepsis hat zu einer Entfremdung zwischen den Mexikanern und den Regierenden sowie den Funktionären geführt. Mit einem Präsidenten wie Lázaro Cárdenas in den dreißiger Jahren vermochten sich viele zu identifizieren, auch mit einem Gewerkschaftsboß wie Fidel Velázquez in den vierziger und fünfziger Jahren. Doch weder de la Madrid noch Salinas de Gortari sind für die meisten Mexikaner politische Leitfiguren, gar politische Führer. Sie sind Apparatschicks, Technokraten ohne politische Visionen, so ist immer wieder zu hören, die „unser Land an das internationale Kapital, besonders an die USA verkaufen". Tatsächlich gehört Salinas de Gortari einer Elite an, die eher in Paris, Tokio, London oder New York zu Hause ist als in Mexiko.

Seine unmittelbaren Mitarbeiter und Berater sind Ende dreißig/Anfang vierzig und gehören jener Generation an, die hart und viel arbeitet, elegant gekleidet, vor allem aber kosmopolitisch ist, was sie von der Mehrheit der mexikanischen Bevölkerung deutlich entfernt. Die nämlich kämpft auf dem Land oder in den Elendsvierteln der Hauptstadt für jene umgerechnet sieben Mark, die nötig sind, um den Tag ohne Hunger zu überstehen. Der Historiker Lorenzo mahnt deshalb: „Die Regierung hat zwar nicht die Kontrolle verloren, wohl aber ihre Legitimation. Die Bevölkerung hat wenig Vertrauen in die Regierenden." Anders ausgedrückt: Der PRI hat viel politisches Kapital verloren und muß nach Wegen und Mitteln suchen, es wieder zurückzuerlangen. Es ist allerdings eher unwahrscheinlich, daß Salinas de Gortari eine radikal andere Politik betreiben wird als sein Vorgänger. Denn außer mit den wirtschaftlichen Problemen hat er es noch mit der anhaltenden Korruption zu tun, einer ausgepowerten Bevölkerung und eben der Frage: Wie soll es eigentlich mit dem mexikanischen Einparteien-System weitergehen?

Der 1939 in der Hauptstadt geborene Schriftsteller José Emilio Pacheco, dessen zentrales Thema die Zeit und der Wandel ist, hat in seinem Gedicht „Alles hat seinen Preis" die Stimmung vieler Mexikaner sicherlich zutreffend beschrieben. Pacheco stellt fest, er sei ein Fremder in einem fremden Land, und fährt fort:

Am Ende der puritanischen Unterdrückung
der Kult mit der Arbeit
das Pflichtbewußtsein
wohl gefülltes Ruhekissen.

Jede Nacht hast du Besuch in deinem Zimmer
the Pill ist schon in Münzschluckern zu haben
überall auf dem Campus kann man zusammenleben

und die Heizung funktioniert nicht
die Bürokratie hat sich in sich selbst verfangen
niemand der Ordnung in die Unordnung bringt
die Briefe verspäten sich wer weiß wieviel Monate

Eine Antwort auf die drängenden Fragen wissen die wenigsten, was auch nicht überrascht, da sich die Mexikaner vorwiegend und noch immer mit ihrer Vergangenheit befassen. Deutlich wurde das im Frühjahr 1987, als scheinbar plötzlich Namen wie Porfirio Díaz, Emiliano Zapata, Pancho Villa, Venustiano Carranza und andere wieder auftauchten, besonders im Fernsehen.

In der Hauptstadt jedenfalls waren sich die meisten Interessierten einig: Die Krise ist so schlimm, daß etwas geschehen muß. Es blieb aber zunächst bei dem populär aufgemachten Blick zurück in die Geschichte und in die Revolution.

Francisco Martin Moreno, Autor eines Wälzers mit dem Titel „Schwarzes Mexiko“, eines historischen Romans, meinte damals: „Jedermann sucht eine Erklärung für die gegenwärtige Krise. Und um die zu finden, müssen wir uns unsere Geschichte ansehen. Wir müssen nachschauen, an welcher Stelle wir begonnen haben, den falschen Weg einzuschlagen, und wir müssen herausfinden, was wie geschah, damit es nicht noch einmal passiert.“ Morenos Buch wurde ein publizistischer und finanzieller Erfolg; daß allerdings diejenigen, die seiner Meinung nach aus den Fehlern die Konsequenzen ziehen müßten, überhaupt nach den Fehlern suchen, ist sehr unwahrscheinlich, auch wenn Enrique Krause, der Autor einer Fernseh- und Buchserie mit dem Titel „Biographie der Macht“ meinte: „Es existiert eine große Gier danach, die Wahrheit zu erfahren, von der Mystifizierung der Geschichte wegzukommen.“

Viele Menschen seien sich darüber klar geworden, schreibt Krause weiter, daß das Problem Mexikos nicht eines des jeweiligen Präsidenten, vielmehr eines des gesamten Systems sei. Und beide Autoren stimmen darin überein, daß sie die Geschichte des Landes unmittelbar vor und nach der Revolution von 1910 als ein Vehikel benutzen wollen, um die Debatte über den gegenwärtigen Zustand des Landes anzuheizen und die notwendigen Veränderungen herbeizuführen.

Wie allerdings 1987 die politische Führung des Landes auf solche Diskussionen reagiert, zeigte sehr bald eine Erklärung des Pressesprechers eines Ministeriums: „Es ist sehr wichtig“, meinte der Funktionär, „daß die Menschen sich daran erinnern: die Revolution war über einen langen Zeitraum hinweg erfolgreich und hat Fortschritt für viele gebracht, wie zum Beispiel die Landreform, das Wohlfahrtssystem und die Verstaatlichung der Ölindustrie.“ Niemand in der Regierung und niemand im PRI hatte in den letzten Jahren ein Interesse daran, in die Geschichte der vergangenen 80 Jahre zu schauen, um für die kommenden Jahre zu lernen. Und niemand in der Regierung und niemand im PRI hat ein Interesse daran, daß endlich einmal ein Autor regierungs- und parteiunabhängig die Geschichte dieser Revolution untersucht, aufschreibt und veröffentlicht. Denn noch immer ist in Mexiko alle Geschichtsschreibung offiziell und unterliegt der Kontrolle der Regierung.

So ist selbstverständlich auch die Fernseh- und Buchserie von Enrique Krause nicht ohne offizielle Zustimmung entstanden: Während eines Gespräches, das er mit dem Präsidenten gehabt habe, sei das Projekt entstanden, und staatliche Stellen hätten es auch finanziell gefördert. Das gilt auch für die Fernsehreihe „Der Weg des Triumphes“, die vom Institut für Sozialversicherung und dem Mediengiganten Televisa, dem größten Fernsehkonzern auf dem amerikanischen Kontinent, produziert wurde. Die Zielgruppe dieser Serie ist klar: Gut 60 Prozent der 83 Millionen Mexikaner sind jünger als 25 Jahre und im wesentlichen ausländischen, vorwiegend nordamerikanischen Kultureinflüssen ausgesetzt.

„Sie sollen sich wie Mexikaner fühlen, und sie sollen Zapata, Carranza und Villa kennen, nachdem sie bereits Michael Jackson, Rambo und andere kennengelernt haben“, sagt Raul Ariaza, der Direktor des Filmprojektes, das dann zu einer Art Seifenoper geriet und von der mexikanischen Presse heftig kritisiert wurde, weil eben wieder einmal mehr nichts anderes getan worden sei, als die offizielle Geschichtsversion wiederzugeben. Enrique Krause bezeichnete die Reihe als eindeutig revisionistisch.

„Wie gehen wir mit unserer Geschichte um, und was wissen wir Mexikaner darüber?“ sind zwei Fragen, die immer häufiger gestellt werden. Der Autor Francisco Martin Moreno sagt, viele Schwierigkeiten seien durch die Schuld der USA entstanden. Sein Buch zeige nachdrücklich, daß die wirtschaftlichen Unternehmungen der USA in Mexiko positive Auswirkung nur für die ohnehin schon Reichen gehabt hätten. Ein Sachverhalt, der sich übrigens auch in der Schuldenfrage erkennen ließe.

„Wenn ein Land die Erinnerungen an seine Geschichte verliert, wie ich glaube, daß Mexiko das getan hat, dann verirrt es sich“, erklärt Martin Moreno. Dann wisse man auch nicht, in welchem System man lebe und man könne auch nicht mehr seine Freunde von seinen Feinden unterscheiden.

Am Ende angekommen, denke ich darüber nach, was ich alles nicht gesagt habe, was man auch ebensogut hätte anders sagen können, wen ich nicht habe zu Wort kommen lassen. Aber dennoch, ich habe ein ordentliches Stück Mexiko so gezeigt, wie ich es sehe; ich habe versucht, einen Eindruck von den ungeheuren Gegensätzen zu vermitteln, die Mexiko so spannend machen. Und wie mein Freund Luis schon am Anfang dieses Buches sagte, gibt es in Mexiko immer mehrere Versionen zu einem Thema, die doch alle stimmen.

Ich bedanke mich besonders bei Sybille Flaschka für ihre unendliche Geduld, ihre unermüdliche Mitarbeit, ihre Hinweise und ihre kritischen Anmerkungen. Dank ebenfalls an Heidi Klein und Vivien Rath für die geleistete organisatorische Hilfe und ihre Ausdauer.

Vielen Dank auch an Franzisco Icaza, Sergio Semilla und die vielen anderen Freunde, die mir bei der Entstehung dieses Buches mit vielen unentbehrlichen Ratschlägen zur Seite gestanden haben.

Reihe Reisen/Zeitgeschehen

Vielfältig in den Themen, kompetent in der Sache

Ulrich Wickert
New York–Tokyo–Paris
240 Seiten, 16 Seiten s/w-Abb., gebunden, 29,80 DM

Jörg Bremer
Polen
224 Seiten, 30 Abbildungen, gebunden, 29,80 DM

Eckart Bethke
Jubeln nach Dienstschluß
304 Seiten, geb., 29,80 DM

Helmut Ahrens
London
288 Seiten, geb., 29,80 DM

westermann sachbuch